郑州大学厚山人文社科文库
ZHENGZHOU UNIVERSITY HOUSHAN
HUMANITIES & SOCIAL SCIENCES LIBRARY

基于范式论视阈的档案学科与档案职业协同发展研究

孙大东 ◎ 著

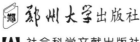

郑州大学出版社

社会科学文献出版社
SOCIAL SCIENCES ACADEMIC PRESS (CHINA)

图书在版编目(CIP)数据

基于范式论视阈的档案学科与档案职业协同发展研究／孙大东
著. — 郑州：郑州大学出版社；北京：社会科学文献出版社，2022. 12
(郑州大学厚山人文社科文库)
ISBN 978-7-5645-8321-7

Ⅰ. ①基⋯ Ⅱ. ①孙⋯ Ⅲ. ①档案学 Ⅳ. ①G270

中国版本图书馆 CIP 数据核字(2021)第 234172 号

基于范式论视阈的档案学科与档案职业协同发展研究
JIYU FANSHI LUN SHIYU DE DANG'AN XUEKE YU DANG'AN ZHIYE
XIETONG FAZHAN YANJIU

策划编辑	崔青峰　张　帆	封面设计	苏永生
责任编辑	张　华	版式设计	凌　青
责任校对	呼玲玲	责任监制	李瑞卿

出版发行	郑州大学出版社	地　　址	郑州市大学路40号(450052)
出版人	孙保营	网　　址	http://www.zzup.cn
经　销	全国新华书店	发行电话	0371-66966070
印　刷	河南瑞之光印刷股份有限公司		
开　本	710 mm×1 010 mm　1／16		
印　张	18.75	字　　数	301 千字
版　次	2022 年 12 月第 1 版	印　　次	2022 年 12 月第 1 次印刷

书　号	ISBN 978-7-5645-8321-7	定　价	96.00 元

总　序

　　哲学社会科学是人们认识世界、改造世界的重要工具,是推动历史发展和社会进步的重要力量。习近平总书记在哲学社会科学工作座谈会上深刻指出:"一个没有发达的自然科学的国家不可能走在世界前列,一个没有繁荣的哲学社会科学的国家也不可能走在世界前列。"郑州大学哲学社会科学研究工作面临重大机遇。

　　一是构建中国特色哲学社会科学的机遇。历史表明,社会大变革的时代,一定是哲学社会科学大发展的时代。党的十八大以来,以习近平同志为核心的党中央高度重视哲学社会科学。习近平总书记在哲学社会科学工作座谈会上的重要讲话为推动哲学社会科学研究工作提供了根本遵循。《中共中央关于加快构建中国特色哲学社会科学的意见》为繁荣哲学社会科学研究工作指明了方向。进入新时代,我国将加快向创新型国家前列迈进。站在新的历史起点上,更好进行具有许多新的历史特点的伟大斗争、推进中国特色社会主义伟大事业,需要充分发挥哲学社会科学的作用,需要哲学社会科学工作者立时代潮头、发思想先声,积极为党和人民述学立论、建言献策。

　　二是新时代推进中原更加出彩的机遇。推进中原更加出彩,需要围绕深入实施粮食生产核心区、中原经济区、郑州航空港经济综合实验区、郑洛新国家自主创新示范区、中国(河南)自贸区、中国(郑州)跨境电子商务综合试验区、黄河流域生态保护和高质量发展等重大国家战略,为加快中原城市群建设、高水平推进郑州国家中心城市建设出谋划策,为融入"一带一路"国际合作和推进乡村振兴、推动河南实现改革开放、创新发展,提供智力支持,需要注重成果转化和智库建设,使智库真正成为党委、政府工作的"思想库"和"智囊团"。因此,站在中原现实发展的土壤之上,我校哲学社会科学研究必须立足河南实际、面向全国、放眼世界,弘扬中原文化的优秀传统,建设具有中原特色的学科体系、学术体系,构建具有中原特色的话语体系,为经济社会发展提供理论支撑。

三是加快世界一流大学建设的机遇。学校完成了综合性大学布局,确立了综合性研究型世界一流大学的办学定位,明确了建设一流大学的发展目标,世界一流大学建设取得阶段性、标志性成效,正处于转型发展的关键时期。建设研究型大学,哲学社会科学研究承担着重要使命,发挥着关键作用。为此,需要进一步提升哲学社会科学研究解决国家和区域重大战略需求、科学前沿问题的能力;需要进一步提升哲学社会科学原创性、标志性成果的产出水平;需要进一步提升社会服务能力,在创新驱动发展中提高哲学社会科学研究的介入度和贡献率。

把握新机遇,必须提高学校的哲学社会科学研究水平,树立正确的政治方向、价值取向和学术导向,坚定不移实施以育人育才为中心的哲学社会科学研究发展战略,为形成具有中国特色、中国风格、中国气派的哲学社会科学学科体系、学术体系、话语体系做出贡献。

过去五年,郑州大学科研项目数量和经费总量稳步增长,走在全国高校前列。高水平研究成果数量持续攀升,多部作品入选《国家哲学社会科学成果文库》。社会科学研究成果奖不断取得突破,获得教育部第八届高等学校科学研究优秀成果奖(人文社会科学类)一等奖1项,二等奖2项,三等奖1项。科研机构和智库建设不断加强,布局建设14个部委级科研基地。科研管理制度体系逐步形成,科研管理的制度化、规范化、科学化进一步加强。哲学社会科学团队建设不断加强,涌现了一批优秀的哲学社会科学创新群体。

从时间和空间上看,哲学社会科学面临的形势更加复杂严峻。我国已经进入中国特色社会主义新时代,开始迈向全面建设社会主义现代化国家新征程,逐步跨入高质量发展新阶段;技术变革上,信息化进入新一轮革命期,云计算、大数据、移动通信、物联网、人工智能日新月异。放眼国际,世界进入到全球治理的大变革时期,面临百年未有之大变局。

从哲学社会科学研究本身看,无论是重视程度、发展速度等面临的任务依然十分艰巨。改革开放 40 多年来,我国已经积累了丰厚的创新基础,在许多领域实现了从"追赶者"向"同行者""领跑者"的转变。然而,我国哲学社会科学创新能力不足的问题并没有从根本上改变,为世界和人类贡献的哲学社会科学理论、思想还很有限,制度性话语权还很有限,中国声音的传播力、影响力还很有限。国家和区域重大发展战略和经济社会发展对哲学社会科学研究提出了更加迫切的需求,人民对美好生活的向往寄予哲学社会科学研究以更高期待。

从高水平基金项目立项、高级别成果奖励、国家级研究机构建设上看,各个学校都高度重视,立项、获奖单位更加分散,机构评估要求更高,竞争越来越激烈。在这样的背景下如何深化我校哲学社会科学研究体制机制改革,培育发展新活力;如何汇聚众智众力,扩大社科研究资源供给,提高社科成果质量;如何推进社科研究开放和合作,打造成为全国高校的创新高地,是我们面临的重大课题。

为深入贯彻习近平新时代中国特色社会主义思想和习近平总书记关于哲学社会科学工作重要论述以及《中共中央关于加快构建中国特色哲学社会科学的意见》等文件精神,充分发挥哲学社会科学"思想库""智囊团"作用,更好地服务国家和地方经济社会发展,推动学校哲学社会科学研究的繁荣与发展,郑州大学于 2020 年度首次设立人文社会科学标志性学术著作出版资助专项资金,资助出版一批高水平学术著作,即"厚山文库"系列图书。

厚山是郑州大学著名的文化地标,秉承"笃信仁厚、慎思勤勉"校风,取"厚德载物""厚积薄发"之意。"郑州大学厚山人文社科文库"旨在打造郑州大学学术品牌,集中资助国家社科基金项目、教育部人文社会科学研究项目等高层次项目以专著形式结项的优秀成果,充分发挥哲学社会科学优秀成果的示范引领作用,推进学科体系、学术体系、话语体系创新,鼓励学校广大哲学社会科学专家学者以优良学风打造更多精品力作,增强竞争力和影响力,促进学校哲学社会科学高质量发展,为国家和河南经济社会发展贡献郑州大学的智慧和力量,助推学校一流大学建设。

2020 年,郑州大学正式启动"厚山文库"出版资助计划,经学院推荐、社会科学处初审、专家评审等环节，对最终入选的高水平研究成果进行资助出版。

郑州大学党委书记宋争辉教授，河南省政协副主席、郑州大学校长刘炯天院士，郑州大学副校长屈凌波教授等对"厚山文库"建设十分关心，进行了具体指导。学科与重点建设处、高层次人才工作办公室、研究生院、发展规划处、学术委员会办公室、人事处、财务处等单位给予了大力支持。国内多家知名出版机构提出了许多建设性的意见和建议。在这里一并表示衷心感谢。

我校哲学社会科学研究工作处于一流建设的机遇期、制度转型的突破期、追求卓越的攻坚期和风险挑战的凸显期。面向未来，形势逼人，使命催人，需要我们把握科研规律，逆势而上，固根本、扬优势、补短板、强弱项，努力开创学校哲学社会科学研究新局面。

周　倩

2021 年 5 月 17 日

序　言

近几年,我总在有意无意地纠正一个比较生僻又时常被使用的词,即"范式"。在一些论者看来,只要使用了范式,自己的文章似乎就赶上了潮流。因此,诸如语言范式、写作范式、管理范式等高频率出现在文章中,在使范式一词成为一些论者口头禅的同时,也让其变成了修补旧衣裤的花边。我一直以为,人们使用或者借鉴一个词,不仅应该了解词义,还要回到这个词产生的"现场"。特别是对一些理论色彩比较浓重、有科学背景的词,更应当如此。

虽然 T. 库恩在《科学革命的结构》[①]中对范式的界定并不十分规范,但只要是读过库恩著作的人大体都能够明白范式的含义,即范式是一种理论形态,却不是一种简单的理论形态。库恩所讲的范式,是一门科学处于前科学、科学、科学革命或新科学的区分标志。简单地说,就是学科共同体所普遍认可、遵守并依此进行思考和研究的原则、标准。

孙大东博士当然不是用范式去修补旧衣裤的人,他的博士论文《基于范式论批判的中国档案学发展研究》[②]就是研究范式的理论成果。按照我的博士们的出书习惯,我一般会成为他们的第一读者兼书评人。由此可见,这应该是我为他的研究成果第二次写序。与他的博士论文用范式理论梳理中国档案学的发展不同,这次他将范式所对应的共同体从学术延伸到了职业,用

---

① 库恩.科学革命的结构[M].金吾伦,胡新和,译.北京:北京大学出版社,2012.
② 孙大东.基于范式论批判的中国档案学发展研究[M].北京:科学出版社,2017.

他自己的话说，就是"一方面有助于进一步推动档案学范式论的研究工作，另一方面旨在探索档案学理论联系实际问题的消解"。这就是一次理论创新，至少是一次大胆探索。

如果说范式所对应的是一种被称为"科学"的共同体，那么就可以将范式进一步理解为该科学共同体的一种共性，即库恩所说的"通约性"。在这个共同体中，大家有彼此认同的概念、方法乃至信仰。由于这种"彼此认同的概念、方法乃至信仰"的状况，这一共同体所对应科学会处于不同的阶段。具体地说，如果档案学是一门科学，从事其研究的所谓学者就应该具有"彼此认同的概念、方法乃至信仰"。当然，由于这种"彼此认同的概念、方法乃至信仰"所处的状况不同，这门学科及其共同体也处于相应的发展阶段。

如果将共同体的说法推而广之，一些职业甚至物种也可以在"彼此认同的概念、方法乃至信仰"的基础上发展为共同体。并且也可以由于范式的差异，使其处于不同的发展阶段。孙大东博士依据这种假说，将档案职业群体界定为具有范式意义的共同体，进而谋求这个共同体与档案学科共同体之间的协同发展。这种理论或者研究成果本身，应该说极具理论和研究意义。它不但突破了人们对范式的狭隘理解，而且使其生命力"通约"到了一个广大的领域。

一种新的理论或者研究成果，在它诞生的时候，似乎并不完美，但它是生命力之所在。作为见证新理论产生的幸运者，我真心希望档案学科与档案职业，至少在我们国家可以共同体的形式"协同发展"，祝愿以此为基础的档案事业拥有光明的未来。

丁鸿杰

2021 年 4 月于北京

目　录

基于范式论视阈的档案学科与档案职业协同发展研究

图表目录

基于范式论视阈的档案学科与档案职业协同发展研究

1 绪　论

1.1　选题缘由及研究意义

1.1.1　选题缘由

"作为习近平新时代中国特色社会主义思想的重要组成部分,习近平京津冀协同发展思想创造性提出了中国特色首都治理体系和区域治理体系,具有重要的理论创新价值和实践指导意义。"①随着京津冀协同发展战略的深入实施,习近平同志的京津冀协同发展思想也更加深入人心。尤为重要的是,习近平京津冀协同发展思想并非依据单一的科学理论基础提出,而是蕴含了"协同论、博弈论、耗散结构理论和突变论"②等科学理论以及共生思想、和谐理念等,因此具有广泛的理论和实践指导价值。

在档案学科与档案职业的发展过程中,如何处理好理论与实践的关系是一个至关重要的问题,尤其是在档案学术研究中,其直接关系到学术成果的价值及生命力。"档案学研究要理论联系实际是一个老问题,但是,这些年来这个问题不仅没有得到有效解决,而且有越来越脱离实际的趋势。"③"档案学是一门实践性很强的学科"业已成为学界和业界的共识,我们也时常将其挂在嘴边。但说是一回事,做起来又是另一回事。当前,作为我国档

---

① 赵弘.习近平京津冀协同发展思想的内涵和意义[J].前线,2018(3):13-17.

② 方创琳.京津冀城市群协同发展的理论基础与规律性分析[J].地理科学进展,2017,36(1):15-24.

③ 刘东斌,吴雁平.对齐心协力打造中国档案学派的理性思考[J].档案,2018(6):6-12.

案学术研究主力军的高校档案学专业教师、博士研究生等普遍缺乏较充分的实践经验和感悟,而具备丰富实践经验和感悟的档案工作者又由于动力不足、学术水平不高等,学术产出普遍较低。面对这一困境,档案学科和档案职业如何突出重围实现快速可持续发展就成为一个紧迫且重要的课题。

对此,胡鸿杰教授为我们提供了重要线索。他指出:"在中国档案学的发展过程中,也只有那些具有实践背景和对实践有真正感悟的学者,才能够对中国档案学有实实在在的贡献。"①从这句话中可以引申出两点启示:其一,对于高校档案学专业教师、博士研究生等学院派而言,一方面可吸收具有实践背景和实践感悟的人士加入其中,另一方面是自身通过多种途径参与实践、了解实践;其二,对于档案工作者而言,不断提升自己的学术水平和能力、提高自己的学术产出成为真正的学者是档案学发展的内在要求,而且由于其基数较大,故具有较大的突破空间。

基于以上分析可以看出,档案学科与档案职业既有协同发展的必要也有很大空间。

范式理论是后现代主义科学哲学理论中的佼佼者,被广泛应用于自然科学、社会科学和人文科学研究中,为世人观科学、探索科学发展规律提供了一个全新的视角。范式理论不仅在学术领域具有较强的科学张力,而且在社会其他领域如商业、金融等具有较大的影响力。虽然范式理论本身亦存在一定问题,如范式概念的模糊性、术语应用的不统一性、对前科学时期论述的不充分性等,但整体来看,其科学价值远大于存在问题带来的消极影响。笔者认为,范式理论不仅在探索档案学科和档案职业的发展规律中具有较大的理论指导作用,而且还可为二者协同发展机制的揭示提供新的研究视角。我们不应该因为其存在问题就拒绝使用范式理论,而应以拿来主义的原则为准绳,在准确把握范式理论精髓的基础上客观判断其他科学家对其的批判是否公允,在批判性、全面性地研读库恩及其他学者有关论著的基础上仔细分析范式理论产生的消极影响并予以规避,如此才能充分发展范式理论的科学张力。

---

① 胡鸿杰.化腐朽为神奇:中国档案学评析[M].上海:上海世界图书出版公司,2010:70.

1.1.2 研究意义

1.1.2.1 进一步推动档案学范式论研究工作

从 2004 年我国出现连续性档案学范式论研究成果算起,迄今为止已经过了 15 年时间(以资料搜集时间 2019 年为准)。15 年中,我国的档案学范式论研究业已积累了一定的学术成果,包括 150 余篇期刊论文(检索日期为 2019 年 7 月 17 日)和 3 部学术著作(见表 1.1)。在 3 部学术著作中,陈祖芬[①]和孙大东[②]依据科学动态发展模式对档案学的发展态势进行了判断,并不同程度地对档案学发展规律进行了有益的探索;丁华东[③]则利用范式理念和科学共同体理念梳理了档案学理论的发展历程并进行了展望。

表 1.1 我国档案学范式论研究成果检索统计

检索词	文献数量
档案+范式	128
档案+共同体	25
档案+常规科学	1
档案+科学革命	1
档案+库恩	1

但是,已有的研究成果也存在一些不足,如对库恩的范式理论认识片面且有错误之处、对库恩范式理论的本质把握不到位、研究中存在范式滥用的现象等[④]。本书在以批判性视角审视范式理论及档案学范式论研究成果的基础上,力图准确、全面地把握范式理论的精髓,充分挖掘其科学张力尤其

[①] 陈祖芬.档案学范式的历史演进及未来发展[M].上海:上海世界图书出版公司,2010.

[②] 孙大东.基于范式论批判的中国档案学发展研究[M].北京:科学出版社,2017.

[③] 丁华东.档案学理论范式研究[M].上海:上海世界图书出版公司,2011.

[④] 孙大东.基于范式论批判的中国档案学发展研究[M].北京:科学出版社,2017:25–29.

是理论启示价值,并结合档案学科和档案职业的实际对二者的发展规律和协同发展机制展开探索,可为我国档案学范式论研究工作的进一步发展提供有益的借鉴与启示。

1.1.2.2 探索消解档案学理论联系实际问题

"范式论在档案学理论联系实际问题的研究中具有很强的科学张力。"①本书将在分析范式理论对档案学科与档案职业协同发展启示的基础上,以科学共同体理念、范式理念、科学动态发展模式理念为依据,对档案学科与档案职业之主体建构协同、活动范式协同、发展模式协同三个方面展开全面分析,从而为档案学理论联系实际问题的消解提供科学的理论框架和可行的实现路径。

此外,在具体的研究过程中,本书将在充分获取国内外相关资料的基础上进行,不仅能保证研究成果的翔实可靠,更有利于将研究成果落到实处,以期为档案教育机构和管理机构的决策提供有用信息,从而促使档案学理论真正发挥在实践指导中的作用。

1.2 相关概念的界定

1.2.1 档案学科

学科有两种含义:第一种是学术分类,即指一定科学领域或一门科学的分支,如自然科学中的化学、生物学、物理学;社会科学中的法学、社会学,包括档案学等。该层含义下的学科是分化的科学领域,是自然科学、社会科学概念的下位概念,其重在强调科学知识及其体系。第二种指高校教学、科研等的功能单位,是对高校人才培养、教师教学、科研业务隶属范围的相对界定。这一层含义下的学科即高等学校教育中的专业,其重在强调教育功能。但是在常规认知中,这种含义的学科存在一定交叉,如学科建设中"学科"的

---

① 孙大东.基于范式论视域的档案学理论联系实际问题研究[J].山西档案,2017(5):39-42.

含义虽然侧重后者,但与第一种含义也有关联。

本书对档案学科的分析主要是就学术意义上而言的,因此以第一种含义为主,即指科学体系中的档案学。但由于我国学者对档案学学科体系的划分大多是以课程体系为标准的,因此在探讨相关问题时需在第二种含义的意义上使用。

1.2.2　档案职业

"根据中国职业规划师协会的定义:职业 = 职能×行业,这样才能算是一个完整的职业。"①虽然在具体的划分过程中,各个国家采用的标准不同,但国际标准的职业分类则主要是依据各个职业的主要职责或"从事的工作"来划分的。《中华人民共和国职业分类大典》的编制是"以职业活动为导向,以职业技能为核心"②,本质上也采取的是这一标准。

在 2015 年版的《中华人民共和国职业分类大典》中,档案专业人员的主要工作任务分为 8 个部分,内容包括档案收集、整理、鉴定、保管、统计、检索、编研、提供利用等,即主要围绕档案管理活动展开。基于此考虑,本课题研究的档案职业即指以档案为管理对象而形成的职业活动,主要涉及各级各类档案馆、室的档案管理工作;档案职业人员则是指所有从事档案管理工作的专职人员。

1.3　国内外研究现状

1.3.1　国内研究现状

1.3.1.1　文献来源

2019 年 6 月 28 日,笔者分别以"档案"并含"协同"、"档案"并含"合

---

① 百度百科. 职业[EB/OL]. [2019-07-17]. https://baike. baidu. com/item/职业/2133531？fr = aladdin.

② 国家职业分类大典修订工作委员会. 中华人民共和国职业分类大典:2015 年版[M]. 北京:中国劳动社会保障出版社,中国人事出版社,2015.

作"、"档案"并含"联合"等为检索词在中国知网文献数据库、万方数据资源系统、超星数字图书馆、Google 的"scholar"学术搜索和百度搜索引擎等进行检索,结合相关度并进行严格的删选和去重工作之后,获取有效文献 213 篇(见表 1.2)。

表 1.2　档案协同研究有效文献时期分布(1986—2019 年)

时期	篇数	时期	篇数
1986—1990 年	3	2006—2010 年	18
1991—1995 年	4	2011—2015 年	96
1996—2000 年	6	2016—2019 年	63
2001—2005 年	23		

1.3.1.2　研究的主要内容

按照研究主题,关于档案协同发展的研究成果可分为两类:一类是针对档案协同发展主体的研究,包括对多元主体协同合作的研究、档案部门之间协同合作的研究、档案部门与其他社会机构之间协同合作的研究等;一类是针对档案协同发展内容的研究,主要包括档案宣传、档案编研、档案信息资源开发、档案专业人才培养、档案利用服务方面的协同合作研究。

1.档案协同主体的研究

第一,关于多元协同主体的研究。王小云、王运彬分别从组织层面、社会层面、国家层面对内部档案部门与其他职能部门、其他公共服务机构、其他文化管理部门的协同合作进行了研究。[①] 桂美锐认为电子档案"单套制"管理的管理主体应由多元化的政府主体、业务主体、管理主体、技术主体构成,并构建出了协同主体、功能、动力和目标的四维协同关系网络。[②]

---

① 王小云,王运彬.档案部门的协同合作与服务转型研究[J].档案学研究,2018(5):55-61.

② 桂美锐.电子档案"单套制"管理的多元主体协同机制[J].档案管理,2019(1):18-21.

第二,关于档案室之间协同合作的研究。伊岩认为驻地集中或业务相近的两个或两个以上独立机关的档案室之间联合起来形成"联合档案室",有利于提高档案室工作的效率,节约管理成本,有利于机关档案工作的进步。① 温一东认为,建立联合档案室有利于解决农村档案工作中存在的不重视档案收集、归档不及时,档案散失严重、责任不明确,管理不规范、制度不健全,保管条件差、发展经费少等问题,使农村档案得到集中统一管理,改善农村档案工作落后的状况。②

第三,关于馆际协同合作的研究。高巍岩、赵冬梅等认为,档案馆应加强馆际互动交流,互通有无,为利用者提供更加丰富的档案资料,尤其是历史档案和档案史料的共享。③ 杜珊珊认为,馆际合作应该遵循平等互利、共享共赢、目的一致的原则,合作方式可以是共办档案展览、共编档案成果、共建共享平台,且可以通过加强标准建设、建立协调机制、借助社交媒体来深化馆际合作。④

第四,关于档案馆与其他机构之间协同合作的研究。田丽根据辽宁省图情档的教学实际,提出高校、图书馆或档案馆、科研院所联合培养图情档专业人才的教学模式,实现三者的优势互补。⑤ 郝红认为,档案部门与专业主管部门联合行文有利于强化档案部门的执法权威,加强档案行政执法部门的执法力度。⑥ 周桂华认为"档案部门与科研管理部门、项目组人员密切配合,建立起从申报、立项到验收全过程的程序体系,才能实现农业科研档案的完整、准确、系统"。⑦ 葛新月认为档案部门应与文物部门协同合作,共

---

① 伊岩.从联合档案室看机关档案工作组织管理形式的改革[J].档案学研究,1989(2):15-21,65.

② 温一东.建立联合档案室是改变农村档案工作现状的有效途径[J].黑龙江档案,2005(5):17-18.

③ 高巍岩,赵冬梅,梁玉兰.开展馆际间横向联合 互通历史档案信息[J].黑龙江档案,2002(5):41.

④ 杜珊珊.馆际合作开发档案信息资源的路径探析[J].北京档案,2017(8):22-23.

⑤ 田丽.辽宁省图书情报档案专业人才联合培养模式研究[J].图书馆学研究,2012(15):15-17.

⑥ 郝红.以联合行文强化档案行政执法力度[J].理论学习,2004(3):62.

⑦ 周桂华.协同管理 做好农业科研档案工作[J].四川档案,2003(4):28.

同推进"城市记忆工程"。① 丁华东、张夏认为在城乡档案记忆工程的建设过程中，档案部门应加强与城乡建设部门、文化保管保护部门、现代传媒部门、旅游生产部门等的协同合作。② 马仁杰、沙洲认为在大数据环境下，档案信息资源共建的主体是指档案信息资源共建中的利益主体，包括档案机构、档案专家、社会公众和其他相关部门。③

综上所述，在已有研究成果中，关于档案部门与其他社会机构协同合作的研究较多，而关于档案馆（室）等档案机构内部协同合作的研究较少；同时，对机构团体之间协同合作的研究多于对单独个体之间协同合作的研究，对档案协同发展宏观方面的研究多于微观方面的研究。

2. 档案协同内容的研究

第一，档案宣传方面。徐舒柯对档案部门与广播电台的联合传播进行了研究，主张档案部门利用广播媒介在信息传播上的优势，打造自己的广播电视品牌节目，为公众提供休闲娱乐式档案信息服务。④ 胡效来认为，档案工作与其他政府部门的工作密切相关，档案部门应与其他政府部门合作，有针对性地进行档案宣传。如与各级党委、政府联合，宣传档案事业发展的成就；与人大、司法等部门联合，宣传档案法律法规等。⑤ 刘凤伟对档案部门与新闻媒体的合作共赢进行了研究，通过对苏州市档案局与《苏州日报》成功合作的案例介绍，认为档案部门与新闻媒体有着较大的合作空间，可以实现取长补短、资源共享、合作共赢的效果。⑥ 丁静认为，档案部门可以利用资源优势为大众传媒提供素材，大众传媒可以为档案部门提供档案信息传播的平台，档案部门与热门网络搜索引擎合作还有利于档案资源在线查询利用

---

① 葛新月. "城市记忆工程"：档案与文物部门应合作推进[J]. 浙江档案，2011(12)：35-36.

② 丁华东，张夏. 城乡档案记忆工程的跨部门合作[J]. 山西档案，2016(5)：10-14.

③ 马仁杰，沙洲. 合作·协同·融合：大数据环境下档案信息资源共建机制的三重境界[J]. 山西档案，2018(2)：9-13.

④ 徐舒柯. 试析档案部门与广播电台的联合传播[J]. 档案与建设，2011(8)：18-20.

⑤ 胡效来. 档案宣传中的横向联合[J]. 山西档案，2001(6)：32.

⑥ 刘凤伟. 档案部门与新闻媒体合作共赢的尝试与思考[J]. 档案与建设，2013(6)：62-63，70.

服务工作开展,从而实现"传媒搭台、档案唱戏"的互利模式。①

第二,在档案编研方面。蔡敏芳认为,由社会组织、志愿团体、公民个人参与的档案联合编研有利于解决档案编研人才、资金、资源的困境,提高编研工作的效率和水平。② 范敏分析了在档案联合编研过程中应注意的编研主客体的多元化、编研成果的多样化和编研成果的知识产权等问题。③ 段丽波认为档案合作编研呈现出合编成果为一次性档案文献汇编、合编成果的表现形式多样化、举办展览日益成为合编的重要方式、国际化合编加强以及合编主客体多元化的特点。④

第三,在档案信息资源开发方面。吴菊英认为在全国历史档案资料目录中心领导小组的带领下,全国县级以上档案馆应联合起来,开发民国档案检索工具,推动民国档案信息化,实现民国档案信息资源共享,方便利用者利用。⑤ 张会超认为档案联合开发有一定的理论和政策依据,国内外已有档案联合开发的成功案例,故档案联合开发具有一定可行性,在进行档案联合开发时应明确目的、理顺关系、扬长避短、注重导向。⑥ 孙爱萍认为,档案信息资源开发合作过程中应该遵循共建共享、信任互助、平等互利、成本优先的原则。⑦ 马仁杰、沙洲认为,在大数据环境下,档案信息资源共建动力包括法规政策、管理模式、协调手段和技术方法,认为档案信息资源共建的基础是建立合作机制,更高要求是建立协同机制,最终目标是建立融合机制。⑧ 吴加琪提出了管理协同、资源协同、技术协同、利益协同和主体协同的区域档案信息资源共建共享的协同机制,认为建设区域档案资源共建共享的协

---

① 丁静.论档案与传媒的互惠合作、协调发展[J].山东档案,2013(5):18-20.

② 蔡敏芳.试论档案联合编研的主体、客体及模式[J].档案天地,2017(6):26-28.

③ 范敏.档案联合编研现状分析[C]//中国档案学会.档案与文化建设:2012年全国档案工作者年会论文集(上).北京:中国文史出版社,2012:294-299.

④ 段丽波.试析我国档案合作编研的现状和特点[J].档案学通讯,2004(5):64-67.

⑤ 吴菊英.论联合开发民国档案检索工具[J].办公室业务,2004(6):36-37.

⑥ 张会超.档案联合开发论析[C]//赵彦昌.中国档案研究:第1辑.沈阳:辽宁大学出版社,2015:132-150.

⑦ 孙爱萍.实施档案信息资源开发合作战略[J].档案学通讯,2002(6):66-68.

⑧ 马仁杰,沙洲.合作·协同·融合:大数据环境下档案信息资源共建机制的三重境界[J].山西档案,2018(2):9-13.

同机制有利于促进区域档案信息资源共建共享目标的实现。①

第四,在档案专业人才培养方面。冯惠玲认为,各国档案教育工作者应该加强交流合作,如档案学者的互访交流、互派留学生或实施共同培养计划、专业资料交流、开展合作研究、参与国际性专业培训活动、建立长期稳定的交流与合作关系等。② 张长海认为,档案本科人才培养,需要利益相关者的协同创新,通过院院协同、校校协同、校所协同、校政协同、校行协同、校企协同、国内外协同,培养应用型、复合型、创新型档案专业人才。③ 郑庚认为,档案在职教育需要高校、企事业单位、档案馆、档案学会、互联网等相关培训主体的协同合作,通过构建档案在职教育协同合作平台,实现内部资源的协同整合,有利于促进我国档案在职教育培训工作的发展。④

第五,在档案利用服务方面。聂勇浩、郭煜晗通过对上海市民生档案远程协同服务的案例分析,认为建立民生档案远程协同服务平台才能在信息时代使档案更好地服务民生。⑤ 罗夏钻认为民生档案协同服务机制的构建能够促进民生档案的开发利用,并提出了应将改善利用手段、满足利用者需求、实现民生档案价值、提升档案馆形象作为构建民生档案协同服务机制的目标,将建立协同服务协调小组、建立民生档案信息数据库及共享平台、建立评价反馈及适当的激励机制作为构建民生档案协同服务机制的路径,将政策体系建设、多元资源体系建设、技术、资金以及人才支撑作为构建民生档案协同服务机制的保障条件。⑥ 王雪萍认为,档案利用服务存在服务理念落后、服务形式单一、服务互动性不高的问题,通过构建档案协同利用服务

---

① 吴加琪.区域档案信息资源共建共享的协同机制研究[J].档案管理,2016(3):32-34.

② 冯惠玲.扩大交流与合作 发展档案教育[J].档案学通讯,1996(6):4-6.

③ 张长海.协同创新背景下档案本科人才培养模式的构建[J].档案学通讯,2014(5):74-78.

④ 郑庚.档案在职教育培训主体因素分析及协同机制研究[J].档案学通讯,2017(3):80-83.

⑤ 聂勇浩,郭煜晗.在信息时代构建民生档案远程协同服务:以上海市为例[J].档案学通讯,2016(2):73-77.

⑥ 罗夏钻.我国民生档案协同服务机制构建探讨[J].云南档案,2014(2):57-59.

平台,有利于服务科技创新工作,促进科技事业发展。① 周璇认为,创建民生档案协同利用平台,是大数据时代背景下档案工作的必然选择和档案部门改变服务方式、提升服务品质的必然要求,提出在创建民生档案协同利用平台的过程中应统一民生档案分类范围、数字化格式目录著录标准,建立馆际间共享信息平台,同时提出了民生档案协同利用平台建设过程中可能出现的建设成本、利用效率、档案安全等问题。②

此外,部分学者的研究还涉及其他方面。如李士智认为,档案学与历史学有密切的内在联系,且历史上档案工作就与史学工作密不可分,两个学科可以加强合作和联盟,如档案工作者可以参加一些历史问题的研究,史学工作者可以参加一些档案汇编工作等。③ 王素改通过对河南方言有声档案建设的研究,认为河南方言有声档案建设应与语言学相互结合,建立协同机制,将语言学的语料和档案学的音档记录结合起来,构建河南方言有声档案。④ 两人均是从档案学与其他学科协同合作的角度进行研究。樊锦诗等介绍了中国敦煌研究院与美国梅隆基金会开展合作,利用美国先进技术制作敦煌数字图像档案,开展国际学术合作,取得了良好的效果。⑤ 这是从国际合作的角度进行研究。刘凤坤提出了从协同论视角看档案工作,认为协同论有助于使档案工作系统的机制、秩序达到新的有序状态,并与环境达成协同。⑥

---

① 王雪萍.构建服务科技创新的档案协同利用服务平台[J].兰台世界,2016(23):64-67.

② 周璇.创建协同利用平台 实现民生档案资源共享[J].兰台世界,2016(S2):8-9.

③ 李士智.试论档案学与史学的合作和联盟[J].档案,1986(1):11-15.

④ 王素改.河南方言有声档案建设中语言学与档案学的协同机制[J].档案管理,2016(5):84-85.

⑤ BOWEN W G,樊锦诗.中美合作研制敦煌数字图像档案[J].敦煌研究,2002(4):9-10.

⑥ 刘凤坤.从协同论、突变论角度看档案工作[J].山西档案,1994(2):20.

1.3.2 国外研究现状

1.3.2.1 文献来源

本部分的研究主要以 Web of Science、Ebsco、ProQuest Digital Dissertations & Theses(PQDT)、ProQuest-Academic Research Library 并辅之以谷歌学术搜索作为网上检索来源,以"archive"并含"synergist"、"archive"并含"cooperation"、"archive"并含"alliance"为标题进行检索,发现与本课题的研究主题直接相关的文献数量较少,间接相关文献中主要是关于档案合作的研究,但数量亦较少。

1.3.2.2 研究的主要内容

国外关于档案协同发展的研究成果主要涉及两个方面的内容:

一是协同合作的主体。밧쟈갈介绍了韩国国家档案馆与蒙古国家档案馆自 2002 年至 2013 年之间开展的合作,并对两国的合作经验与成果进行了总结。[1] 有学者介绍了德国汉堡国家图书馆和石勒苏益格-荷尔斯泰因档案馆之间基于免费网络出版物之间的合作。[2] Park Sung-Jin 提出应加强韩国的博物馆、档案馆和图书馆等之间的合作以便更好地共享资源。[3]

二是档案协同发展方法及技术路径。Donatella Castelli 指出 OAI-PMH (即开放获取论文一站式发现平台)将会在图书馆和档案馆的协同发展中发挥重要作用。[4] Eisaku Fukuyama、Naomi Takashimizu 及 Yoko Nakai 等介绍了

---

① 밧쟈갈. Cooperation between Mongolian and Korean archives[J]. The Korean journal of archival studies,2013(35):209-216.

② Free internet-publication:Cooperation between National Library Hamburg-Country archive Schleswig-Holstein[J]. Zeitschrift fur bibliothekswesen und bibliographie,2007(54): 292.

③ PARK S J. Collection status of modern public records and cooperation issue: in the museum,archives, and libraries[J]. Journal of records management & archives society of Korea,2008,2(8):75-88.

④ CASTELLI D. Open archive solutions to traditional archive/library cooperation [J]. European research libraries,2003,1-4(13):290-298.

机构知识库系统(IR)与岛根大学大学评估系统(RD)协作开展的连续文档收集工作情况。① J. Mastalka 对科学、技术和经济信息系统的档案部门和业务部门之间的合作进行了研究,对其合作的可能性进行了阐述并介绍了合作的方法。② V. M. Jehn 和 K. Huth 对电子档案的长期保存与国际合作进行了研究,倡议通过"数字资源长期存储专家网"以对不同国家间的合作活动展开沟通。③ Cho Hye Chon 和 Chung Yeon Kyoung 对日本国立国会图书馆与日本国家档案馆的合作进行了研究,通过比较其异同以探索二者之间进一步合作的途径。④

1.3.3　简要评析

由以上分析可以看出,已有的关于档案协同发展的研究成果侧重于实践方面,在协同发展的方法、路径等方面投入较多,并取得了一定成绩。但整体而言亦存在一些问题。

其一,研究不够深入。在已有的研究成果中,档案协同发展的研究主题较为宏大,动辄即言"我国",虽然面面俱到却不够深入,既缺乏对档案协同发展顶层设计的研究,又较少提出切实可行的行动方案,且相关研究中多为实践性问题分析,忽视了基本概念的研究。

其二,创新性不足。具体表现为研究方法单一,许多文章所探讨的内容重复性较多,且较为传统,对新的信息技术少有提及,未紧跟时代步伐。

鉴于以上分析,笔者认为关于档案协同发展创新的研究可从以下几个

---

① FUKUYAMA E, TAKASHIMIZU N, NAKAI Y, et al. Self-archiving in Shimane University Institutional repository SWAN:cooperation with the university evaluation system and input supporting tools for self-archiving [J]. Journal of information processing and management,2008,4(51):260–272.

② MASTALKA J. Possibilities of cooperation between archives and workplaces of the scientific, technical and economical information system[J]. Ceskoslovenska informatika,teorie a praxe,1987,10(29):273–277.

③ JEHN V M,HUTH K. From national cooperation to the particular offer. What does the network of expertise nestor offer toarchives? [J]. Der Archivar,2007,4(60):301–306.

④ CHO H C,CHUNG Y K. A study on the cooperation between the National Diet Library of Japan and the National Archives of Japan[J]. Journal of Korean society of archives and records management,2017,2(17):79 –99.

方面改进:一是加强基础理论研究。加强基础理论的研究有利于明确相关概念,划分清楚研究范围,明确研究目的。二是强化档案协同发展研究的深度。对档案协同发展过程中遇到的问题,不能仅仅泛泛而谈,更要提出切实可行的解决方案。三是丰富研究方法,多一些实践调查,也可以借鉴其他学科的研究方法。四是根据本国国情和时代发展要求,借鉴国外档案协同发展的研究经验。

1.4　研究方法

1.4.1　文献研究法

文献研究法是依据学术研究的主题,调查和搜集相关文献资料并进行研读以全面了解研究主题的情况、正确掌握拟研究问题的一种科学方法。在本课题的研究中,文献研究法主要应用于三个方面:其一,在全面搜集和研读范式理论相关研究成果的基础上,以批判性的眼光对其进行审视和分析,力求全面准确地把握范式理论的精髓,为后续研究准备坚实的理论基础;其二,系统梳理和分析国内外已有的档案学范式论研究成果,全面了解其业已取得的成绩,发现研究的不足;其三,搜集和分析档案学科、档案职业发展状况的相关文献,包括纸质文献、网络文献等,以对其发展现状和趋势有扎实的掌握。

1.4.2　实证研究法

实证研究法是指根据学术研究的需要,有目的、有计划地搜集和应用相应的案例和资料,从而对研究对象进行分析和论证,以使其符合科学规律和实际情况的一种研究方法。在本课题的研究中,笔者一方面将从统计数据、实际案例等推导出档案学科和档案职业的相关规律,另一方面将利用其佐证本课题研究的相关观点。

1.4.3　调查法

调查法是指在学术研究中有目的、有计划地系统搜集与研究主题和研究对象相关材料的方法。本研究拟用问卷调查和访谈调查的方法,以对我国的档案学术共同体和档案管理共同体的学术研究情况、参与实践情况、对档案实践在档案学术研究中的作用和影响的认知情况等有全面的了解。

1.4.4　定量研究与定性研究相结合

本课题将应用科学计量软件及方法对相关文献和数据资料展开计量分析和内容分析,以充分揭示文献和数据所包含的本质和规律。同时,在对档案学科和档案职业进行分析时亦需要结合应用定量研究与定性研究的方法。具体而言,在梳理各自发展态势及协同发展状况时多用定量研究法,在展望其发展趋势、探索其发展规律时则多用定性研究法。

1.5　研究的主要内容及逻辑联系

1.5.1　研究的主要内容

本研究将主要从如下四个方面展开:

1.5.1.1　范式理论对档案学科与档案职业协同发展的启示

1. 科学共同体理念

第一,档案学科与档案职业的社会化决定了其只有通过群体性活动才能向前发展,其主体只能是以群体形式存在的档案学术共同体和档案管理共同体。

第二,档案学术共同体和档案管理共同体的发展受社会环境的影响,但各有其内在发展张力。

2. 范式理念

范式在档案研究活动和档案管理活动中发挥着规范与指导作用,范式只有与档案学术共同体和档案管理共同体相结合才能发挥作用。

3. 科学动态发展模式理念

档案学科与档案职业的发展在档案学术共同体和档案管理共同体与活

动范式的相互作用下,呈现出一种跳跃式累积性的单向无限上升的发展模式。

1.5.1.2　档案学科与档案职业之主体建构协同

1.档案教育

档案教育是档案学术共同体和档案管理共同体建构的基础。研究将围绕教育内容、教育方式和教育政策等展开。

2.内部代谢

在常规研究中,档案学术共同体通过增强成员的档案实践感悟和不断吸纳学术水平较高的档案工作者等途径补强自身的实践基因,档案管理共同体的成员则通过政策引导、学术训练等提高学术水平。在范式转换时,档案学术共同体和档案管理共同体会在淘汰固守于旧范式的成员、吸纳接受新范式的成员的过程中完成重新整合过程。

3.合作交流

档案学术共同体和档案管理共同体需在科研项目、实践项目等各方面展开合作,并通过正式、非正式交流系统进行充分交流。主体建构协同旨在建设一支以具有丰富档案实践经验和深刻实践感悟的学者为主体的档案学术共同体。

1.5.1.3　档案学科与档案职业之活动范式协同

根据档案社会需求的发展规律和知识演化规律(即 DIKW 模型),档案学术范式和档案管理范式均须经历实体管理、信息管理、知识管理、智慧管理四个范式。档案学术共同体的研究活动和档案管理共同体的管理活动只有在这四个范式中协同发展,才能使其不但符合档案学科和档案职业的发展规律,而且与时代发展趋势相符合。在特定时期,范式只有一个,其他范式类形态可作为范例多元共存。范式与范例在形式上是主次关系,但其功能发挥存在整体与局部的差别。活动范式协同研究旨在探索形成与一定历史阶段社会环境中的档案学研究现象的真相更加接近或符合的档案学研究范式。

需要指出的是,本课题虽然将档案学科和档案职业的协同发展作为主题,但最终的目的是探索档案学理论联系实际的科学的理论框架与可行的实现路径,即二者协同发展的目标为此,同时也期望能够为二者达到共同发展的双赢效果提供有益的借鉴与启示。而"'理论'在理论联系实际中是占主动的。从某种意义上说,有了理论,才能联系实际。如果没有理论或者只有不合乎理论要求的'理论'或假理论,那么,理论联系实际将会成为空话"。① 而且,虽然范式理论的启发性意义较大,但其终究是一种探索科学发展规律的科学学理论。基于以上考虑,本课题的研究虽然将档案学科和档案职业统一在范式理论的框架之内,但在具体的研究过程中是将档案学科和档案职业分别视为一个复杂性系统而对待,且以档案学科为主导展开论证的。

1.5.1.4　档案学科与档案职业之发展模式协同

档案学科与档案职业的发展在形态上表现为常规式发展—革命式发展—新的常规式发展—新的革命式发展的无线循环模式,但在本质上是其科学化和专业化不断强化的发展过程,因此是一种单向的无限上升的发展过程。其中,常规式发展过程从时间来看是主要方面,是一种渐进式累积的过程;革命式发展持续时间短,但是必然会发生,且其会给档案学科与档案职业带来根本性变化。常规式发展向革命式发展的转变是量变到质变的积累过程,促成质变的因素包括科技革命、社会变革等。

1.5.2　研究的逻辑联系

以范式理论为指导,具体表现为对科学共同体、范式、科学动态发展模式三个理念的借鉴。相应地,从主体建构协同、活动范式协同、发展模式协同三个方面分别对档案学科和档案职业展开具体研究,旨在实现档案学理论与实践更好融合的终极目标。

本课题研究的基本思路如图 1.1 所示。

---

① 　陈永生.论档案学理论联系实际中的"理论"[J].山西档案,1994(4):9-12.

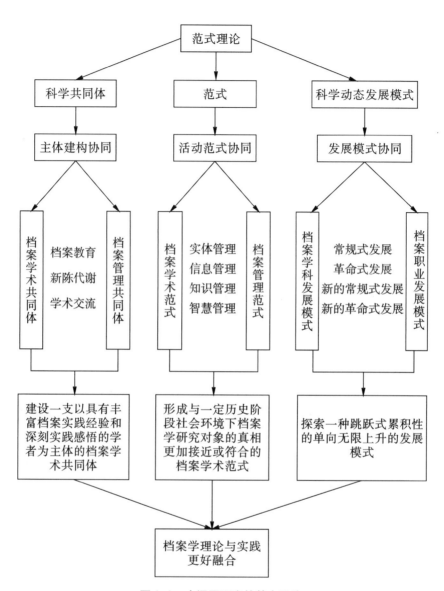

图 1.1　本课题研究的基本思路

1.6 可能的创新之处、存在的困难及解决方法

1.6.1 可能的创新之处

1.6.1.1 学术思想方面的特色和创新

第一,遵循复杂性科学的理念,将档案学科、档案职业分别作为一个复杂性系统来看待,同时又将二者整合于一个整体的复杂性系统,探讨各部分之间的运行机理和相互联系。

第二,将档案学科和档案职业的协同发展作为一个课题系统展开研究,并将其置于社会体系背景下,探索二者的社会化发展规律及相互作用机制。

1.6.1.2 学术观点方面的特色和创新

第一,对档案学科和档案职业发展规律的认识。档案学术共同体和档案管理共同体分别是档案学科和档案职业发展的主体和核心。实体管理、信息管理、知识管理、智慧管理四个范式不仅符合档案学科和档案职业的内在发展规律,也符合社会发展趋势的要求。档案学科和档案职业的发展是由档案学术共同体、档案管理共同体在档案学术研究范式和档案管理工作范式相互作用之下实现的,其呈现出一种跳跃式累积性单向无限上升的发展模式,而不是渐进式累积性发展模式。其中常规式发展和革命式发展具有不同的地位和功能,二者可在一定条件下转化。

第二,对档案学科与档案职业协同发展规律的认识。档案学科和档案职业虽有其不同的发展规律和发展道路,但二者亦是相辅相成的。建设一支由具有丰富档案实践经验和深刻实践感悟的学者组成的档案学术共同体是将档案学理论与实践更好融合的人才保障。档案学术研究范式和档案管理工作范式在特定历史阶段社会环境中协同发展可以极大地推动档案学科和档案职业的科学化和专业化发展。在主体建构协同和活动范式协同的前提下,档案学科和档案职业的发展模式才能实现协同,即步调一致地良性互动发展。

1.6.1.3 研究方法方面的特色和创新

第一,用批判性思维贯穿始终的文献研究法。将在充分掌握范式理论、档案学科、档案职业等相关文献的基础上,以批判性思维对其进行审视,取其精华之处而善用之,发现其不足之处而批判修正之。

第二,以系统性理念作为先导的实证研究法。在保证相关资料齐全完整的基础上,将重点选择其中能够系统反映档案学科和档案职业整体性发展态势的数据和案例深入分析。与其要素相关的资料亦将其放置于整体系统中展开分析。

1.6.2 存在的困难及解决方法

1.6.2.1 资料收集

其一是外文文献资料因为语言、途径等限制较难做到全面收集;其二是国内与实际工作相关的数据、案例等资料因人力、交通等因素较难做到全面收集。

第一,在组建课题组的时候专门邀请一位英语基础好且又有出国访学经验的档案学博士生参加;第二,资料收集时重点关注欧美发达国家的资料,并通过向有关专家咨询、参考相关中文翻译及介绍性资料的办法兼顾其他国家;第三,充分利用电子邮件、《档案界》论坛、QQ、微信、微博等工具开展访谈、发放调查问卷等;第四,分小组对重点单位展开实地调研和访谈;第五,充分利用小组成员工作便利收集相关单位的数据和案例等资料。

1.6.2.2 知识技术

其一是与网络信息有关的计算机、互联网等专业知识有限;其二是与网络信息采集、归档等有关的软件设计、开发等技术有限。

第一,在组建课题组的时候专门邀请一位计算机知识较丰富和技术较好的档案学专业教师参加;第二,在研究过程中,可向郑州大学信息、情报等专业的有关教师寻求帮助;第三,在研究过程中,利用学校的有利条件向计算机专业的教师寻求知识和技术方面的帮助;第四,适当借助外部公司的工具和技术支持。

2 范式理论对档案学科与档案职业及其协同发展的启示

以库恩为代表的科学历史主义与以波普尔为代表的科学证伪主义、以夏皮尔和普南特等为代表的科学实在论并称为西方后现代主义的三大科学哲学思潮。① 与后两种思潮相比,作为科学历史主义代表的范式理论为世人观科学提供了一种崭新的视角:

其一,库恩将"范式"作为统率其科学观的核心概念,认为范式是科学尤其是常规科学阶段的内在标准,在其认知功能和规范功能的作用下,科学发展不是如科学史家所惯称的平稳或平缓式的渐进式累积过程,而是在常规科学和科学革命交替态势下的跳跃式累积性的动态发展。

其二,库恩导入"科学共同体"这一概念来叙述科学史,认为科学共同体与范式是密不可分的,范式只有在科学共同体的支撑下才能发挥其推动科学史的力量。如此一来,他就找到了一条把科学史上的"内在的路径"和"外在的路径"相结合的道路。

其三,库恩认为科学进步的本质不在于科学理论本身发展成所谓的真理,而在于科学发现和科学理论能更好地表现或接近自然界的真相,从而形成与传统的真理观大异其趣的科学进化观。

范式理论的科学张力不仅在于其使得"范式""科学共同体"等科学术语在世界范围内广泛传播甚至成为时髦用语,而且在于其通过梳理科学史为我们展现了科学发展的全面图景,揭示了科学发展规律。作为科学历史主义的代表,范式理论虽然是以自然科学及其发展史为分析对象的,但其应用范围扩展到了社会科学,由此打破了两种科学森严的壁垒。更为重要的是,

① 佟立.西方后现代主义哲学思潮研究[M].天津:天津人民出版社,2003:56.

如果就自然科学而言,范式理论是对其历史的梳理和总结的话,那么就社会科学而言,范式理论就是对未来的展望和预言。因此就社会科学而言,范式理论的启示意义更大,宏观层面的社会科学、中观层面的某一学科和微观层面的具体问题的研究等均可从中获得较大的启示和借鉴。

2.1 科学共同体理念

2.1.1 科学共同体理念的基本内容

科学共同体的概念肇始于 20 世纪 40 年代,最早由英国物理化学家、哲学家波兰尼在名为《科学的自治》的演讲中明确使用,而其在科学哲学意义上的率先应用及为世界范围内的科学社会学家所熟知并普遍使用则要归功于库恩。

在范式理论中,科学共同体的重要性不亚于范式,甚至在库恩后期的认识中,科学共同体的重要性已经超过了范式。在"后记——1969"中库恩直言:"假如我重写此书,我会一开始就探讨科学的共同体结构,这个问题近来已成为社会学研究的一个重要课题,科学史家也开始认真地对待它。"①

科学共同体是库恩未加定义突然引入的一个概念,而且纵观库恩的论述,科学共同体的出现较为零散。但是,梳理库恩及其支持者的相关著作和论文,我们仍可从中找到其脉络。

2.1.1.1 科学共同体的地位

库恩认为:"科学共同体是一个极其有效的工具,它能使通过范式变换得以解决的问题的数量和精确度达到最高限度。"②范式为科学活动的开展提供了标准和方法,而科学共同体则是科学活动的承担者和范式功能的实现者。

---

① 库恩.科学革命的结构[M].金吾伦,胡新和,译.北京:北京大学出版社,2012:147.

② 库恩.科学革命的结构[M].金吾伦,胡新和,译.北京:北京大学出版社,2012:141.

此外,在回应批评者的猛烈批判时,他进一步发展了自己的科学共同体理念。

第一,库恩强调:"无论科学怎么发展,我们通过考察科学团体的性质:它重视什么,容忍什么,轻视什么,则一定会找到科学发展的原因。"①即他认为科学共同体的科学活动是科学发展的推动力。"有充分的理由认为,科学事业就是由这样一些共同体所分别承担并推向前进的。"②这是后期库恩对科学共同体的新认识,进一步明确了科学共同体的主体地位。

第二,库恩指出:"更为重要的是,它(指科学共同体——笔者注)强调的或许是先前还不明白的地方,开拓了我把科学知识作为一些专家共同体内在聚集的成果这一思想……就大多数学科而言,当一个封闭的专家共同体形成时,这也就是其成熟的标准。"③

由此可以看出,随着库恩认识的深入,他不仅形成了科学知识由科学共同体创造的观点,也将其与范式同等看待,视为科学成熟的共同标志。

2.1.1.2 科学共同体的内涵

第一,库恩指出:"一个范式就是一个科学共同体的成员所共有的东西,而反过来,一个科学共同体由共有一个范式的人组成。"④即他认为科学共同体与范式相互依存、密不可分,范式的产生是科学共同体形成的前提条件。但是由于范式的概念存在固有缺陷——模糊性⑤,只能使别人的理解更加模糊。因此,库恩依靠范式来界定科学共同体的尝试是失败的。

第二,库恩曾用一段较长的文字阐述过科学共同体成员的特征:"一个

① 拉卡托斯,马斯格雷夫.批判与知识的增长:1965 年伦敦国际科学哲学会议论文汇编第四卷[C].周寄中,译.北京:华夏出版社,1987:320.

② 库恩.必要的张力:科学的传统和变革论文选[M].范岱年,纪树立,等译.北京:北京大学出版社,2004:289.

③ 拉卡托斯,马斯格雷夫.批判与知识的增长:1965 年伦敦国际科学哲学会议论文汇编第四卷[C].周寄中,译.北京:华夏出版社,1987:341.

④ 库恩.科学革命的结构[M].金吾伦,胡新和,译.北京:北京大学出版社,2012:147.

⑤ 万丹.断裂还是统一:库恩"不可通约性"概念研究[M].北京:中国社会科学出版社,2012:86.

科学共同体由同一个科学专业领域中的工作者组成。在一种绝大多数其他领域无法比拟的程度上,他们都经受过近似的教育和专业训练;在这个过程中,他们都钻研过同样的技术文献,并从中获取许多同样的教益。通常这种标准文献的范围标出了一个科学学科的界限,每个科学共同体一般有一个它自己的主题……科学共同体的成员把自己看作并且别人也认为他们是唯一的去追求同一组共有的目标、包括训练他们的接班人的人。在这种团体中,交流相当充分,专业判断也相当一致。"①在此段论述中,他列出了科学共同体成员的 5 个共同特征,在一定程度上,这些特征可作为判断某一科学家是否能够成为科学共同体成员的重要标准。更为重要的是,他没有借助于范式的概念就基本勾勒出了科学共同体的基本轮廓,为使"英美分析哲学主流能够'听懂'他的思想"②走出了重要一步。

第三,在库恩的科学观中,科学共同体具有严格的准入条件。"由最有才干的适宜人选以最恰当的心理动机组成一个团体,在某学科里培训他们并使之具有当机立断进行选择的特点,让他们深知在所在学科里流行的价值规律和思想方法(对其他学科的也要尽量了解),最终,让他们进行选择。"③他连用两个"最",一方面显示出其对科学共同体成员的苛刻要求,另一方面也表明了科学共同体在其心目中的崇高地位。此外,库恩的学生、范式理论的忠实拥护者野家启一对老师的观点做了更加直白的阐述和进一步的阐发:"科学共同体是具有自律性的专家集团,要参加这个团体的成员必须经过严格的资格审查。"④"这个共同体并不是谁都可以参加的,只有接受过严格的学术训练、具有作为研究者的资格、具有一定的实际研究业绩的专家组成的封闭性的集团才行。"⑤他的论述有助于消解库恩隐晦不明的文风所造成的读者理解上的困难,也为我们判断科学共同体成员的具体条件提

① 库恩.科学革命的结构[M].金吾伦,胡新和,译.北京:北京大学出版社,2012:148-149.

② 李创同.论库恩沉浮:兼论悟与不可通约性[M].上海:上海人民出版社,2006:92.

③ 库恩.科学革命的结构[M].金吾伦,胡新和,译.北京:北京大学出版社,2012:147.

④ 野家启一.库恩:范式[M].毕小辉,译.石家庄:河北教育出版社,2002:274-275.

⑤ 野家启一.库恩:范式[M].毕小辉,译.石家庄:河北教育出版社,2002:224.

供了更为明确的标准。

第四,在库恩看来,科学共同体内部存在着一定的科层体制:"在含义最广的层次上,是所有自然科学家的共同体。在稍低层次上的主要科学专业团体,有物理学家、化学家、天文学家、动物学家等的共同体。就这些主要团体而言,除了其边缘性人物外,确定共同体成员的身份并不难。最高学位的学科,专业学会的成员资格,所阅读的期刊,这些通常已足以确定一个成员的身份。同样的技巧也可用以界定主要的次级团体:有机化学家以及或许其中的蛋白质化学家,固体高能物理学家,射电天文学家等等。只有在再次一级层次上才会出现经验问题。"①可以看出,库恩认为科学共同体至少可以分为三个层次,即宏观层面上由所有符合条件的自然科学家组成的共同体,中观层面上某一学科的专业共同体,微观层面上学科内部按照专业方向划分的次级共同体。

第五,库恩认为科学共同体内部也存在相应的评价机制和新陈代谢机制。在科学评价方面,库恩指出:"科学生活中最坚定的原则之一(或许尚未见诸文字)就是在科学问题上禁止诉诸政界首脑或社会大众。"②野家启一对此有更为明确和完整的阐述:"特别是在对科学的业绩进行评价的时候,除了由共同体成员进行的'同行评价'以外,不承认其他任何权威。因此,不容许国家权力和社会舆论以任何理由介入对业绩的评价。科学共同体在其限度内享有'研究的自由',拥有按照专业标准对科学理论进行判定的权利。"③

在新陈代谢方面,不同阶段具体表现形式不同。库恩指出:"所有科学共同体的成员,包括'前范式'时期的各学派,都共有那些我把它们集合起来称作'范式'的各种要素。"④由此可以推出,前科学时期,在科学家的科学争论过程中,一个个范例形成,随之将各学派区分开来,呈现出众多学派并存的状态。库恩认为,激烈竞争的各学派在逐鹿中原的过程中,随着一些著名

① 库恩.科学革命的结构[M].金吾伦,胡新和,译.北京:北京大学出版社,2012:149.

② 库恩.科学革命的结构[M].金吾伦,胡新和,译.北京:北京大学出版社,2012:140-141.

③ 野家启一.库恩:范式[M].毕小辉,译.石家庄:河北教育出版社,2002:274-275.

④ 库恩.科学革命的结构[M].金吾伦,胡新和,译.北京:北京大学出版社,2012:150.

的科学成就的确立,其数目会极大减少,直至剩下一个。学派之间的分歧也随之减少,直至消失,"而且显然是一劳永逸地消失了。它们的消失总是由前范式学派之一的胜利造成的"。① 获胜的这一学派,其共有的范例随之为科学家所普遍接受,进而上升为范式。范式被科学家尊崇为共同的信念之后,科学共同体随即形成,也标志着常规科学时期的到来。在常规科学时期,科学共同体也在不断发展,具体表现为个体成员的专家化和团队研究的协同化。在常规科学后期尤其是危机出现以后,科学共同体会出现分化现象,因为此时期,新范例将会大量出现,旧范式的地位会受到挑战并逐渐动摇,那些受科学传统束缚较少的科学家,尤其是年轻的科学家会较早摆脱旧范式的束缚而转向新理论、新思想。在发生科学革命时,科学共同体成员会在新旧范式之间做出自己的选择:"起初,新的范式候选者可能只有少数支持者,有时这些支持者的动机也是可疑的。然而,如果他们真有能力,他们将会改进它,探索它所提供的可能性,并且表明:在它的指导下,共同体将有什么样的前景。照此发展下去,如果这个范式注定获胜,支持它的论据的数量和其说服力将会增强。于是就会有更多的科学家发生转变,对新范式的探索也会继续。逐渐地,基于这个范式的实验、仪器、论文、著作的数量都会倍增。再后来,更多的人会信服新观点的丰富性,采用这种从事常规科学的新模式,直到最后只剩下一些年长的死硬派未被转变。而即使是他们,我们也不能说他们错了。虽然历史学家总能找到几个人(例如普利斯特列)几乎不讲道理地死命抗拒下去,但是他也难以找出某一点,在这一点上这种抗拒便变成是不合逻辑的或不科学的了。他最多只能说:在整个专业共同体都已改宗后,那些继续抗拒下去的人事实上已不再是科学家了。"② 即科学革命后,大部分科学家会选择新范式,只有少数非常顽固的科学家会因为固执于旧范式而被淘汰,新的科学共同体产生。

① 库恩.科学革命的结构[M].金吾伦,胡新和,译.北京:北京大学出版社,2012:14.

② 库恩.科学革命的结构[M].金吾伦,胡新和,译.北京:北京大学出版社,2012:133.

2.1.1.3　科学共同体的作用机制

在范式理论中,库恩特别提出了"必要的张力"系列命题来揭示科学发展的内在动力问题,其中与科学共同体紧密相关的张力有两个:

第一,科学中的传统和变革构造了科学发展相反相成的两个方面,二者并非简单地相互排斥,而是在相反的方向上展开,从而展现出一种张力,正是这种张力规范了科学的前进。而科学共同体成员也需在维护传统与倡导变革之间保持一种平衡,才能有效推动科学发展。具体而言,在常规科学阶段的研究中,科学共同体成员在范式的规范与指导下从事解谜工作;在反常现象逐渐增多甚至出现科学危机时,大部分成员出于对范式的坚定信念,仍沿用旧范式规制下的观念和方法从事研究,只有少部分成员开始尝试革新;科学革命发生时,大部分成员开始抛弃旧范式,投身于新范式的探索之中,只有少部分成员会死命抗拒新范式。最终新范式的主导地位确立,抗拒的科学家则会被排斥出新的科学共同体之外。一方面,库恩也曾将范式视为某种符合条件的科学传统,"改换所效忠的范式是一种不能被迫的改宗经历。终生抗拒——尤其是来自那些其研究生涯使得他们承诺一个较老的常规科学传统的科学家——并不是对科学标准的违背,而正是科学研究本性的一种标志"。[①] 另一方面,根据库恩对科学史的梳理,发现固执于旧范式的往往是年长的科学家,甚至部分是旧范式主导下的科学权威。因此,库恩认为:"科学研究只有牢固地扎根于当代科学传统之中,才能打破旧传统,建立新传统……一个成功的科学家必然常能同时显示维持传统和反对崇拜偶像这两方面的性格。"[②]维持传统是要求科学家尊重范式、用传统的方式和方法开展研究工作,反对崇拜偶像是要求科学家敢于挑战权威、勇于革新。

第二,在科学研究中,科学共同体成员还要同时具备收敛式思维和发散式思维,并在这两种思维向度之间保持平衡,"这两种思维形式既然不可避免地处于矛盾之中,可知维持一种往往难以维持的张力的能力,正是从事这

① 库恩.科学革命的结构[M].金吾伦,胡新和,译.北京:北京大学出版社,2012: 127.

② 库恩.必要的张力:科学的传统和变革论文选[M].范岱年,纪树立,等译.北京: 北京大学出版社,2004:225.

种最好的科学研究所必需的首要的条件之一"。① 收敛式思维侧重于在常规科学阶段发挥作用,要求科学共同体成员在研究中须坚定不移地遵循科学范式、科学原则和科学方法,"没有收敛式思维,科学就不可能达到今天的状况,取得今天的地位"。② 发散式思维侧重于在科学革命阶段发挥作用,"科学发现和发明本质上通常都是革命的。所以,它们确实要求思想活跃、思想开放,这是发散式思维的特点,而且确实也只限于这些人。今后让我们理所当然地相信确实需要这种性格。如果不是大量科学家具有高度的思想活跃、思想开放的性格,就不会有科学革命,也很少有科学进步"。③

2.1.1.4 总结与阐发

综合以上分析可以看出,库恩的科学共同体理念具备完整的体系框架。从地位来讲,库恩认为科学共同体是科学活动的主体,是科学发展的动力之源,也是科学成熟的标志;从内涵来讲,虽然库恩自始至终都没有为科学共同体下一个明确的定义,但是他通过分析科学共同体与范式的关系、科学共同体成员的共同特征以及科学共同体的准入条件、科层体制、评价机制和新陈代谢机制等深刻揭示出了科学共同体的内涵,虽然这种文风不利于读者系统和准确地理解其原意,甚至因造成诸多误解而遭受批判,但也恰恰因此才使科学共同体的理念有了更加广阔的拓展空间;从作用机制来讲,库恩通过对两个"必要的张力"命题的阐发,深刻揭示了科学共同体在科学发展中的作用机制,同时也展示出了其在科学动态发展模式中的重要意义。尤为重要的是,库恩的科学共同体理念是以范式理论为背景的,具有强大理论体系的支撑,意味着其具有广阔的应用空间和潜力。库恩对科学共同体的社会学研究被称为库恩模式,与默顿模式一起共同代表了该领域的主流,且其更被视为科学社会学的思想源头之一。

可以说,库恩不仅为科学共同体赋予了特殊的科学意义,更给予了其旺

---

① 库恩.必要的张力:科学的传统和变革论文选[M].范岱年,纪树立,等译.北京:北京大学出版社,2004:223.

② 库恩.必要的张力:科学的传统和变革论文选[M].范岱年,纪树立,等译.北京:北京大学出版社,2004:225.

③ 库恩.必要的张力:科学的传统和变革论文选[M].范岱年,纪树立,等译.北京:北京大学出版社,2004:224.

盛的生命力,使其得以在世界范围内广泛传播,并被作为科学社会学研究的重要范畴之一,至今仍然方兴未艾。

2.1.2 科学共同体理念对档案学科与档案职业主体及其建构协同的启示

2.1.2.1 主体的群体性

在库恩看来,科学事业是由科学共同体主导的群体性活动,而科学共同体则是科学发展到一定阶段即常规科学时期的产物,常规科学是科学的成熟阶段,而前科学时期出现的学派则在本质上具备了科学共同体的功能,范例和范式分别是学派和科学共同体形成的前提条件。

当前,中国档案学范式尚未形成。① 笔者亦有理由相信,虽然学科起步时间和发展程度不同,但世界范围内的档案学均未形成范式,即与大部分社会科学相似,档案学尚处于前科学时期,科学共同体并未形成。而根据笔者的论证,在我国档案学的学术活动中,学派业已出现并得到了一定程度的发展。② 由此可知,在当下的档案学术活动中,群体性的学派业已成为主导力量。

库恩对科学共同体形成的具体条件并未做专门论述,而且他的理念是以范式理论为背景的,在一定程度上会为我们分析这个问题带来束缚,默顿模式则不存在这样的问题。基于此考虑,笔者拟结合默顿模式的相关研究成果对其展开分析。

回顾默顿模式下科学共同体形成和发展的历程,科学共同体形成的条件主要有以下两个:

1. 科学活动的职业化

科学活动的职业化"是指社会上出现了一批以科学为专门职业的人,出

---

① 孙大东.中国档案学范式尚未形成:基于批判性视域的考量[J].档案学研究,2016(2):25-29.

② 孙大东.基于范式论批判的中国档案学发展研究[J].档案学通讯,2016(2):77-81.

现了科学家这样的社会角色"。① 科学活动的职业化标志着科学成为一种专门职业,而科学家群体则成为专职化的一群人,使其与其他行业的职业群体一样成为社会的重要组成部分,如此一来,不仅使科学家这一角色在社会中牢固地确立起来,也为其进一步的社会化发展奠定了基础。

科学活动的职业化有其深刻的社会背景:首先,科学活动的开展需要大量的资金支持,尤其是近现代以来高新技术的发展需要大量昂贵的科学仪器和完备的实验环境,如此巨额的资金是个人所不能承受的。其次,科学家需要有一定的经济来源以满足个人和家庭成员的生活、娱乐等需求,毕竟职业也具有功利性属性或曰经济性属性,即科学家也需要发挥自己的聪明才智在从事科学活动的过程中追求自己应得的经济利益。而科研院所、高等院校、部分企业等单位正好可以为科学家们提供职业岗位、资金支持、实验场所及设备等条件,同时能够为其科学活动的开展和科学技能的施展提供广阔的发展空间。

在我国于 1999 年首次颁布的《中华人民共和国职业分类大典》中,科学研究人员作为第二大类专业技术人员的第一中类存在,标志着科学研究作为一种国家认可的职业形态被纳入了社会职业体系之中。

科学活动的职业化发展一方面满足了科学家群体本身的需求和意愿,另一方面也满足了相关的社会需求,反过来又促使科学家成为社会中举足轻重的角色。因此,科学活动的职业化进程是科学发展史上至关重要的历史步骤,它促进了科学家群体和科学体制的社会化发展。

2. 科学社会体制的形成

科学活动的职业化进一步推动了科学的社会化发展,其主要表现有两个方面:其一,科学家群体在享受和利用所在单位提供的职业环境和资源的同时,也被科研院所、高等院校、企业等实体性社会组织借助相应的职业岗位组织起来,并受其相应规章制度、纪律规范等的约束,从而使得科学家群体及其活动纳入了社会体制的范畴;其二,随着科学事业的发展和科学技术的进步,科学家群体内部的科学交流越来越便利和充分,"科学交流是一种无声的力量,它把分散的科学家的认识汇聚和统一起来,形成不同的研究

---

① 刘珺珺. 科学社会学[M]. 上海:上海科技教育出版社,2009:90.

领域、专业和学科,形成不同层次的科学共同体"。① 当前,科学交流实现的最为主要的媒介是科学期刊和书籍,其中科学期刊又占主导地位。

在职业化和社会化的发展过程中,科学形成了相应的体制结构,包括科学精神、科学规范、科层体制等。同时,在与社会不断的能量交换过程中,不仅科学本身的结构日益复杂化,其体制也日益渗透到了其他的社会组织和机构中,最终促成了科学社会体制的形成。

库恩的科学共同体理念与默顿模式有异曲同工之妙:其一,库恩将学派和科学共同体对待范例和范式的态度也提升到了精神层面,甚至不惜用"信念""宗教皈依"等字眼来描述,而且他认为要想成为科学共同体的一员需是对科学研究有兴趣甚至是使命感的科学家;其二,库恩指出,在范例和范式的构成要素中,工具是重要组成部分,而库恩所谓的工具指包括科学仪器、实验器材等在内的物质基础,库恩亦认为其对科学共同体的相关认识"本质上是社会学的内容",即他也承认科学共同体从事科学活动要受到社会条件的约束;其三,库恩也指出,在科学共同体内部可划分出若干层级,而且他将充分的交流视为科学共同体的重要特征之一;其四,库恩指出不同的科学家在科学革命中发挥的作用和所持的态度不同,一般而言,年轻的科学家在科学革命中较易接受和支持新范式,从而能够促进范式转换,而部分年老的科学家则会固守旧范式,从而阻碍范式转换,由此可知,在库恩的理念中科学共同体内部亦存在一定的作用机制。因此从本质上来看,默顿模式下关于科学共同体形成条件的认知对库恩模式下的学派和科学共同体也是适用的。

邢变变以默顿模式为理论依据并结合中国档案学的实际情况,梳理了中国档案学共同体的发展历程:20 世纪 30 年代至 1949 年新中国成立前为孕育阶段、1949 年新中国成立后至 1976 年"文革"结束前为雏形阶段、1976 年"文革"结束至 1987 年为形成阶段、1988 年至今为成长阶段。② 其用以判断中国档案学共同体具体形成时间的实然条件为:第一,中国人民大学档案高等教育的恢复与发展;第二,全国各地高等院校建立档案学专业;第三,档案学专业期刊群的出现;第四,中国档案出版社的成立;第五,专门的档案科

---

① 刘珺珺.科学社会学[M].上海:上海科技教育出版社,2009:121.
② 邢变变.中国档案学共同体研究[D].北京:中国人民大学,2016:41-53.

研机构和学术团体的纷纷成立;第六,档案学在本科专业目录中的独立;第七,我国档案学术研究核心作者群的出现;第八,档案学术会议交流的广泛开展。① 上述八个实然条件中,第一、第二、第五、第六个与档案学术活动职业化的应然条件相符,第三、第四、第七、第八个与档案学社会体制形成的应然条件相符。在雏形阶段,全国范围内只有中国人民大学和国家档案局分别通过创办档案学专业和成立档案学研究室设置了若干专职的岗位,档案学术活动的职业化发展难成大气候;且其时全国性的档案工作刊物只有《材料工作通讯》,专业交流并不充分,更遑论档案学社会体制的形成了,而且这两项事业因为"文化大革命"的影响又陷入长时间停滞。因此笔者认为,邢变变的判断较为客观、可信。

职业是社会分工的产物,也是社会发展与进化的重要表现。"在现代社会中,某种职业的社会认可常常表现为法律的确认以及政府中有关职业管理部门的认定。"②在古代,我国的档案管理活动是图书、资料工作的一部分,管理者也是兼有文书、档案、图书等职掌的史官或者书吏。③ 到了近代时期,档案管理活动的边界渐渐明晰,并逐渐脱离了图书、资料工作而独立存在,这也标志着档案职业化过程的开始。但是,这一时期的档案管理活动具有明显的局限性,即活动范围主要局限于所在单位内部,管理者也没有真正取得独立地位,他们的工作性质同古代的史官、书吏类似,即通过管理文件与档案为本单位服务,目的是提高单位工作的行政效率。

1999 年,劳动和社会保障部颁布了我国首部职业分类大典。其中,在第二大类——"专业技术人员"类别下的"新闻出版、文化工作人员"之中类设置了"图书资料与档案业务人员"小类,档案管理活动正式独立且与图书资料工作并列存在,我国的档案职业也作为 1838 个社会职业之一得到了社会公认。2015 年 7 月 29 日,修订版的《中华人民共和国职业分类大典》正式颁布。其中,在第二大类"专业技术人员"类别下的"新闻出版、文化专业人员"之中类设置了"档案专业人员"小类,档案职业的独立性程度进一步增强。档案管理活动的职业化一方面使得档案管理人员有了独立、稳定的工作岗

① 邢变变.中国档案学共同体研究[D].北京:中国人民大学,2016:43-50.
② 尹保华.社会工作职业化概念解读[J].社会工作,2008(4):18-20.
③ 胡鸿杰.中国档案职业的形成与确立[J].档案学通讯,2006(1):15-18.

位,另一方面也使其纳入了社会职业体系的管制范围。

综合以上分析,档案学术活动和档案管理活动的职业化和体制化决定了其只有通过群体性活动才能进一步向前发展,其主体只能是以群体形式存在的档案学术共同体和档案管理共同体。

2.1.2.2 主体的专业化

1.科学共同体本身就是一个专业化团体

最早提出"科学共同体"概念的英国物理化学家、哲学家波兰尼(又译作:博兰尼)指出:随着科学的发展,科学家已"无法孤立地实践自己的天职",而是"属于专业化了的科学家之特定的集团",即所谓的科学共同体。[①]库恩则认为科学共同体是一个封闭性团体,但是这种封闭性不是与外界隔绝存在,而是对其内部专业性的强调:一是科学共同体成员所受科学教育和从事研究的专业化。库恩在谈到科学共同体的一般特征时着重列举了五条,即接受相似的专业教育和训练、钻研同样的专业文献、具有共同的专业目标、专业交流相当充分、专业判断相当一致,从内涵上讲,这五条均是对专业性的强调。二是科学评价的专业性。库恩指出,科学评价需坚持"同行评价",应禁止诉诸政界首脑或社会大众,并称这一原则是科学生活中最坚定的原则之一。同行评价即专业性评价,目的是借助最了解相关专业领域的专家的学识和智慧对科学共同体其他成员的成果展开评价,以保证评价结果的准确性,而政界首脑或社会大众因为不具备相关领域的充分知识,所以评价结果难免会存在问题。由此可见,库恩的封闭性恰恰是科学共同体专业化的体现,其眼中的科学共同体也是一个专业化的团体。科学共同体的雏形——学派本质上也是如此。

2.科学共同体的分化整合是一个专业化过程

前科学时期,在范例的形成和发展过程中,随着"对合理的方法、问题和解答的标准"的争论愈加深入,范例本身也从最初粗浅的状态朝精深化发展,由此科学家对科学问题的认识也更加专业化。因此,学派的确立和众多学派的并立过程也是科学工作者以范例为标志不断分裂和专业化的过程。

---

① 博兰尼.自由的逻辑[M].冯银江,李雪茹,译.长春:吉林人民出版社,2002:57.

随着科学争论的激烈展开,获胜学派的范例,一方面其本身的深度和广度得到了不断拓展,另一方面也部分吸收了落败范例的合理成分,最终的结局就是该范例解决专业问题的能力不断增强,由此获胜学派的竞争力也越来越大,直至科学共同体的产生。

常规科学时期,科学共同体在范式的规范与指导下开展扫尾工作,这类似于一种超大规模的专题式研究活动,而且持续时间往往很长,因此科学研究的深度和细化程度大大超过前科学时期。在此过程中,科学共同体的个体成员由于在自己的研究领域越钻越深、取得的成果越来越多,逐渐朝专家化方向发展。同时,由于科学共同体内部的科学交流越来越充分,团队研究的协同化程度也越来越高,如此一来就会形成一个良性循环,促使科学共同体在专业化的道路上不断前进。

科学革命时期,新旧范式发生转换,同时,科学共同体内部又一次发生了分化整合,最终新范式通过激烈竞争战胜旧范式,范式转换完成,新的科学共同体也就产生了。新旧范式是两种性质不同的范式,新范式将会使科学共同体的关注范围变得更为狭窄,而与此相应的是其研究活动更为深入、精细。科学革命带来的进步主要是深度而不是广度。换句话说,科学革命将会推动科学共同体的研究活动不断向纵深发展,科学共同体的专业化程度也会得到一次质的提升。

笔者曾依据库恩及其支持者的相关论述,对中国档案学学术共同体的准入条件进行了设定:"中国档案学学术共同体成员必须具有共同的专业目标和专业承诺""中国档案学学术共同体成员必须具有较高的专业素质和专业成就""中国档案学学术共同体成员必须具有较强的学术自律性"。[①] 其中,学术自律性中又重点强调了学术品质。从内涵上讲,上述三个准入条件均强调的是专业性内容,而且库恩的科学共同体理念越是应用到具体学科就越是需要强调其专业性。

从发展进程来讲,由于当前档案学范式尚未形成,所以库恩模式下的档案学术共同体也未形成,但是学派业已出现了。"从研究成果、研究方法、理

---

① 孙大东.基于范式论批判的中国档案学发展研究[M].北京:科学出版社,2017:123-127.

论体系等方面看,以中国人民大学的电子文件管理研究团队为核心的专业团体已经基本具备了库恩前科学时期学派的基本特征……其他若干档案学派正在逐渐形成之中。"①我国的档案学仅有 90 年左右的历史,欧美则有 100 多年的历史,在长时间的发展过程中,其成型的学派数量更多。仅以档案鉴定理论为例,从不同的理论角度和理论依据提出的就有 10 种左右,如德国档案学者迈斯奈尔提出的年龄鉴定论、英国档案学者希拉里·詹金逊提出的行政官员决定论,以及当前依旧盛行的由波兰档案学者卡林斯基提出的职能鉴定论、美国档案学者西奥多·谢伦伯格提出的文件双重价值论、德国档案学者汉斯·布穆斯提出的社会分析与职能鉴定论、加拿大档案学者特里·库克提出的宏观鉴定战略等,每一种理论都有众多的拥趸,由此形成了不同的档案鉴定理论学派。由于分析问题的角度和依据不同,且每一种理论都有自己的优势同时也存在一定的局限性,因此不同学派之间也展开了学术争论。在争论过程中,学派成员因为主张改变而变换阵营的情况时有发生,如早期行政官员决定论的部分拥护者就转而支持了更为科学、合理的职能鉴定论。

从档案职业的内容来讲,1999 年版《中华人民共和国职业分类大典》中限定的是"档案的接收、征集、整理、编目、鉴定、保管、利用、编研"②,2015 年版中是"档案接收、征集、整理、编目、鉴定、保管、保护、利用、编研"③。二者相比,2015 年版多了一项"保护",这也与我国的档案管理工作顺应时代发展趋势有关,同时也说明我国的档案职业工作分工进一步细化了。从职业人员的名称来讲,2015 年版《中华人民共和国职业分类大典》将"档案业务人员"更名为"档案专业人员",从一定程度上也表明,我国的档案管理活动在完成了职业化后发生了专业化发展的转向。④

---

① 孙大东.基于范式论批判的中国档案学发展研究[M].北京:科学出版社,2017:141.

② 国家职业分类大典和职业资格工作委员会.中华人民共和国职业分类大典[M].北京:中国劳动社会保障出版社,1999:393.

③ 国家职业分类大典修订工作委员会.中华人民共和国职业分类大典:2015 年版[M].北京:中国劳动社会保障出版社,中国人事出版社,2015:144.

④ 梁琨."档案专业人员"首次单独列入新版《职业分类大典》小类 "档案业务人员"更名为"档案专业人员"[N].中国档案报,2016-04-14(1).

从以上分析可以看出,档案学术共同体和档案管理共同体由于从事的学术活动和管理活动内容的专业性,决定了其本身就是一个专业性团体,而且在不断的发展过程中,其专业化程度在进一步提升。

2.1.2.3 主体的动态性

首先,从库恩及野家启一对科学共同体准入条件的设定来看,科学共同体是科学家群体中的一个精英团体,这一理念也被默顿模式的主要拥护者普赖斯和克兰继承和发展,他们进一步提出了无形学院的概念。普赖斯认为,在由小科学到大科学的发展过程中,科学共同体内部日趋集体合作的运动是一种自然发展的延伸,除此之外,还存在着一个持续的运动,其发展趋势是大多数高产作者生产率的提高和低生产率作者数量的增加。① 普赖斯言下的高产作者群是指无形学院。需要指出的是,默顿模式中的科学共同体没有如库恩模式那般设有较高的门槛,基本等同于由所有科学家组成的群体。由此可以推论,在库恩模式下,学派和科学共同体的产生、确立及分化整合过程也是科学活动主体动态发展过程中的一种体现。

其次,库恩对科学共同体的分层是由大到小,并以成员从事科学活动的专业领域为标准的,是横向划分和纵向划分的结合;而普赖斯和克兰等人的划分则是以成员的科学产出为标准的,是一种横向划分。库恩模式下,科学共同体成员以范式为标准进行着动态发展,秉持一定时期科学范式的科学家即属于其时的科学共同体。在范式转换时,固执于旧范式的科学家则会被新的科学共同体淘汰。而前范式时期存在的学派和后范式时期科学共同体内部存在的学派则是以其所秉持的范例为基准发展的,只不过由于学派具有多元性,故学派成员在淘汰之外还存在不同学派之间流动的现象。默顿模式下,在一个无形学院中往往存在一种集体领导的模式,更为重要的是,无形学院中的高产作者本人可以凭借其学术优势、经费优势、身份优势等组建自己的科研团队,将低产作者吸纳进来,如此一来,不仅可使科研效率得到极大提升,而且还能完成比高产作者本人单枪匹马时更多的工作量。

---

① 普赖斯.小科学·大科学[M].宋剑耕,戴振飞,译.北京:世界知识出版社,1982:77-78.

这一过程还有更为重要、深远的意义,那就是可以有效将低水平科学家组织起来,使他们可以把自己与精英科学家的科研活动直接联系在一起,这不仅有利于低水平科学家的成长,更能够为科学共同体尤其是无形学院的发展提供源源不断的新活力、新动力。由此可知,无论是库恩模式还是默顿模式,科学共同体都是开放性的、动态发展的。库恩模式下,前科学时期的学派由于激烈的科学争论变化较为频繁,其结果是学派改宗和淘汰出局并存。科学共同体由于常规科学时期的长时间存在显得相对较为稳定,只有在科学革命时才发生大规模变化,但这种变化往往是淘汰出局。默顿模式下,科学共同体的变化主要是非无形学院的成员向无形学院流动,以及无形学院内部成员向权威结构的发展,即整体呈现出一种向上发展的态势,淘汰出局的现象较少。

综合科学共同体的专业化和动态性发展态势来看,其整体上朝向精英化方向发展,背后的根源在于马太效应的存在。

默顿指出,在科学中也存在马太效应:"那些已经有相当声望的科学家得到了与他们的科学贡献不成比例的更大荣誉和报偿,而那些不出名的科学家则得到与他们的科学贡献相比也是不适当的、较少的荣誉和报偿。"[①]但是,默顿眼中的马太效应是一种不公正效应。随着研究的深入,科学社会学家逐渐将其视为科学奖励系统中的一种优势积累现象。默顿认为,"科学王国的基本通货是承认"[②],承认是科学世界的最高原则。对于个体成员而言,一旦其科学贡献获得了科学共同体的承认,就会慢慢形成一种累积效应。而且,科学承认还呈现出明显的棘轮效应,即与经济学中个人消费习惯的不可逆性现象类似,个体成员在其科学生涯中一旦做出了某些贡献并因此而获得了相应的承认,他就不太可能再跌回甚至低于原来的水平和位置,科学承认度也只会随着其科学贡献的增多而提高。虽然他的光环可能会因为具有更亮光环的新星的出现而显得相对暗淡,但是其本人绝不会倒退回去。

———————

① MERTON R K. The sociology of science: theoretical and empirical investigations [M]. Chicago: University of Chicago Press, 1973: 445.

② MERTON R K. The sociology of science: an episodic memoir[M] // MERTON R K, GASTON J. The sociology of science in Europe. Carbondale: Southern Illinois University Press, 1977: 48.

对于个体成员自身而言,其所具备的学术水平、学术能力、学术素质、学术品质以及其人格魅力等是棘轮效应必然会出现的决定性因素,因为这些因素一旦形成就很难逆向发展。

邢变变和笔者依据库恩模式的分层原则,主张"可参照《中华人民共和国国家标准学科分类与代码表》(GB/T 13745—92),将中国档案学共同体划分为档案学史(包括档案事业史)共同体、档案管理学共同体、档案保护技术学共同体、档案编纂学共同体、档案学其他学科共同体等。当然,那些最有能力的档案学者可以同时或先后属于几个子学科共同体"①。虽然这种分层方式对档案学术共同体成员进行自我定位和选择及不同学派之间开展流通与联合较为有利,但是从本质上来说,这种分层方式并不彻底,即尚未达到库恩意指的最低层次,因为他所列举的某一范式都是一种理论体系,如约翰·道尔顿的化学原子论、哥白尼体系、安培的电回路理论等。因此笔者认为,当前大力发展导师和理论融合的组织形式,依靠导师的知识权威、组织权威和个人魅力,充分发挥原创性档案理论体系的凝聚力,是推动更多学派形成的较为可能实现的路径。在我国,除了以冯惠玲教授为代表的中国人民大学电子文件管理研究团队符合学派的基本条件和要求外,张斌教授的知识管理理论体系、覃兆刿教授的双元价值论等均有很大可能发展成为范例,进而形成相应的学派。

同时,档案学术共同体在运行过程中,不可避免地会出现马太效应,即共同体成员凭借个人的学术产出累积学术承认这一硬通货,在棘轮效应的作用下,其所获得的学术承认度会越来越高,由此获得的学术资源也会越来越多,最终在共同体内部会产生高产者和低产者之分。而且,由于学术资源是有限的,所以高产者会更高产,而低产者在提高学术生产率方面则会更困难。因此,随着马太效应的增强,高产者和低产者的两级分化会越发严重,而且发展到一定程度还会在高产者内部分化出权威结构。

在库恩模式中,科学发展的主要推手是科学共同体这一精英团体,在默顿模式下也是如此。普赖斯通过计量分析发现:"在同一主题中,半数的论文为一群高生产能力作者所撰,这一作者集合的数量上约等于全部作者总

① 邢变变,孙大东.对中国档案学共同体的思考[J].档案学通讯,2014(4):29.

数的平方根。"①由此可知,动态性不仅是档案学术共同体的一个重要特征,也是档案学科发展的内在要求使然。

档案管理共同体的发展机理与此类似。共同体成员以个人的工作业绩或成果累积职业承认,其本身的专业素养、专业知识、工作能力、品德修养等均是影响工作业绩和成果的内因,这些因素可在成员的专业学习和工作实践中得到不断提升,而且是不可逆的,它们会推动共同体成员取得更好的工作业绩和更多的工作成果,随之其获得的职业承认度也会越来越高,进而会为其带来更多的资源和机会,并导致共同体内部出现分层甚至两级分化的现象。

值得注意的是,档案学术共同体和档案管理共同体的动态性发展亦有一些区别:

其一,学术产出如学术论文和学术专著的传播范围要比工作业绩和成果广泛。一篇学术论文、一部学术专著一经发表和出版就有可能在较短时间内被档案学术共同体的其他成员看到,其产生的影响和反响面较广。而一项工作业绩和成果产生的影响和反响则主要在成员所在的单位内部,范围较窄。由此导致档案学术共同体和档案管理共同体动态性发展的具体表现尤其是分层现象及流动现象的范围大小不同。

其二,档案学术共同体内部出现的权威结构主要是由学术权威和导师权威组成的。在当前的档案学中,学术权威只是个别存在,而导师权威则是普遍存在的,当然部分成员也可能凭借担任学术或行政职务取得权威地位。而在档案管理共同体的权威结构中,凭借行政职务取得权威的成员则占主导地位。

其三,从现实运行来讲,档案管理共同体的退出机制主要通过成员退休、转行等途径实现。而由于学术论文和学术专著等成果的学术生命力较为持久,档案学术共同体成员在退休或转行后并不意味其立刻退出了共同体。

其四,社会因素如方针政策、人际关系、组织架构等对档案管理共同体动态性发展的影响要较档案学术共同体更大,因为档案学者最鲜明的角色

---

① 普赖斯.小科学·大科学[M].宋剑耕,戴振飞,译.北京:世界知识出版社,1982:72.

是作为一个科学人而存在,"而好奇心则是科学之母"①,档案学术产出主要是其主观性创造的产物,是其思想的体现和智慧的结晶,而档案管理者从事的是一种社会性工作,其工作业绩和成果受客观性社会因素的影响较大。

2.1.2.4 主体的社会性

出于阐述主要论点即范式的需要和篇幅限制,库恩对科学共同体社会性的论述只有从只言片语中可以窥见。

第一,库恩在《科学革命的结构》一书的序中解释道:"压缩篇幅的需要,也迫使我放弃了对许多主要问题的讨论……更重要的是,除了偶尔的简要旁白之外,我一点也没有涉及关于工艺进步或外在的、社会的、经济的和思想的条件在科学发展中的作用……我认为,像这些作用因素的认真考虑并不会修正我在本文中所阐发的主要论点,但它肯定会对我们关于科学进步的理解增加头等主要的分析维度。"②可以看出,库恩并未忽视社会、经济、思想等外因在科学发展中的作用,相反他认为这些因素的作用非常重要,只不过是出于一些客观原因没有述及而已。

第二,"我渐渐意识到,许多反馈来自社会科学家,我对此完全没有准备;我把它看成一本面向哲学家的书"。③ 即库恩的本意是将《科学革命的结构》的读者对象定位为哲学家,但是他也强调:"这(指科学共同体——笔者注)在本质上是社会学的内容。"④综合以上分析,库恩提纲挈领地提出了科学共同体具有社会性的观点,遗憾的是他没有对此展开充分论述。

但是,将库恩模式视为理论源头之一的科学社会学对科学共同体的社会性问题进行了充分研究。科学社会学家把科学作为一种社会体制来考察,抛开了科学知识的范畴,专注于从事科学活动的人,尤其是将科学共同体的社会关系、内部结构、行为规范、交流体制、奖励制度等问题作为主要研究内容。默顿认为,作为一种社会体制,科学在社会发展和社会生活中发挥

---

① SARTON G. A history of science[M]. Oxford:University Press,1953:16.

② 库恩.科学革命的结构[M].金吾伦,胡新和,译.北京:北京大学出版社,2012:序5-6.

③ 库恩.结构之后的路[M].邱慧,译.北京:北京大学出版社,2012:312.

④ 拉卡托斯,马斯格雷夫.批判与知识的增长:1965年伦敦国际科学哲学会议论文汇编第四卷[C].周寄中,译.北京:华夏出版社,1987:320.

着重大作用,但与此同时,科学本身也受到了政治、经济、社会、文化等各方面因素的制约和影响。此外,科尔兄弟、加斯顿等科学社会学家对科学产出的主要影响因素进行了分析,研究发现,科学家的年龄、性别、种族、所在单位的地位水平等因素都会对科学共同体成员的科学产出产生不同程度的影响。

在批判性继承科学社会学研究传统基础上发展起来的科学知识社会学则对相关问题的认识又迈上了一个新台阶。从研究内容来看,科学知识社会学主要分为两种研究进路:一种聚焦于科学知识与政治、经济、文化等宏观社会变量之间的关系,一种则聚焦于科学家怎样从事和谈论科学,并注重对科学知识生产过程中社会因素作用的考察。

邢变变认为,中国档案学共同体的现实运行就是自主权力、集体权力、外部权力三者不断博弈的过程。其中,集体权力主要表现为同行认可权力,其内涵之一就是档案学专业人特权的存在和行使,"一方面使得中国档案学共同体具有对外的独立性和排他性,另一方面其对内则具有对个体成员是否具有入职、晋升、获得科研项目以及荣誉、奖励等资格的审查权力"。[①] 外部权力"主要来自相关政府部门、档案局(馆)的行政管理部门、高等院校的行政管理部门等,还有一些来自支持和资助档案学术研究的其他社会组织、企事业单位等。外部权力主要体现为行政权力……对中国档案学共同体的运转而言,外部权力还是其中的主导因素"。[②] 自主权力虽然本身的社会性不占主导地位,但是其发挥要受到诸多社会因素的影响。如共同体成员对工作单位和岗位的选择,最终的结果就不单单是成员个人所能决定的,而是双向选择的结果。集体权力虽主要表现为对个体成员的内在约束,但其作用的结果会对成员社会地位的提升、社会资源的获得等产生很大影响。外部权力则主要是一种社会性权力。由此可知,当前中国档案学共同体的现实运行受社会性条件的制约和影响是非常大的。此外,档案学共同体的学术活动也呈现出明显的社会性。仅以共同体成员的投稿行为为例,其就要受到期刊的学术定位、是否核心期刊、编辑工作效率、与编辑部的人际关系、

---

① 邢变变.中国档案学共同体研究[D].北京:中国人民大学,2016:80.
② 邢变变.中国档案学共同体研究[D].北京:中国人民大学,2016:81.

稿件的采用率、刊期和期均载文量等诸多因素的影响。

而档案管理共同体成员首先是作为社会人存在的,即社会性是第一位的,这与档案学术共同体成员有所区别,其工作对象和所依赖的工作条件均是社会性资源或由其构造,再者其工作技能也是为从事社会性工作所需。因此综合而言,档案管理共同体的社会性要较档案学术共同体更为突出。

从作用形式和范围上来讲,就档案学术共同体而言,社会性因素是外因,其要通过共同体及成员的内因起作用;而就档案管理共同体而言,社会性因素的作用是直接的,且其影响范围是全面性的。因此,档案学术共同体和档案管理共同体的发展虽然都要受社会环境的影响,但各有其内在的发展张力。

2.1.2.5 建构协同问题阐释

根据科学共同体理念,档案学科与档案职业的发展是由档案学术共同体和档案管理共同体的群体性活动推动的。这两个群体,一方面本身就是一个专业化群体,另一方面在发展过程中,其专业性程度又将得到进一步提升;同时,两个群体的发展是动态的,一方面其要不断吸收外部成员加入,另一方面其内部也不断发生着分化整合。在发展过程中,两个群体均要依赖于社会并受社会条件的制约和影响。由此可得出如下结论:

第一,由于档案学科与档案职业发展的主体是两个群体,且两个群体又因为存在分层机制和运行机制从而形成了各自的体制结构,故其主体存在建构性问题。

第二,档案学术共同体和档案管理共同体,本身的专业性主要来源于档案教育,在发展过程中专业性提升的根基也在于其所接受的档案学专业基本理论、基本知识和基本技能,只不过两个群体所需的教育层次和侧重点有所不同,故其在档案教育层面的建构中存在协同的可能性。

第三,档案学术共同体和档案管理共同体并不是两个封闭性群体,也不是静态性群体,其也存在新陈代谢机制,不仅在内部各层级之间,两个群体之间也可能发生成员身份的转换,故其在动态发展层面的建构中存在协同的可能性。

第四,档案学术共同体和档案管理共同体均具有社会性,即不仅要依靠成员个体的主观能动性,还需要与外部交流互通,两个群体的成员也需要借助正式或非正式交流系统强化学习和交流,取长补短,故其在社会性层面的建构中存在协同的可能性。

2.2 范式理念

2.2.1 范式理念的基本内容

在英语中,"范式"一词源远流长,含义也近似于"模式"。其被赋予诸多科学意义是在20世纪90年代前后,科学家们开始在科学哲学意义上使用范式。作为范式理论的创建者之一,库恩并不是在科学哲学中使用范式的第一人。"马赫至少在1905年(很可能在1895年或1896年)、迪昂至少在1906年(或者在1893年)就在科学哲学的意义上使用paradigm的同义词或近义词,而威纳在1954年、默顿在1941年或1945年就在科学哲学或科学社会学的意义上直接使用paradigm术语了。"[①]但赋予范式丰富的科学内涵和重要的科学功能并使其得以风行于世,库恩功不可没。

但是,因为存在多义性和暧昧性等问题,库恩的范式也受到了其他科学家的猛烈批判,为了澄清范式,库恩及其支持者做了大量工作,如进一步补充和完善范式、寻找范式的替代术语等。由于范式的影响力业已超出了库恩的掌控范围,所以这些努力并未从根本上解决问题。即便如此,改善后的范式概念确实较《科学革命的结构》一书中的更加清晰、明确。

2.2.1.1 范式的内涵

库恩在《科学革命的结构》中对范式内涵有多种表述,根据英国学者玛格丽特·玛斯特曼的统计,"他在《科学革命的结构》(1962)一书中至少以二十一种不同的意思在使用'范式',可能只多不少"。[②] 但是通过梳理库恩的

---

① 李醒民.库恩在科学哲学中首次使用了"范式"(paradigm)术语吗?[J].自然辩证法通讯,2005,27(4):107.

② 拉卡托斯,马斯格雷夫.批判与知识的增长:1965年伦敦国际科学哲学会议论文汇编第四卷[C].周寄中,译.北京:华夏出版社,1987:77.

所有著作和论文可发现,他为了界定范式常用的属概念有三个:

第一,科学成就。库恩在《科学革命的结构》一书中初次引入范式时说道:"这些著作(指'在一段时期内为以后几代实践者们暗暗规定了一个研究领域的合理问题和方法的著作')之所以能起到这样的作用,就在于它们共同具有两个基本的特征。它们的成就空前地吸引一批坚定的拥护者,使他们脱离科学活动的其他竞争模式。同时,这些成就又足以无限制地为重新组成的一批实践者留下有待解决的种种问题。凡是共有这两个特征的成就,我此后便称之为'范式',这是一个与'常规科学'密切相关的术语。我选择这个术语,意欲提示出某些实际科学实践的公认范例——它们包括定律、理论、应用和仪器在一起——为特定的连贯的科学研究的传统提供模型。"①在这一段论述中,库恩揭示出了范式的功能、特征、构成要素等。在为该书写的序中,库恩回忆了引入范式的初衷:"我所谓的'范式'通常是指那些公认的科学成就,它们在一段时间里为实践共同体提供典型的问题和解答。"②此处,他又加入了对范式新的理解,即认为范式是"公认的科学成就"。

第二,团体承诺。在"后记——1969"中,库恩专辟一节明确提出并论证了"范式是团体承诺的集合"的观点。而这种认识在库恩撰写《科学革命的结构》一书时就已产生:"各种承诺——概念的、理论的、工具的和方法论的——所形成的牢固网络的存在,是把常规科学与解谜联系起来的隐喻的主要源泉。因为这个承诺构成的网络提供了各类规则,它们告诉成熟科学的专业实践者世界是什么样的,他的科学又是什么样的,如此他就能满怀信心地集中钻研由这些规则和现有知识已为他界定好了的深奥问题。这时科学家个人所接受的挑战就是为未解之谜求得一个解。"③综合库恩的论述,团体即科学共同体,如此一来,他就把范式与科学共同体紧密联系在一起。更为重要的是,他不仅指出范式是一个集合概念,还明确了其具体的内容构成,并对各要素进行了详细阐述。

第三,科学传统。库恩指出:"改换所效忠的范式是一种不能被迫的改

---

① 库恩.科学革命的结构[M].金吾伦,胡新和,译.北京:北京大学出版社,2012:8.
② 库恩.科学革命的结构[M].金吾伦,胡新和,译.北京:北京大学出版社,2012:4.
③ 库恩.科学革命的结构[M].金吾伦,胡新和,译.北京:北京大学出版社,2012:35.

宗经历。终生抗拒——尤其是来自那些其研究生涯使得他们承诺一个较老的常规科学传统的科学家——并不是对科学标准的违背,而正是科学研究本性的一种标志。"①由此可以看出,库恩认为范式也可界定为是某种符合条件的科学传统。

利用上述三个属概念来界定范式,不仅有助于我们把握其基本内涵,也可为准确理解范式理论提供依据。但是不可否认,由于这三个属概念的外延过大,为读者准确理解范式的概念带来了不小的困难。

而在库恩后续澄清范式的努力中,他采取了另外一种方式,即寻找范式的替代术语。

一是"disciplinary matrix"。我国学者通常将其翻译为专业基体或学科基质。库恩指出:"在范式能摆脱其眼下的含义之前,为避免混淆我宁愿用另一个词。这个词我建议用'学科基质'(disciplinary matrix):用'学科'一词是因为它指称一个专门学科的工作者所共有的财产;用'基质'一词是因为它由各种各样的有序元素组成,每个元素都需要进一步界定。所有或大部分我在原书中当作范式、范式的一部分或具有范式性的团体的承诺对象,都是学科基质的组成成分,并因而形成一个整体而共同的作用。"②在后续的论述中,库恩不仅明确指出了学科基质的主要成分——符号概括、模型、价值和范例,而且对这四个要素做了详细阐述。

二是"lexicon"。我国学者一般将其翻译为词典或类词。库恩对于该术语的阐释不如"disciplinary matrix"详尽,考察他的论述以及其他学者的研究,"lexicon"可认为是由科学共同体共同使用的词汇或词汇结构组成的集合,它的优势在于可辨识性强。

2.2.1.2 范式的功能

库恩指出:"通过把重点从范式的认知功能转移到其规范功能,上述实例扩展了我们对于范式为科学活动塑形的方式的了解。前面我们讨论的主

---

① 库恩.科学革命的结构[M].金吾伦,胡新和,译.北京:北京大学出版社,2012:127.

② 库恩.科学革命的结构[M].金吾伦,胡新和,译.北京:北京大学出版社,2012:152-153.

要是范式作为科学理论的推进器的作用,此时其功能是告诉科学家哪些实体存在,哪些不存在,以及这些存在的实体如何活动……范式不仅给科学家以地图,也给了他们绘图指南。在学习范式时,科学家同时学到了理论、方法和标准,它们通常是彼此缠结、难分难解的。因此当范式变化时,通常解决问题和解答的正当性的标准,也会发生重大改变。"①可以看出,范式的主要功能有二,即认知功能和规范功能。但是在科学发展的不同时期,范式功能发挥的侧重点是不同的,常规科学时期范式以规范功能为主,科学革命时期则以认知功能为主。具体作用形式如下:

1. 常规科学时期

库恩认为,确定重要事实、理论与事实相一致、阐明理论是科学共同体在常规科学时期的主要任务,范式的功能就是科学共同体在解决这三类问题的过程中具体体现出来的。首先,范式为科学共同体确定了一个选择问题的标准,并且这些选择的问题被认为都是有解的,如此一来科学共同体成员才有信念和动力去研究它们。因此,确定范式规定范围内的重要事实就成为科学共同体的首要任务。其次,重要事实确定之后,科学共同体的主要任务就是通过实验、观察以及理论研究去论证范式对所选择的这些事实的预测与客观实际的一致性,这也是寻找"解"的过程,也就是库恩所谓的解谜的过程。最后,科学共同体解谜成功的成果会促进范式应用范围的扩大和精确性,进而使范式可以更好地规范和指导常规科学的研究。

2. 科学革命时期

库恩认为,科学革命的本质是科学共同体对范式的选择,"范式的选择并不是也不能凭借常规科学所特有的评估程序,因为这些评估程序都部分依据某一特定范式,而正是这一特定范式出了毛病,面临争论,才有其他范式试图取而代之"。② 在科学革命中,科学家们在新旧范式之中进行艰难选择,表现出不同程度的对旧范式的顽固和对新范式的认同,最终,大部分科

---

① 库恩.科学革命的结构[M].金吾伦,胡新和,译.北京:北京大学出版社,2012:93.

② 库恩.科学革命的结构[M].金吾伦,胡新和,译.北京:北京大学出版社,2012:80.

学家都接受了新范式,进而在新范式的指导下继续进行科学活动,而少部分固守旧范式的科学家则被淘汰出科学共同体。科学革命是科学家世界观的改变,"接受一个新范式的科学家会与以前不一样的方式来看这个世界"。① 革命结束后,科学家工作在一个不同的科学世界中,这就是新的常规科学时期。

2.2.1.3　范式的条件

第一,库恩指出:"导致天文学家接受哥白尼体系的因素之一(也是不能导致他们接受阿利斯塔克建议的一个因素)就是存在公认的危机,正是这种危机首先要求创新……但显然,通过从大气中吸收以燃烧的理论——17世纪由雷(Rey)、胡克(Hooke)和梅猷(Mayow)等所提出的理论——之所以未能得到充分重视的原因之一,就是因为这些理论没有与常规科学实践中被公认的难点连接起来。"②由此可知,范式产生的条件之一是公认危机的存在,此处的"公认"是指被科学共同体共同接受和认同。

第二,库恩认为约翰·道尔顿提出的化学原子论才是真正的范式,因为"化学家从道尔顿那儿得到的并不是新的实验定律,而是一种从事化学研究的新途径(他自己称之为'化学哲学的新体系'),而且这条新途径如此迅速地被证明是富有成效的,以至于在法国和英国,只有少数老化学家才反对它。结果,化学家开始生活在一个新世界中,在那儿化学反应表现出与以前大不相同的方式"③。由此可知,在库恩看来能够称之为范式的东西必须是可以影响和改变科学共同体整体视野和观念的东西。

2.2.1.4　总结与阐发

综合以上分析,我们可以对范式产生如下几点清晰的认识:从内涵上来讲,范式是由符号概括、模型、价值和范例构成的集合概念;从功能上来讲,

---

① 库恩.科学革命的结构[M].金吾伦,胡新和,译.北京:北京大学出版社,2012:97.

② 库恩.科学革命的结构[M].金吾伦,胡新和,译.北京:北京大学出版社,2012:64.

③ 库恩.科学革命的结构[M].金吾伦,胡新和,译.北京:北京大学出版社,2012:113.

范式有认知功能和规范功能,在常规科学时期以规范功能为主,科学革命时期以认知功能为主;从条件上来讲,范式须被科学共同体共同接受和认同并能够对其视野和观念产生整体性影响。

此外,结合库恩前后的阐发,对范式与科学共同体、范例、理论等关系的解析也有助于我们更深刻地理解范式和范式理论。

第一,范式与科学共同体的关系。在库恩看来,只有被科学共同体共同接受和认同的才能够称为范式;范式产生之后,其认知功能和规范功能的发挥均是通过科学共同体的科学活动实现的;范式对科学共同体的认知能够产生整体性影响。综合来看,范式与科学共同体互相依存、互相影响,它们的相互作用是科学发展的内在动力。

第二,范式与范例的关系。范例是范式的一个构成要素,但是库恩在1967年特别强调:"范式是共有的范例,这是我现在认为本书中最有新意而最不为人所理解的那些方面中的核心内容。"[1]而且,随着认识的逐渐深入,库恩进一步区分了范式和范例的用法。"其实,不管'范式'在这本书中有多少用法,还是可以分成两组,各有名称,可分别讨论。'范式'的一种意义是综合的,包括一个科学群体所共有的全部承诺;另一种意义则是把其中特别重要的承诺抽出来,成为前者的一个子集。"[2]此处库恩将范式的用法分为综合的和局部的两种,但是对后一种用法并没有给出明确的名称。"这些具体题目及其解,就是我前面所说的范例,也即共同体的标准实例。它构成了专业基体的第三种主要认知因素,表明《科学革命的结构》一书中'范式'一词的第二种主要作用。"[3]可以看出,此处库恩明确提出了范例是范式的第二种即局部意义上的用法。同时,我们还可做出如下推论:一是范例的数量可以有多个,但范式的数量只能有一个。二是范式和范例最大的区别在于地位和影响力范围的不同,即范式是科学共同体共有的,在众多范例中居于主导

---

① 库恩.科学革命的结构[M].金吾伦,胡新和,译.北京:北京大学出版社,2012:157.

② 库恩.必要的张力:科学的传统和变革论文选[M].范岱年,纪树立,等译.北京:北京大学出版社,2004:288.

③ 库恩.必要的张力:科学的传统和变革论文选[M].范岱年,纪树立,等译.北京:北京大学出版社,2004:296.

地位,而范例是科学共同体内部部分科学家之间共有的,居于从属地位;范式的影响力是整体性的,而范例的影响力是局部性的,即主要对共有某一范例的那部分科学家产生影响。三是范例在范式的构成要素中居主要地位,且其功能和作用形式与范式本质上是相同的。

第三,范式与理论的关系。库恩在论述常规科学时期科学活动的主要任务时说道:"各种承诺——概念的、理论的、工具的和方法论的——所形成的牢固网络的存在,是把常规科学与解谜联系起来的隐喻的主要源泉。因为这个承诺构成的网络提供了各类规则,它们告诉成熟科学的专业实践者世界是什么样的,他的科学又是什么样的,如此他就能满怀信心地集中钻研由这些规则和现有知识已为他界定好了的深奥问题。这时科学家个人所接受的挑战就是为未解之谜求得一个解。"①从本段的后半部分来看,库恩口中的"承诺"指的就是范式。此处,库恩又给出了范式的另外一种构成——概念、理论、工具和方法论,虽然没有展开说明,但是这种结构阐释更容易让人理解。从其中也可以看出,库恩认为理论是范式的一部分。范式理论的支持者野家启一认为:"'范式'仅仅是把'基础理论'改换成另一种说法。"②这种说法虽然有些偏颇,但在一定程度上反映出了理论在范式构成中的地位,即其是范式的主要构成要素。

2.2.2 范式理念对档案学科与档案职业活动范式及其协同发展的启示

2.2.2.1 活动范式的主体性

在库恩看来,范式为科学共同体的科学活动提供了标准、理论依据、方法论和工具等,发挥着规范和指导功能,且在不同科学时期功能发挥的侧重点不同。但是,范式只有作用于科学共同体,其功能才能得到充分发挥,从本质上来说,范式是科学共同体从事科学活动的外因。由此可知,活动范式在档案学术活动和档案管理活动中发挥着规范与指导作用,且其只有与档

---

① 库恩.科学革命的结构[M].金吾伦,胡新和,译.北京:北京大学出版社,2012:35.

② 野家启一.库恩:范式[M].毕小辉,译.石家庄:河北教育出版社,2002:170.

案学术共同体和档案管理共同体相结合才能发挥作用,即档案学术活动和档案管理活动的范式具有主体性特征。

1. 档案学术活动范式的主体性

第一,范例/范式为学派或档案学术共同体成员提供了选择研究领域乃至研究内容的标准,即其学术活动主要应在范例/范式所限定的范围内展开。以中国人民大学电子文件管理研究团队的重要成员刘越男教授为例。2018 年 10 月 12 日,笔者在中国知网文献数据库中,以"作者"和"作者单位"为检索项,以"刘越男+中国人民大学"为检索词进行精确检索,共检索出 62 条结果。以系统自带的功能将检索成果按主题排序后,共计有 35 个关键词,合计出现频次为 133 次。其中,与电子文件管理直接相关的关键词为:电子文件(30)、电子文件管理系统(9)、文件管理(5)、ERMS(4)、基础标准(4)、元数据(4)、元数据标准(4)、文件归档(4)、管理流程(3)、电子文件管理(3)、文件管理元数据(3)、文件保存(3)、网络检索(2)、电子邮件(2)、风险因素(2)、文件移交(2)、文件检索(2)、数字保存(2)、电子函件(2)、文件保管(2)、电子文件管理元数据(2)。共计 21 个,合计出现频次为 94 次,分别占 60% 和 70.68%。此外,在与电子文件管理直接相关的关键词中,电子文件的出现频次最高,为 30 次;无关的关键词中,档案工作者最高,为 8 次。二者相差 22 次,差距较大。此种现象的出现亦有其内在原因。笔者依据库恩模式设定了中国档案学学术共同体的 3 个准入条件①,其中 2 条为:具有共同的专业目标和专业承诺、具有较高的专业素质和专业成就。由此可以推论,档案学术共同体中某一学派的成员首先应对学派的发展具有较强的责任心和担当,其次是在学派的研究领域方面非常熟悉且具有较高的学术素质和能力,最后是其业已在学派的研究领域中取得了较高的成就,产出了较多的研究成果。根据默顿的观点,好奇心应是学派成员从事学术研究活动最重要的内在驱动力,唯有如此,其才会有源源不断的精神动力去探索和研究相关问题。而就某一既定学派的成员而言,由于其阅读的文献、接受的训练及交流的学者均主要归属于秉持的范例框架范围之内,故其学术研究的

① 孙大东.基于范式论批判的中国档案学发展研究[M].北京:科学出版社,2017:123-127.

兴趣亦有很大可能是范例框架内的问题。就一位档案学者而言,选择自己最熟悉和了解的问题展开研究是再自然不过的事情,且其业已在相关领域取得了较多成果,继续钻研也容易取得更多的学术产出。从马太效应的角度看,学术引用最易发生在跟某一档案学者研究领域相同或相近的学术研究活动中,而且在同行评价体制中,对某一档案学者研究成果最有发言权的就是与其研究领域相同或相近的专家们,因此,就该学者而言,其学术承认度可在范例框架范围之内得到最大限度的累积。

第二,范例/范式为档案学术共同体或学派成员的学术研究提供了理论依据、方式方法和工具等。就某一学派成员而言,由于其研究领域甚至内容是既定的,所以这些成员阅读的文献都是相同或相近的,由此产生的结果就是其在研究中所依据的理论、应用的方法、工具等都是相同或相似的。仍以中国人民大学电子文件管理研究团队为例,团队成员在从事电子文件管理的相关研究活动中,均要不同程度地用到文件生命周期理论、文件连续体理论、前端控制理论、全程管理理论等理论或受其指导,其所使用的术语如电子文件、电子文件管理等,研究所用到的方法如调查法、模型法等,工具如数据库、计量分析软件等均是相同或相似的。值得注意的是,在库恩的视野中仪器是工具的主要组成部分,因为他的研究对象主要是自然科学,在档案学科中,应用仪器较多的是档案保护技术领域,在该领域其所应用的仪器、药剂等也是相同或相似的。

2. 档案管理活动范式的主体性

与档案学术活动不同,档案管理活动主要是一种实际操作性活动,在此过程中政策法规、个人经验、工作能力等发挥着重要作用。

"在库恩的科学观中,教科书和经典文献是范式的物化体现。"[1]在档案管理活动中,政策法规性文件就是档案管理共同体的"经典文献"。

我国的档案事业实行的是"统一领导、分级管理"的体制。笔者于 2018年 10 月 23 日查阅了中国档案资讯网和相关的档案微信,统计了国家层面与档案管理活动有关的政策法规(见表 2.1)。

---

① 孙大东.基于范式理论视域的档案学术成果价值生命周期研究[J].档案学研究,2018(3):11.

表 2.1 国家层面与档案管理活动有关的政策法规一览

类型	名称	发布者	发布时间
法律	中华人民共和国档案法	全国人大常委会	2020 年 6 月 20 日修订通过,2021 年 1 月 1 日起施行
	中华人民共和国档案法实施条例	国家档案局	已发布修订草案征求意见稿
规章	档案工作中国家秘密及其密级具体范围的规定	国家档案局、国家保密局	1990 年 2 月 14 日
	各级国家档案馆馆藏档案解密和划分控制使用范围的暂行规定	国家档案局、国家保密局	1991 年 9 月 27 日
	国家重点建设项目档案管理登记办法	国家档案局、国家计委	1997 年 8 月 19 日
	档案专业技术人员继续教育暂行规定	国家档案局	1997 年 10 月 29 日
	国有企业资产与产权变动档案处置暂行办法	国家档案局、国家经济体制改革委员会、国家经济贸易委员会、国家国有资产管理局	1998 年 3 月 5 日
	电子公文归档管理暂行办法	国家档案局	2003 年 7 月 28 日
	机关文件材料归档范围和文书档案保管期限规定	国家档案局	2006 年 12 月 18 日
	各级各类档案馆收集档案范围的规定	国家档案局	2011 年 11 月 21 日
	企业文件材料归档范围和档案保管期限规定	国家档案局	2012 年 12 月 17 日
	城市社区档案管理办法	国家档案局、民政部	2016 年 1 月 1 日
	机关档案管理规定	国家档案局	2018 年 10 月 11 日

续表2.1

类型	名称	发布者	发布时间
标准	档案工作行业标准目录(见表2.2)		
其他规范性文件	档案管理违法违纪行为处分规定	中华人民共和国监察部、中华人民共和国人力资源和社会保障部、国家档案局	2013年2月22日
	关于加强和改进新形势下档案工作的意见	中共中央办公厅、国务院办公厅	2014年5月5日
	测绘地理信息业务档案管理规定	国家测绘地理信息局、国家档案局	2015年3月5日

表2.2　档案工作行业标准目录①

序号	标准号	标准名称	批准时间	实施时间
1	DA/T 1—2000	档案工作基本术语	2000年12月6日	2000年1月1日
2	DA/T 2—1992	科学技术研究课题档案管理规范	1992年7月20日	1992年10月20日
3	DA/T 3—1992	档案馆指南编制规范	1992年7月20日	1992年10月20日
4	DA/T 4—1992	缩微摄影技术在16mm卷片上拍摄档案的规定	1992年7月20日	1992年10月20日

①　国家档案局.档案工作行业标准目录[EB/OL].(2010-02-08)[2018-10-23].http://www.zgdazxw.com.cn/law/2010-02/08/content_31098.htm.

基于范式论视阈的档案学科与档案职业协同发展研究

续表2.2

序号	标准号	标准名称	批准时间	实施时间
5	DA/T 5—1992	缩微摄影技术 在A6平片上拍摄档案的规定	1992年7月20日	1992年10月20日
6	DA/T 6—1992	档案装具	1992年7月20日	1992年10月20日
7	DA/T 7—1992	直列式档案密集架	1992年7月20日	1992年10月20日
8	DA/T 8—1994	明清档案著录细则	1995年6月12日	1995年10月1日
9	DA/T 9—1994	明清档案档号编制规则	1995年6月12日	1995年10月1日
10	DA/T 10—1994	高等学校档案实体分类法	1995年6月12日	1995年10月1日
11	DA/T 11—1994	文件用纸耐久性测试法	1995年6月12日	1995年10月1日
12	DA/T12—1994	全宗卷规范	1995年6月12日	1995年10月1日
13	DA/T 13—1994	档号编制规则	1995年6月12日	1995年10月1日
14	DA/T 14—1994	全宗指南编制规范	1995年6月12日	1995年10月1日
15	DA/T 15—1995	磁性载体档案管理与保护规范	1996年3月1日	1996年10月1日
16	DA/T 16—1995	档案字迹材料耐久性测试法	1996年3月1日	1996年10月1日
17	DA/T 17.1—1995	革命历史档案著录细则	1996年3月1日	1996年10月1日
	DA/T 17.2—1995	革命历史资料著录细则	1996年3月1日	1996年10月1日
	DA/T 17.3—1995	革命历史档案资料主题标引规则	1996年3月1日	1996年10月1日

续表2.2

序号	标准号	标准名称	批准时间	实施时间
	DA/T 17.4—1995	革命历史档案资料分类标引规则	1996年3月1日	1996年10月1日
	DA/T 17.5—1995	革命历史档案机读目录软磁盘数据交换格式	1996年3月1日	1996年10月1日
18	DA/T 18—1999	档案著录规则	1999年5月31日	1999年12月1日
19	DA/T 19—1999	档案主题标引规则	1999年5月31日	1999年12月1日
20	DA/T 20.1—1999	民国档案目录中心数据采集标准 民国档案著录细则	1999年5月31日	1999年12月1日
	DA/T 20.2—1999	民国档案主题标引细则	1999年5月31日	1999年12月1日
	DA/T 20.3—1999	民国档案分类标引细则	1999年5月31日	1999年12月1日
	DA/T 20.4—1999	民国档案机读目录软磁盘数据交换格式	1999年5月31日	1999年12月1日
21	DA/T 21—1999	档案缩微品保管规范	1999年5月31日	1999年12月1日
22	JGJ 25—2000	档案馆建筑设计规范（与建设部联合修改颁发的强制性行标）	2000年3月10日	2000年6月1日
23	DA/T 22—2000	归档文件整理规则	2000年12月6日	2001年1月1日
24	DA/T 23—2000	地质资料档案著录细则	2000年12月6日	2001年1月1日

续表2.2

序号	标准号	标准名称	批准时间	实施时间
25	DA/T 24—2000	无酸档案卷皮卷盒用纸及纸板	2000年12月6日	2001年1月1日
26	DA/T 25—2000	档案修裱技术规范	2000年12月6日	2001年1月1日
27	DA/T 26—2000	挥发性档案防霉剂防霉效果测定法	2000年12月6日	2001年1月1日
28	DA/T 27—2000	档案防虫剂防虫效果测定法	2000年12月6日	2001年1月1日
29	DA/T 28—2002	国家重大建设项目文件归档要求与档案整理规范	2002年11月29日	2003年4月1日
30	DA/T 29—2002	档案缩微品制作记录格式和要求	2002年11月29日	2003年4月1日
31	DA/T 30—2002	满文档案著录名词与术语汉译规则	2002年11月29日	2003年4月1日
32	DA/T 31—2005	纸质档案数字化技术规范	2005年4月30日	2005年9月1日
33	DA/T 32—2005	公务电子邮件归档与管理规则	2005年4月30日	2005年9月1日
34	DA/T 33—2005	明清档案目录中心数据采集标准 明清档案机读目录数据交换格式	2005年4月30日	2005年9月1日
35	DA/T 34—2005	国家档案馆爱国主义教育基地工作规范	2005年8月30日	2005年10月1日

续表2.2

序号	标准号	标准名称	批准时间	实施时间
36	DA/T 35—2007	档案虫霉防治一般规则	2007 年 6 月 6 日	2007 年 7 月 1 日
37	DA/T 36—2007	人身保险业务档案管理规范	2007 年 6 月 6 日	2007 年 7 月 1 日

此外,省市县等档案局发布了很多地方性档案管理政策法规,各级档案馆、室内部也有自己的档案管理办法等,由此构成了一个较为完善、严密的档案管理政策法规体系。档案管理政策法规体系的存在几乎使得各种门类的档案、各个管理环节均有法可依,而且在相关的标准、办法等文件里对于具体的操作管理均有规定,档案管理共同体的成员只需依据相应规定开展管理活动即可,创造性的空间远不如档案学术活动那么大。

虽然有政策法规作为档案管理活动的依据和指导,但是档案管理共同体成员的个人经验、专业能力等仍然发挥着重要作用。

首先,档案管理工作是一种专业性、技术性很强的工作。在《中华人民共和国职业分类大典》中,档案专业人员属于"专业技术人员"的一个小类,除了要求其具备较高的专业素质和能力外,经验也是干好工作的一个重要条件,唯有如此才有可能达到熟能生巧的地步。

其次,档案管理工作是一种复杂性工作。除了工作对象的门类多、工作环节多等复杂性因素外,历史上也遗留下来许多复杂的问题,如很多老档案管理欠精细、利用不便等,在对这些档案进行开放鉴定或提供利用时,老档案人的经验就会发挥关键作用。

最后,档案管理工作相较而言是一种传统性较强的工作。当前,我国的档案信息化步伐正在加快,档案管理系统和信息化手段已得到普遍应用、档案数字化率业已达到了较高程度、电子档案单套制管理已经在部分地区实施等,但是在档案管理活动中手工操作仍然占有较大比重,这主要是由于纸质、实物、声像等载体类型档案的存在。在手工操作中,个人经验和专业能力会对成员的工作业绩和成果产生重要影响。而且在笔者看来,由于纸质档案、实物档案、声像档案等的属性和特点不同,因此其管理模式自然有所区别,即便是未来全国范围内的电子档案均实行了单套制管理,这些载体类型的档案也依然会存在,故就管理模式来讲,多轨制应是我国档案管理活动的常态。在此背景下,手工操作成分会在很长一段时间内存在。

2.2.2.2 活动范式的动态性

在库恩看来,范式的发展也是一个动态性过程。前科学时期,范式须经历无范例—多范例—范式雏形的发展过程;常规科学时期,范式需经历由粗放到精细的发展过程;科学革命时期,范式需经历由旧范式到新范式的转换过程。

笔者认为,可将 DIKW(data,information,knowledge,wisdom)模型导入对档案学术活动和档案管理活动的考察中。DIKW 模型亦称知识演化模式,是指人类知识需依次经历数据—信息—知识—智慧的演变过程,它是信息管理、知识管理等领域中广为认同的一个基本模型。DIKW 模型不仅展示了知识从低级形态到高级形态的演变过程,更重要的是它解释了各知识形态之间内在的转化关系,即数据+背景=信息、信息+经验=知识、知识+能力=智慧,①具有较大的科学张力。

1. 就档案学术活动层面而言

第一,胡鸿杰教授指出:"一门学科的逻辑起点,通常是代表这门学科合乎理性、符合科学发展规律的发端,往往对该学科的建构和发展起着至关重要的作用。"②我国最早提及档案学逻辑起点的王绍忠认为:"档案定义是档案学研究的逻辑起点。"③姑且不论在王绍忠的本意中档案学研究的逻辑起点是否等同于档案学的逻辑起点,也不论有多少学者认同王绍忠的观点,但是不可否认,他的认识在一定程度上揭示了档案定义的重要性。我国档案学术界关于档案本质属性的观点多达 20 种,而且发生过激烈的学术争论,迄今为止亦未达成共识。关于档案的属概念问题也曾有过争论,并出现了文件或文件材料、文献、记录或历史记录、信息等论点,但是当前占主导地位的

① 马费成,宋恩梅.信息管理学基础[M].武汉:武汉大学出版社,2011:11-12.
② 胡鸿杰.论档案学的逻辑起点[J].档案学通讯,2001(3):33.
③ 王绍忠.档案定义研究述评[J].档案工作,1990(8):29.

还是信息,即大部分档案学术共同体认为档案属于信息的一种。而在 DIKW 模型中,信息起着承上启下的作用,处在中心链环的位置。作为知识的一种重要载体,纸质档案、实物档案、声像档案、电子档案均是数据形态知识的承载,当前正在向信息化方向快速发展。因此,DIKW 模型符合学科发展的导向。

第二,丁华东教授依据范式理论梳理了档案学发展的理论形态,指出档案学主要有五种理论范型:"传统范式——档案史料整理理论范型、档案文件管理理论范型;主流范式——档案信息资源管理理论范型;前沿范式——知识管理理论范型与社会记忆理论范型。"①他的研究不仅对档案学理论发展的历史做了考察,也对未来做出了预判,具有较大的启发意义。从理论形态上来讲,当前占主导地位的是档案信息资源管理理论范型,其他四种处于次要地位和并存态势。在未来一段时间内,知识管理理论范型有可能发展成为档案学的主流范型。从研究对象上来讲,档案史料、档案文件数据的载体,社会记忆蕴含着显著的智慧因子,而且当前关于智慧档案和智慧档案馆的研究成果也已大量出现,因此从纵向发展来讲,档案学理论研究的主要对象符合 DIKW 模型的演变线索。综合分析可以看出,DIKW 模型亦符合档案学理论形态进步成熟的导向。

2. 就档案管理活动层面而言

第一,对数据的管理主要包括收集、存储、处理和应用等环节,其中收集和存储是中心环节,此种模式下主要强调的是载体管理,而且年代越久远载体管理所占的比重就越高。随着现代化技术的应用,处理和应用的比重会逐渐增加。考察档案管理活动的历史可发现,现代意义上的开放利用是法国档案工作改革之后才正式提出的,古代的档案工作均是为统治阶级服务的,"用"不占主导地位,"收"和"管"即载体管理在档案管理活动中所占的比重很大。随着计算机技术应用的深化和普及,档案管理活动逐渐进入信息管理模式,对信息的管理主要包括收集、传输、加工、存储和利用等环节,其中利用是中心环节,与此关系最为紧密的传输和加工环节也日益受到重视。但是当前,我国尚处于信息管理模式的初级阶段,主要原因就是"重管

---

① 丁华东.档案学理论范式研究[M].上海:上海世界图书出版公司,2011:12.

轻用"的思维和做法仍然占据着主导地位。对知识的管理包括获取、创造、分类、存储、分享、更新、价值等环节,其中价值是主要考量因素,与此同时,创造、分享和更新环节也会更加重要。当前,我国的部分大中型企业已经在档案知识管理方面做了卓有成效的工作,为以后在全国范围内的普及推广积累了大量经验。对智慧的管理包括遗传算法、专家控制、模糊逻辑、分层递阶、神经网络、学习控制等方法,其主要体现为一种软控制,复杂性更高。当前,我国部分地区开展实施了智慧档案馆的建设项目,但其更像是数字档案馆的升级版,离智慧的本质相去较远,因为智慧本质上是人类一种独有的能力,即主要体现在内涵方面,而非手段和技术。可以看出,管理对象由低级形态逐渐演化到高级形态对应着不同的管理模式。由此可知,DIKW模型符合档案管理活动历史和未来发展的态势。

第二,根据李德昌提出的信息人社会学,信息革命的产生和发展在促进人类需求层次提高的同时也推动了人类本性的嬗变,人类依次经历了"物质人""生物人""社会人"到"信息人"的转变。作为物质人,有无信息及生与死没有区别,因为其只有物质元素发生了变化;作为生物人,有无信息没有区别,但生与死不一样,因为其有机体结构发生了改变;作为社会人,由于人与人、人与社会元素之间的联系愈加紧密,从而产生了社会文化、宗教信仰、民族精神等,使其较物质人和生物人有了更高层次的精神需求;作为信息人,有无信息具有本质的区别,因为信息是必备营养,信息枯竭之时,就是其生命终结之日。① 李德昌的学说为我们认识人的本质提供了一个新视角,由此也可以看出,人类对信息的需求层次是不断提高的,而且到一定程度时,信息就会成为人类生存和发展的必备条件。在古代,绝大多数人的主要需求就是维持生存,因此其对档案信息的需求不是很强烈;进入近代,随着资产阶级革命的发生,越来越多的人出于参与管理、工作学习等需要对档案信息的需求也越来越高;到了现代,尤其是步入信息社会,人们对档案信息的需求更加多元化,产生了工作性、学习性、研究性、生活性等诸多需求,由此导致档案管理活动也须做出相应改变,才能很好地满足用户需求。未来,用

---

① 李德昌.信息人社会学:势科学与第六维生存[M].北京:科学出版社,2007:12-13.

户的档案需求势必越来越高。因此,DIKW 模型亦符合档案管理活动内在的发展要求。

根据以上分析可知,档案学术活动范式和档案管理活动范式均可依据 DIKW 模型提供的线索建构发展模式——实体管理范例、信息管理范例、知识管理范例和智慧管理范例的模式,四种范例是并存的关系。档案学术活动范式和档案管理活动范式的发展具体又表现在两个方面:一是精深化发展,即每一种范例由最初形成时的粗放状态向精细和深刻的状态发展;二是转换性发展,即在一定时期某一范例占据主导地位,其他三种范例居从属地位,范例之间的转换不是谁吞并谁,而是主从关系的改变,但其整体上是依次递进的。可以看出,这种模式是一种由低级到高级的动态发展模式。

2.2.2.3 协同发展问题阐释

档案学术活动和档案管理活动分别是在档案学术共同体和档案管理共同体主导之下的主体性活动,但其均要遵循实体管理范例、信息管理范例、知识管理范例和智慧管理范例的由低到高的动态发展模式不断向前发展。

对于档案事业的发展而言,档案学术活动和档案管理活动是密不可分的,且二者又依赖于一定的社会环境而存在。在一定时期,受社会环境的制约和影响,档案学术活动和档案管理活动的主导范例是既定的,在其规范与指导下,档案学术理论需在不断解决专业问题包括实践中出现和存在问题的过程中发展自己,以进一步提升其对档案管理实践的指导作用;档案管理实践也须在发展自身的过程中不断为学术研究提供肥沃的土壤和营养,从而实现活动范式的协同发展。

2.3 科学动态发展理念

2.3.1 科学动态发展理念的基本内容

从科学哲学史的发展历程看,范式理论的产生是一个重要的转折点:其一,库恩在科学哲学的研究中引入了历史观念,尤其是应用了科学史的概念和材料,提出了科学发展是从前科学时期到常规科学时期,然后到科学革命时期再到新的常规科学时期等的动态发展过程,将对科学的分析由静态视角转向动态视角,从而提出了一种全新的科学观;其二,库恩不仅依靠科学动态发展模式构造出了科学发展整体过程的图景,而且引入了"范式""科学共同体""常规科学""反常""危机""科学革命"等具体概念,充实了科学发展过程的细致构造,从而建立起了一个系统、立体的理论体系;其三,库恩"从根本上否定了已往常识的科学观,认为科学理论只有通过实验检验或证伪等合理性的手续才能确立起客观知识,并认为这是通向唯一真理的连续性的进步的观念"①,提出科学本身表现为一个动态的认识过程,科学进步的本质不在于新的发明或理论发展成所谓的真理,而在于其越来越接近自然界的真相,这是一种与以往的真理观大不相同的科学进化观。

2.3.1.1 科学动态发展模式

在范式理论中,库恩以"范式"为核心线索构造出了科学动态发展模式。"任何一门科学在形成公认的范式前,处于相互竞争的前范式阶段,一旦形成范式则进入常规发展时期,这时,科学共同体的工作就是在范式的指导下'解疑',随着科学的发展,会出现用原有范式解释不了的各种反常现象,乃至引起危机,通过竞争,新范式推翻旧范式,新的科学共同体取代旧的共同体,这就是科学革命。"②这种新的科学动态发展模式如图2.1所示。

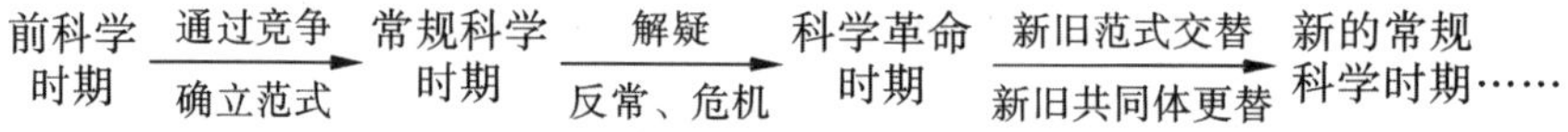

前科学 通过竞争 常规科学 解疑 科学革命 新旧范式交替 新的常规
时期 ————→ 时期 ————→ 时期 ————→ 科学时期……
    确立范式   反常、危机   新旧共同体更替

图2.1 科学动态发展模式

在库恩的相关论著中,常规科学和科学革命是其论述的重点,主要原因在于:范式理论的核心概念是范式,而在库恩的科学视野中,大部分自然科学都已形成范式,而社会科学中只有经济学、心理学等少数学科形成了范式。③ 故其论述重点在后范式时期。而且,库恩的科学背景是物理学,在范

---

① 野家启一. 库恩:范式[M]. 毕小辉,译. 石家庄:河北教育出版社,2002:263-264.
② 徐超,罗艳. 试论库恩对"科学革命的结构"的重构[J]. 华中理工大学学报(社会科学版),1997(3):32.
③ 库恩. 结构之后的路[M]. 邱慧,译. 北京:北京大学出版社,2012:220.

式理论的形成过程中,库恩前期的科学积淀和工作经历发挥了重要的作用,因此,他将自然科学作为主要研究对象是很自然的事情。与此相反,库恩对前科学时期则着墨极少,英国科学家玛格丽特·玛斯特曼甚至批评他"对前范式科学的总的看法显得混乱而又缺乏足够的分析"。①

在 1965 年伦敦召开的国际科学哲学研讨会上,玛格丽特·玛斯特曼作为库恩的唯一支持者,在高度评价《科学革命的结构》之后也对范式理论提出了批评意见。她在所作的主题报告中不仅梳理和分析了库恩在《科学革命的结构》一书中关于范式的 21 种用例,而且结合自己的认识对范式和科学阶段进行了划分,尤其是她对前科学时期的论述有助于加深我们的理解。

玛格丽特·玛斯特曼认为:库恩的 21 种范式用例是有内在联系的,依据其共同点可分为三类——形而上学范式或元范式、社会学范式、人工范式或构造范式。同时,她根据范式的有无和多少将库恩科学动态发展模式中的科学阶段划分为无范式科学、多范式科学和双范式科学。

玛格丽特·玛斯特曼指出:"无范式科学正是对世界某一方面刚开始思考的阶段,就是说这是没有范式的阶段。"②由此可知,她所谓的无范式科学相当于科学的萌芽阶段,即便是范式的雏形——范例也尚未形成,与无范式的前科学时期不能等量齐观,只是其中的一个发展阶段。

对于多范式科学,玛格丽特·玛斯特曼着墨较多。她认为,与无范式科学截然相反,多范式科学恰恰是范式太多。"在这种多范式科学里,在由每种范式方法规定的子学科内部,工艺技术有时会有长足的进步,因而常规研究的解决疑难活动也能有所进展。但由该范式方法规定的子学科比靠直觉规定的研究领域显然要平凡得多,狭窄得多,而且由这些方法给出的种种操作定义也相当混乱,乃至对基本原理的讨论仍无定论,因而全局的状况(不是局部的)仍无改观。而一旦某人提出一个虽较粗略但却深刻的范式,这种群雄割据的局面就趋于统一,这会更加集中地探视该学科的性质,唯其更集中,才能够更严格地、深入地、精确地研究它。这一范式或者淘汰那些浅显

---

① 拉卡托斯,马斯格雷夫.批判与知识的增长:1965 年伦敦国际科学哲学会议论文汇编第四卷[C].周寄中,译.北京:华夏出版社,1987:94.

② 拉卡托斯,马斯格雷夫.批判与知识的增长:1965 年伦敦国际科学哲学会议论文汇编第四卷[C].周寄中,译.北京:华夏出版社,1987:94.

的对手,或者设法将它们归附于己,从而以一个统一的范式指导科学研究迅速发展。因而按库恩本人的标准,多范式科学是一个含苞欲放的发展阶段,当然,必须要在把每一个子学科作为独立领域的条件下来运用这些标准。"①行文中虽然出现了"常规研究的解决疑难活动"等字眼,但是不难发现,她描述的多范式科学的形态和特征与库恩的常规科学相去甚远。首先,她笔下的范式存在于子学科内部,对于一种科学的全局影响甚微,且其即便是对于子学科的影响也极为有限,"平凡得多""狭窄得多""相当混乱"这些字眼与库恩所谓的常规科学的特征大相径庭。其次,根据她的描述,这些众多的范式会被一个"虽较粗略但却深刻的范式"淘汰或吞并,从而形成一个统一的范式指导科学研究迅速发展,而这一阶段才是我们所熟知的常规科学。因此,她认为,多范式科学按照库恩本人的标准只是一个含苞欲放的发展阶段,而不是成熟阶段。在后文的论述中,玛格丽特·玛斯特曼又不惜笔墨地谈到,由于学科内部的理论基础不扎实,"因而在多范式阶段存在大量的不成熟的东西,有时多得过分,却又互不相干,就像无范式阶段一样"。② 而且在文中,她同时承认存在常规科学时期的一元范式。由此可知,她所谓的无范式科学和多范式科学是针对前科学时期而言的。

库恩没有为前科学时期的准范式形态赋予特定的名称,由此带来了许多混乱。笔者认为,因为范例是范式局部的应用,范例具备了范式的基本功能,尤为重要的是,在库恩看来,范式来源于范例。因此,可以将前科学时期的准范式形态均统称为"范例",如此一来就可消除很多不必要的麻烦。结合玛格丽特·玛斯特曼的研究,又可将前科学时期划分为无范例科学和多范例科学。

玛格丽特·玛斯特曼指出:"在科学革命即将到来的危机阶段,库恩认为前范式阶段的许多特点会再度表现出来,但'不同的是(竞争学派)的差距较小,但是更加明确'。在这个阶段里,总是有两个竞争范式争夺控制权,因

---

① 拉卡托斯,马斯格雷夫.批判与知识的增长:1965年伦敦国际科学哲学会议论文汇编第四卷[C].周寄中,译.北京:华夏出版社,1987:95.

② 拉卡托斯,马斯格雷夫.批判与知识的增长:1965年伦敦国际科学哲学会议论文汇编第四卷[C].周寄中,译.北京:华夏出版社,1987:96.

此我把它称作双范式科学。"①在范式理论中,危机存在于常规科学末期,其最大贡献在于孕育新范式——"在新理论的突现之前,一般都有一段显著的专业不安全感时期……一个理论的变形骤增,正是危机的通常迹象……一个新理论只有在常规的问题解决活动宣告失败之后才突现出来。新理论好像是对危机的一个直接回答。"②而科学革命才是新旧范式相互竞争的过程。因此,笔者认为,双范式科学应针对的是科学革命时期而不是危机阶段。

由此,根据玛格丽特·玛斯特曼的论述并结合笔者的修正,库恩的科学动态发展模式可简述为(见图2.2):

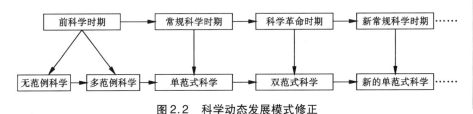

图2.2　科学动态发展模式修正

2.3.1.2　前科学时期

1. 范例的发展

前科学时期的科学须依次经历无范例科学时期和多范例科学时期,即范例有一个从无到有、从少到多的发展过程。但是对于自然科学和人文社会科学而言,其发展的进路、时间、目的等方面均有所差异。

第一,进路不同。库恩认为,科学与艺术的一个重要区别在于其对过去成果的评价方式和结果截然不同:"毕加索的成功,并没有把伦勃朗的绘画挤进艺术博物馆的地下储藏室。近古与远古的艺术杰作在形成公众的艺术趣味与启导许多艺术家走上专业道路方面,仍然起着重大作用。"③而"在科学里,由于有了新的突破,昔日在科学图书馆里占据重要位置的一些书刊突

---

①　拉卡托斯,马斯格雷夫.批判与知识的增长:1965年伦敦国际科学哲学会议论文汇编第四卷[C].周寄中,译.北京:华夏出版社,1987:95-96.

②　库恩.科学革命的结构[M].金吾伦,胡新和,译.北京:北京大学出版社,2012:57,60,63.

③　库恩.必要的张力:科学的传统和变革论文选[M].范岱年,纪树立,等译.北京:北京大学出版社,2004:336.

然过时了,被扔到仓库的废纸堆里……与艺术不同,科学毁灭自己的过去"。① 在库恩的语境中,"科学"指自然科学,艺术则是人文社会科学的代表,而且其在界定范式时就将科学传统作为属概念之一,由此可以推论:在自然科学的多范例科学时期,范例之间在激烈的斗争中,失败的范例只有一种进路,即被科学家团体直接抛弃,从而导致范例的数目急剧减少。而人文社会科学则不同,失败的范例会走上三条进路:第一条是被胜利的范例消化吸收。第二条则是继续存在。走上这两条进路的范例在人文社会科学的发展中会继续发挥重要作用,但是随着即将发展成为范式的那个范例的影响力不断扩大,越来越多的科学家转而拥护该范例,其他范例的光芒就会逐渐减弱甚至被掩盖。第三条进路与自然科学相同,即直接被科学家团体抛弃,但这类范例往往是在科学争论中被证实是有悖于自然和社会真相的,其数量也往往很少。

第二,时间不同。库恩认为,在艺术中关于创新的争论通常延续很久,直到某个新学派兴起吸引了批评家的怒火之时才告结束;甚至在这以后,争论结束只意味着新传统被人接受而不是旧传统的结束。在科学方面,胜负的结局并不会拖延那么久,失败一方很快便消失。由此可以推论:在多范例科学时期,自然科学比人文社会科学的范例争论持续时间要短得多。

第三,目的不同。在自然科学中,科学家的主要工作就是解决专业疑难,但这不是艺术家的目的,而是他们达到美学目的的一种手段而已。与科学家不同,艺术家赋予革新以首要的价值,他们在艺术活动中总要寻找新的事物去表现,总要寻找新的途径和方法去表现新事物。由此可以推论:在自然科学的多范例科学时期,科学家在范例之间展开争论的主要目的是解决专业疑难问题,人文社会科学则是在争论中寻找创新。

2. 科学家团体的发展

在前科学时期,库恩常用"学派"指称科学家团体。虽然其对学派的论述不多,但我们仍然可以从他零散的论述中推断出学派的发展过程。

第一,学派的确立。库恩认为:"前范式时期通常是以对合理的方法、问

① 库恩.必要的张力:科学的传统和变革论文选[M].范岱年,纪树立,等译.北京:北京大学出版社,2004:336.

题和解答的标准的频繁而深入的争论为标志的,尽管这些争论主要是为了确定学派而不是为了达成一致。正是这种情形,导致了科学发展早期阶段学派林立的特征。"①由此可知,在前科学时期,学派得以确立的主要途径是科学争论,而且此时期的科学争论有两个特点:一是发生频率高、次数多,所以容易形成更多的学派;二是争论内容较深入,容易形成范例。"所有科学共同体的成员,包括'前范式'时期的各学派,都共有那些我把它们集合起来称作'范式'的各种要素。"②由此可以推论:前科学时期各学派之间区分的标准是范例,即学派是共有一个范例的科学家组成的团体。此一时期,科学争论的目的是形成一个个范例而将各学派区分开来,而不是为了就某一科学问题达成一致。此外,库恩用"学派林立"来表述前科学时期的特征,可见此一时期是众多学派并存的状态。

库恩指出:"在《科学革命的结构》中所谓的'前范式时期',科学工作者分裂成为许多互相竞争的学派,每一派都声称自己有能力通过不同方式的进路解决同一问题。"③由此可以推论:各学派之间的科学争论主要是出于看待问题的角度和解决问题的方法等不同,而且每个学派都认为自己秉持的范例可以解决问题,因此这一时期往往会出现"百家争鸣"的盛况。

第二,学派的转换。库恩指出:"从前范式时期到后范式时期的转变:在它发生之前,这一领域中众多学派逐鹿中原。其后,随着一些著名的科学成就的确立,学派的数目极大地减少,通常只剩下一个,接着一个更加有效的科学实践模式开始了。"④由此可以推论:各学派在激烈的科学争论过程中,随着一些范例专业化和精深化程度的提高,其解决问题的能力也随之增强,越来越多的科学家抛弃原来的范例而聚集在这些范式周围。与之相应,学派的数量极大减少,直至剩下一个(见图2.3);各学派之间的分歧也随之减

---

① 库恩.科学革命的结构[M].金吾伦,胡新和,译.北京:北京大学出版社,2012:40.

② 库恩.科学革命的结构[M].金吾伦,胡新和,译.北京:北京大学出版社,2012:150.

③ 库恩.必要的张力:科学的传统和变革论文选[M].范岱年,纪树立,等译.北京:北京大学出版社,2004:307.

④ 库恩.科学革命的结构[M].金吾伦,胡新和,译.北京:北京大学出版社,2012:149.

少,直至消失,"而且显然是一劳永逸地消失了。它们的消失总是由前范式学派之一的胜利造成的"①。最终获胜学派的范例被其他科学家所普遍接受,常规科学时期即将来临。

图2.3　学派转换

但是,范例被科学家普遍接受并不意味着范式和科学共同体会随即形成。"接受"主要强调的是一种行为,属于形而下的范畴。而库恩将科学共同体对范式的选择类比为宗教皈依的过程,将科学共同体对待范式的态度称为信念作用,宗教皈依、信念等强调的是精神层面的境界,属于形而上的范畴。由此可以推论:范例被科学家团体从普遍接受到上升为范式也需经历一个过程,在这一过程中,获胜学派作为科学共同体的基石发挥着重要作用。

2.3.1.3　常规科学时期

1.常规科学存在的必然性

在《科学革命的结构》出版之后的第3年,面对一些科学家的猛烈批判,库恩态度坚决地表示:"到目前为止,我仍然认为,只要有科学革命,就一定有常规科学。"②他不仅列举了一系列科学事例,如玻尔的氢光谱理论和索末菲的氢精细结构理论,哥白尼的天文学理论和绝热压缩的热质说,安培的电回路理论、欧姆定律和焦耳-楞次定律,拉瓦锡对氧的发现和科学家对氚的发现等,从正反两个方面论证了常规科学和科学革命分界的存在。伊安·

①　库恩.科学革命的结构[M].金吾伦,胡新和,译.北京:北京大学出版社,2012:14.

②　拉卡托斯,马斯格雷夫.批判与知识的增长:1965年伦敦国际科学哲学会议论文汇编第四卷[C].周寄中,译.北京:华夏出版社,1987:335.

哈金更是为他辩护道:"库恩把常规科学表征为'解谜',似乎是表明他认为常规科学无足轻重。事实上,库恩认为科学活动极为重要,而其中的绝大部分属于常规科学。因此今天,即使那些怀疑库恩有关革命论断的科学家,都极为尊重库恩关于常规科学的表述。"[1]野家启一也认为,库恩把科学研究的本质把握成"常规科学"是非常重要的,因为科学的历史几乎全被常规科学时期所占有,而引起范式转换只是在异常科学的短暂时期才能发生的罕见事件。

2. 常规科学时期的研究活动

库恩指出:"常规科学的目的既不是去发现新类型的现象,事实上,那些没有被装进盒子内的现象,常常是完全视而不见的;也不是发明新理论,而且往往也难以容忍别人发明新理论。相反,常规科学研究乃在于澄清范式所已经提供的那些现象与理论。"[2]他也将这项工作称为"扫尾工作",即在常规科学时期,范式已经为科学共同体提供了研究内容的选择标准、问题解决的依据和方法等,科学共同体只需在范式的规范与指导下分析解决即可。具体而言:第一,科学共同体成员们均认为,以范式为标准所选择的问题都是一个个有解的谜题,只不过这些谜题在他之前尚无人能解或解得不好;第二,科学共同体成员们均坚信,依据范式提供的标准和方法再加上个人的聪明和努力,自己一定会在解决这些谜题的活动中取得成功;第三,将一个科学问题视为一个谜题,便意味着该问题必定会有一个以上正确的解,而且在解谜的过程中必须要遵循一定的规则,利用规则获得解决谜题所需要的方法和步骤,同时限定所获答案的性质。这些规则和方法等均来源于范式,从而保证了科学问题的解答符合范式的规定,能够为科学共同体所接受。

2.3.1.4 科学革命时期

1. 科学革命的影响

库恩指出:"科学革命只有对那些其研究领域受到范式转换直接影响的

---

① 库恩.科学革命的结构[M].金吾伦,胡新和,译.北京:北京大学出版社,2012:导读10-11.

② 库恩.科学革命的结构[M].金吾伦,胡新和,译.北京:北京大学出版社,2012:19-20.

研究者,才会有革命性的感觉。对局外人而言,所谓革命不过是发展过程中的必经阶段而已,就像局外人观察 20 世纪初的巴尔干革命一样。"①由此可以看出,科学革命是针对特定科学共同体而言的,科学中不同的革命性事件对不同的科学共同体及其范式来说影响是不同的,因为在不同的范式框架内,各科学共同体的研究内容和关注领域是不同的。在某一革命性事件中,参与其中的科学共同体所属成员才会有革命性的感觉,反之则是作为旁观者而存在。此外,"无论是从事研究的科学家还是教科书的一般读者,除非他亲身经历过一次革命,否则其历史感只能触及这个领域中最近一次革命的结果"。② 因为科学家和普通人对科学活动的印象主要来源于科学教科书、科普读物以及哲学著作等,而这些来源出于教育和示范功能的要求会选择性地忽略很多科学事实,因此,对于未参加过某一科学革命的人来说,该次科学革命对他们来说就是一种无形的存在。

库恩认为,在科学革命完成后,"接受一个新范式的科学家会以与以前不一样的方式来看这个世界"。③ 因为新范式带给科学家的科学视野、科学方法、科学理论、科学工具等的全方位改变,因此对科学家来说,科学革命是世界观的改变。

2.科学革命的本质

库恩的科学革命是科学发展中的非累积性事件,其本质是新旧范式的转换,即旧范式全部或部分地被一个与其完全不能并立的崭新范式所取代。科学革命外在地表现为科学发现和科学发明,内在的表现是科学共同体对范式的选择。

"在正常情况下,一个科学共同体是解决它的范式所规定的问题或谜题的极为有效的工具,而解决这些问题的结果必然是进步。"④而科学革命是以

---

① 库恩.科学革命的结构[M].金吾伦,胡新和,译.北京:北京大学出版社,2012:79.

② 库恩.科学革命的结构[M].金吾伦,胡新和,译.北京:北京大学出版社,2012:115.

③ 库恩.科学革命的结构[M].金吾伦,胡新和,译.北京:北京大学出版社,2012:97.

④ 库恩.科学革命的结构[M].金吾伦,胡新和,译.北京:北京大学出版社,2012:139.

两个对立阵营之一的全面胜利而告终,就胜利的团体而言,革命的结果必然是进步。库恩认为,科学发展是从某一科学共同体的知识状态出发的演化过程,这一进化过程不朝向任何目标。科学革命的解决过程,就是通过科学共同体的内部冲突选择出从事未来科学活动的科学家的最适宜道路。

库恩指出,人们所指的真理"并非导自一个理论的谜题解答和具体预言,而是指这个理论的本体论,即指这个理论植入自然界中的实体,与自然界中'真实在那儿'的东西之间的契合程度……我认为不存在独立于理论的方式来重建像'真实在那儿'这种说法;一个理论的本体与它的自然界中的'真实'对应物之间契合这种观念,现在在我看来原则上是虚幻的。另外,作为一个历史学家,我特别能感受到这种观点的不合理"。① 由此可以看出,库恩并没有否认真理的存在,但是他认为真理不能脱离理论而独立存在。科学革命带来的进步不是理论本身发展成真理,而是越来越接近自然真相,科学发展的过程就是人们认识和理解自然的过程。

2.3.1.5 总结与阐发

综合以上分析可以看出,库恩的科学动态发展模式具有很强的科学张力:一是体系完备。它不仅具有完整的框架,还有细节的刻画,一方面可以使世人了解到科学发展的全面图景,另一方面也为科学发展之路设定好了路标。二是视野独特。库恩的科学动态发展模式启发世人应该以动态的眼光去看待科学的发展,而不是静态地去看。

通过上述分析亦可发现,前科学时期的发展本质上与常规科学时期和科学革命时期相同,即主要是范例和学派相互影响、相互作用的内在推动。从发展过程看,由无范例阶段到多范例阶段,科学知识在不断分化整合中逐渐增长,进行着量的准备;与此同时,从科学家中分化整合出众多并存的学派也是科学家逐渐专业化、社会化的过程,也是一种量变的过程。而从学派到科学共同体的演化则并不是简单的整合过程,而是标志着学科的成熟,是一次质变。

---

① 库恩.科学革命的结构[M].金吾伦,胡新和,译.北京:北京大学出版社,2012:173.

在库恩的科学动态发展模式中,常规科学时期是科学发展必经的一个阶段。从持续时间看,该阶段占据着主导位置;从发展过程看,该阶段表现为科学知识的渐进式累计;从发展结果看,该阶段的研究是在科学共同体主导下的大规模专题式研究,与前科学时期相比,该阶段的科学知识在深度和数量方面会得到持续、稳定、快速的增长。综合而言,正是因为常规科学时期的存在,科学发展从总体上来看还表现为一种累计式进步的过程,但是这种进步的速度比传统科学观念下人们想象的要快得多。

因为范式理论是在批判现代主义科学观的基础上产生的,而现代主义的科学观则普遍认为科学是累积式进步的过程,常规科学时期恰恰就是这样一个阶段。但是,库恩的科学革命间断了这种累积式过程,从而使他建立起了大异其趣的间断性累积式进步的科学动态发展模式,因此,从本质上来看,科学革命才真正是库恩最大的创新所在,所以他才不惜笔墨地进行论证,《科学革命的结构》第九章到第十三章都是论述科学革命的内容的。但是,与常规科学不同,科学革命是一种偶然性、突发性事件,持续时间往往不长,其在科学动态发展模式中并不占主导地位。科学革命发生之后,科学又将进入新的常规科学时期,但此时的常规科学时期并不是上一次的简单重复,而是在其基础之上的又一次加速。因此,从总体上来看科学知识的增长速度会越来越快。

2.3.2 科学动态发展理念对档案学科与档案职业发展模式及其协同发展的启示

2.3.2.1 发展模式的动态性

范式理论科学张力的一个重要体现就是其建构了一种科学的动态发展模式,这与现代主义科学观下静态性考察科学发展有根本性区别。受此启发,档案学科与档案职业的发展模式亦是动态性的。需要指出的是,此处的发展模式指的是整体性发展过程,而活动范式的动态性指的是局部性发展过程。依据范式理论,档案学科与档案职业需经历常规式发展→革命式发展→新的常规式发展→新的革命式发展等的发展模式。

在前科学时期的范式理论中,多范例时期与科学革命时期的发展态势具有相似性,表现有三:一是科学争论的激烈性,即两个时期均要发生激烈的科学争论。不同的是,多范例时期是在秉持不同范例的学派之间发生,由于此时期学派众多,故整体上会呈现百家争鸣的态势;科学革命时期是在秉持不同范式的两个科学共同体之间发生,由于相较于范例而言,范式更为精细和深刻,而且共同体成员对范式的信念更为强烈,故此时期的科学争论更细致,更深刻,也更激烈。二是科学思维的发散性,即两个时期的科学家在从事科学活动中均以发散性思维为主。发散性思维的特征是思想开放、思想活跃,并要求科学家勇于创新和破旧立新。三是科学争论的突发性,即两个时期的科学争论往往是突然发生的,结束得也较快。在当前的档案学术和档案管理活动范式中,实体管理范例、信息管理范例、知识管理范例、智慧管理范例是多元并存的关系,只是信息管理范例暂时居主导地位,随着档案事业的进一步发展,知识管理范例会逐渐替代其主导地位,但是信息管理范例并不会消失,只不过是降为从属地位而已。由此可知,就前科学时期的活动范式发展和转换的角度而言,多范例时期与科学革命时期的发展模式本质上是一样的,因此笔者将其统一称为革命式发展模式。

常规科学时期的科学研究是科学共同体的所有成员在范式所规定的范围内再进一步细化选题而展开,整体上看类似于一种超大规模的专题式研究。当前,在档案学术和档案管理活动中,主要聚焦的就是档案信息管理的相关问题,其他实体管理、知识管理、智慧管理的相关问题亦有所涉及,但范围和规模尚小。

根据范式理论,每一次科学革命的发生都使我们离自然真相更近了一步,而承载科学进步的是新发现的科学事实和新发明的科学理论。就档案事业而言,由于受一定时期社会环境的影响和制约,档案学术和档案管理活动及其成果脱离不了特定历史条件而存在。但是,在活动过程中,只要是新发现的档案现象、新解决的档案问题、新探索的本质及规律等符合档案学科和档案职业及时代发展要求就是有益的、合理的。因此,档案学术共同体和档案管理共同体应减少顾虑,放开手脚去干、去探索,如此才能使档案事业更加繁荣。

2.3.2.2　发展模式的无限性

库恩将科学的动态发展模式比拟为生物的演化,即其是一个单向的不可逆的发展过程。但是,生物的演化过程会随着生物体的死亡而终结,科学的动态发展却不会随着科学革命的结束而终结。因此,在科学动态发展模式中,只有科学的开端即前科学时期,没有科学的终点,新的常规科学、新的科学革命会持续不断地出现,且其并不是旧的常规科学和科学革命的简单重复和循环。库恩指出:"后期的科学理论在一个常常大不相同的应用环境中,较其先前的理论表现出更好的解谜能力。"①由此可以推论,每一个新范式在科学性、专业化程度、精深化程度及科学功能等方面均较其取代的旧范式更好,所以科学的发展是没有止境的,每一次科学革命的发生都会使科学产生一次质的提升。

就档案学科而言,新发现的档案现象和新发明的档案理论是一次科学革命能够为其带来的显而易见的进步,而且,这种进步是全方位的、最基本的质变。"从一个处于危机的范式,转变到一个常规科学的新传统能从其中产生出来的新范式,远不是一个累积过程,即远不是一个可以经由对旧范式的修改或扩展所能达到的过程。宁可说,它是一个在新的基础上重建该研究领域的过程,这种重建改变了研究领域中某些最基本的理论概括,也改变了该研究领域中许多范式的方法和应用。"②

库恩指出:"革命常会使共同体的专业关注范围变狭窄,使它的专门化程度增加,并使它与其他的科学或普通的团体间的沟通更加困难。虽然科学一定会向深度发展,但却不一定会在广度方面有所拓展。如果它确实在广度上有所拓展,那也主要是表现在科学专业的激增上,而不是表现在任何一个专业关注范围的扩大上。"③由科学革命带来的档案学科的进步主要是认识的深度而非广度,即档案学术共同体对档案现象及其本质和规律的认识会更加精细和深刻。由此,档案学科所能解决的专业问题的数量和解答问题的精确度都将进一步增长,从而最终使得其专业化程度越来越高。

---

① 库恩.科学革命的结构[M].金吾伦,胡新和,译.北京:北京大学出版社,2012:172.

② 库恩.科学革命的结构[M].金吾伦,胡新和,译.北京:北京大学出版社,2012:72-73.

③ 库恩.科学革命的结构[M].金吾伦,胡新和,译.北京:北京大学出版社,2012:142.

　　虽然档案现象具有不确定性,但是特定时期内的档案现象应是与特定的社会环境所适应的,其整体上会呈现一定的规律,故在某一阶段,随着档案学科的发展,档案学理论将会更好地表现或接近该阶段档案现象及其本质和规律的真相。而且这种进步过程并非是昙花一现,只要档案学科不消亡,进步就不会停止。

　　以档案整理原则的发展为例。最早的档案整理原则是借鉴图书馆学的分类方式而形成的事由原则,在档案数量不多的时期较为适用,也发挥了重要作用。但是,随着纸质档案的海量产生,事由原则渐渐显得力不从心。来源原则的产生和发展解决了这一问题,并取代事由原则而逐渐成为纸质档案时代档案整理的至善原则。但随着机读档案的大量产生,其合理性和适用性也逐渐受到了质疑,甚至其地位也遭受了较大冲击。进入电子档案时代,以加拿大的特里·库克为代表的档案学者以新的视角为来源原则赋予了新的含义——提出了新来源观,从而使来源原则重获新生。当前,许多档案学者对事由原则的适用性问题又产生了新的认识,我国学者陈祖芬就认为:"来源原则与事由原则将作为未来档案学范式共存,表现在档案工作的日常管理中可归纳为:来源原则适用于文书档案,事由原则适用于科技档案;来源原则适用于文件的上位分类,事由原则适用于文件的下位分类。如果档案学共同体能用后现代的视角来发展事由原则,也包括来源原则,这种二元的档案学范式是可以推动档案学科的进步和知识的增长的,同时,由于以来源原则与事由原则为基础的二元档案学核心范式的实践性和人文性,它还可能促成档案理论界与档案实践界久违的合作,为档案学共同体的组织建设作出贡献,其管理意义和学科意义可谓深远。"①可以说,档案整理原则的每一次发展都是适应档案事业和时代发展趋势的体现,相关认识也更加深刻,尤其是对来源原则和事由原则适用范围的认识更加细致。但是档案整理原则的发展不会就此止步,而是会持续下去。

　　档案职业的发展与社会环境、社会需求、科学技术等有密切关系。其一,作为社会职业体系的一部分,档案职业的发展受社会环境的影响非常

---

①　陈祖芬.档案学范式的历史演进及未来发展[M].上海:上海世界图书出版公司,2010:156.

大,其中较为明显的就是政策法规。如《档案法》就对档案职业有直接的、重大的影响,而其制定、修订、颁布等相关工作的开展则需要政府部门和各方社会力量的参与。此外,其他领域的法律法规如《中华人民共和国保守国家秘密法》《中华人民共和国政府信息公开条例》等都会对档案职业产生影响。其二,社会档案需求的提高促使档案职业活动也发生了相应变化。当前,社会需求由数据层面上升到信息层面,档案管理工作的内容和侧重点也有所变化。其三,科学技术尤其是计算机技术、新媒体技术等的发展会对档案职业产生重大影响。如由于计算机技术的普及应用,电子档案大量产生,档案职业的管理对象、管理方式、管理理念等都发生了深刻变化;再如网站、微信、微博等新媒体的出现使得档案信息传播发生了翻天覆地的变化。社会环境、社会需求、科学技术等是不断向前发展的,故档案职业也会不断向前发展。

需要指出的是,虽然根据 DIKW 模型知识的演化只有数据、信息、知识、智慧四个层次,但是,一方面,层次越高由其主导的时间也越长,对其的管理也越复杂。根据国家信息中心于 2017 年 12 月发布的《2017 年全球、中国信息社会发展报告》:"2017 年全球信息社会指数(ISI)达到 0.5748,总体上即将从工业社会进入信息社会……2017 年全国信息社会指数(ISI)达到 0.4749,预计 2020 年全国信息社会指数将达到 0.6,整体上进入信息社会初级阶段。"①信息社会的概念最早是由美国等发达国家于 20 世纪 60 年代末至 70 年代提出来的,但是不同国家和地区发展程度不一样,对于我国而言,信息社会的未来道路还非常漫长。另一方面,DIKW 模型是当代学者的认识,关系实在论者认为:"事物(作为关系者)及其本质是由特定的关系来定义的,关系的改变,在一定条件下对应于对象及其本质属性的改变。在对象和环境的客观联系和关系中,还包含着人及其实践同对象的关系在内,从而构成某种认识情境。"②由此可知,随着关系的改变,人们对知识及其演化的认识也会改变并更加深刻。世界处于不断的变化之中,人们的认识也在不断变化。综合以上分析,档案职业的发展也是无止境的。

---

① 泰一数据.中国即将整体进入信息社会初级阶段,这意味着?[EB/OL].(2018-01-19)[2018-10-17].https://www.sohu.com/a/217607528_99987923.

② 罗嘉昌.从物质实体到关系实在[M].北京:中国人民大学出版社,2012:13-14.

2.3.2.3 协同发展问题阐释

档案学科与档案职业的发展模式是动态的而非静态的,是无限的而非有限的。而在科学动态发展模式中,常规科学时期是一种渐进式的累积性发展时期,科学革命时期则是一种跳跃式的发展时期。因此总体来说,档案学科与档案职业是在档案学术共同体和档案管理共同体与活动范式的相互作用下,呈现一种跳跃式累积性的单向无限上升的动态发展模式。

"马克思主义认为,在理论和实践的关系上,实践是理论的基础,是理论的出发点和归宿点,对理论起决定作用,理论必须与实践紧密结合,理论必须接受实践的检验,为实践服务,随着实践的发展而发展。"[①]由此可知:其一,档案管理活动可为档案学术活动提供研究对象、研究资料等,且是检验档案学术活动成果的唯一标准,是档案学术活动开展的基础、出发点和归宿点并对其起决定性作用;其二,档案学术活动的成果对档案管理活动具有反作用,正确的成果可为档案管理活动提供理论指导、科学方法和认识工具,以此促进档案管理活动的发展,错误的理论则会产生阻碍作用;其三,档案管理活动是不断发展的,档案学术活动也应随之而发展;其四,档案学术活动必须与档案管理活动密切结合,如此才能充分发挥档案理论与实践的作用。因此从活动范式的层面来讲,档案学科与档案职业的协同发展是其内在的诉求。

档案学科与档案职业常规式发展的量变积累到革命式发展的质变提升均需经历一个过程,相较而言,常规式发展所需的时间要更长一些,只有常规式发展到一定程度,革命式发展才有可能发生。根据范式理论,常规式发展后期,在档案学科与档案职业中还会产生反常和危机,这些都属于量变,但是有其内在的前后发生顺序,反常积累到一定程度会引发危机,危机发展到一定程度才会激发革命式发展。因此从发展模式的层面来讲,档案学科与档案职业的协同发展有其必然性。

---

① 赵家祥.全面理解理论和实践的关系[J].中国延安干部学院学报,2017,10(2):27.

03

档案学科与档案职业之主体建构协同

在推动档案事业的发展过程中,档案学术共同体与档案管理共同体各有优劣。相较而言,档案学术共同体优在理论、劣在实践,即其在理论知识、理论素养、理论能力和水平等方面较有优势,而在实践经验、实践感悟、实践能力和水平等方面则有欠缺。档案管理共同体与之恰恰相反。

目前,在我国的档案学术共同体中,高校档案学专业教师是中流砥柱。

其一,科研是高校档案学专业教师的主要工作之一,在我国当前实施的评价体制下,其专业生存和发展需要较高的学术产出作为支撑;而自档案馆工作人员实行参照公务员管理的模式以来,没有了晋升专业技术职称的需求,大部分工作人员失去了科研的动力转向行政管理职务晋升的追求,如此一来,其学术研究的持续性、学术产出的高效性就失去了保障。

其二,当前在我国档案学专业的教育体制中,以学术研究为主业培养的大部分硕士研究生却参加了工作,无论其在研究生期间学术产出有多高,在此之后亦无法保证有稳定的、高质量的产出,更何况其中有相当比例的学生毕业之后从事其他行业的工作。如据海薇和韩伟统计,中国人民大学 2012 届档案学专业硕士研究生中,有 22% 的毕业生从事的是非档案工作,且无一人继续攻读博士深造。① 这一方面跟学生的就业意愿有关系,另一方面也跟我国档案学专业博士研究生招生规模小有关。根据金波、周枫统计,截至 2017 年底,全国只有 5 所高校招收档案学博士。② 我国的档案学博士毕业生绝大部分都进入了高校从事教学科研工作,是档案学术共同体的主要后备

① 海薇,韩伟.中国人民大学 2012 届档案学专业毕业生就业状况分析[J].档案学通讯,2013(2):70-72.
② 金波,周枫.我国档案学专业高等教育的发展、艰辛与责任[J].档案学通讯,2018(2):4-9.

力量,但是无奈规模太小,估计每年只有 15 人左右,尚显得捉襟见肘。

其三,从学术产出的角度看,尤其是在高级别、高数量的学术著作、学术论文、科研项目等的产出中,高校档案学专业教师处于绝对优势地位。仅以学术论文为例:徐拥军和张斌统计了 2006 年 1 月至 2010 年 3 月发文量超过 10 篇的核心作者,结果显示:"档案学科 31 名核心作者(高产作者)中 29 人来自高校,仅有 2 人来自档案实践部门。"①

同时属于档案学术共同体和档案管理共同体的成员数量虽然少,但是其学术产出较高。笔者于 2018 年 10 月 20 日在中国知网文献库中检索了严永官和刘东斌二人的发文量,分别为 144 篇和 94 篇,且二人均有学术著作出版。值得欣喜的是,目前从事档案管理工作的硕士毕业生越来越多,且有部分毕业生在学术方面已体现出了较大潜力和较高能力。随着他们的成长,档案学术共同体的后备力量会越来越强大,同时其与档案管理共同体的协同发展空间也会越来越大。档案学术共同体和档案管理共同体在取长补短、壮大自身的同时,其中的两栖成员越多,理论与实践相互结合的密切程度就越高,进而档案学科与档案职业的协同发展就越顺利。

3.1 档案教育

档案教育是档案学术共同体和档案管理共同体建构的基础。按照理论与实践之分,档案教育也可分为两类,即以理论教育为主业的档案高等教育和以实践教育为主业的档案实践教育。需要指出的是,档案培训是以档案管理的基本知识和业务技能等为主要内容,只有美国等少数国家将论文写作纳入培训范畴②,且只占培训内容的较小部分,培训对象主要是新入职人员和在岗的非档案学专业人员,培训目的是让其尽快上手工作。可以看出,档案培训的对象距离档案学术共同体的准入门槛距离较远,故其不在本书的考察范围。

---

① 徐拥军,张斌.中国大陆档案高等教育发展研究[C]//2011 年海峡两岸档案暨缩微学术交流会论文集.北京:中国档案学会,2011:111.

② 卫恒.2006—2016 年国内档案培训研究综述[J].长江丛刊,2018(9):126-127.

3.1.1　档案高等教育

档案高等教育是指高等院校档案学专业教师按照法律法规和行业规范对学生的档案学专业理论、知识、技能以及专业责任和情感等方面的教化培育。我国的档案高等教育包括本、硕、博三个层次,英美等国家则包括硕、博两个层次。相较而言,本科生层次主要是对"三基"知识的培养,距离档案学术共同体的门槛尚显得较远,而且其毕业之后会有78%的同学从事非档案行业的工作[①],研究生层次较为偏向于学术研究和实践应用,毕业生加入档案学术共同体和档案管理共同体的可能性更大,尤其是其距离档案学术共同体的准入门槛距离较近,故此处的研究主要以硕、博两个层次的教育为主。

档案高等教育的方式是以课程教育为主、专业实习为辅的,专业实习的对象虽然是学生和部分教师,但其实施单位是档案馆(室),目标任务也是了解档案管理实践,故笔者将专业实习纳入档案实践教育中去考察。

据统计,截至2017年底,我国共有28所高校具有档案学专业研究生招生资格,其中,27所高校招收档案学硕士研究生,11所高校招收档案学博士研究生(见表3.1)。"此外,中国人民大学和武汉大学2所院校还建立了档案学博士后流动站。"[②]档案学专业研究生招生规模的扩大不仅可为我国档案学术的发展提供有生力量,也标志着我国的档案高等教育正从"以本科教育为主逐渐向以研究生教育为主发展"[③]。

---

① 海薇,韩伟.中国人民大学2012届档案学专业毕业生就业状况分析[J].档案学通讯,2013(2):70-72.

② 周耀林,张露,黄颖.档案学高等教育改革的发展[J].图书情报知识,2015(2):5.

③ 徐拥军.深化教育教学改革 助力档案事业创新:党的十八大以来我国档案高等教育发展成就喜人[N].中国档案报,2017-09-11(1).

表3.1　我国具有档案学专业研究生招生资格的高校名单

序号	院校名称	办学层次
1	中国人民大学信息资源管理学院	硕、博
2	四川大学公共管理学院	硕
3	辽宁大学历史学院	硕
4	上海大学图书情报档案系	硕
5	山东大学历史文化学院	硕
6	河北大学管理学院	硕、博
7	苏州大学社会学院	硕
8	安徽大学管理学院	硕
9	武汉大学信息管理学院	硕、博
10	云南大学历史与档案学院	硕
11	黑龙江大学信息管理学院	硕
12	西北大学公共管理学院	硕
13	郑州航空工业管理学院信息科学学院	硕
14	南京大学信息管理学院	硕、博
15	中山大学资讯管理学院	硕、博
16	吉林大学管理学院	硕、博
17	郑州大学信息管理学院	硕
18	南昌大学人文学院	硕
19	湖北大学历史文化学院	硕
20	湘潭大学公共管理学院	硕、博
21	广西民族大学管理学院	硕
22	福建师范大学社会历史学院	硕
23	南开大学商学院	硕、博
24	国防大学政治学院	硕、博
25	华中师范大学信息管理学院	硕、博
26	中国科学院大学经济与管理学院	硕
27	山西大学经济与管理学院	硕
28	南京农业大学	博

基于范式论视阈的档案学科与档案职业协同发展研究

在上述高等院校中,中国人民大学和武汉大学的档案学专业在全国排前两位,实力较强;而且同时具备档案学专业硕士研究生和博士研究生的招生资格,招生规模也较大。2018 年 11 月 9 日,笔者统计了中国人民大学和武汉大学档案学专业研究生培养计划中的专业必修课程和必修环节的情况(见表3.2)。

表3.2 中国人民大学和武汉大学档案学专业研究生专业必修培养计划

院系名称	教育层次	专业必修课程	必修环节
中国人民大学	硕士研究生	信息资源管理、信息检索前沿研究、信息组织前沿研究、现代档案管理的原理与方法、数字档案馆的理论与实践、国外档案管理理论与方法前沿、当代中国方志研究、中外档案著作选读、档案与传统文化、印章学、现代企业档案管理、中国档案职业状况分析、专业英语、电子文件管理前沿、文件与档案管理制度建设、数字文件管理国际前沿、档案学前沿研究、现代办公环境中的文件管理、档案信息化前沿、数字资源长期保存研究、人事档案管理的规范与创新、数字资产管理、知识管理导论	中期考核、毕业论文
	博士研究生	档案学主文献研读课、语义出版与数字人文的理论与实践、档案利用服务理论与方法前沿、文献遗产保护理论与方法、管理资源分析、电子文件管理专题研究、档案价值论、中国档案学史	参加国内外、校内外的学术会议或学术讲座不少于20次,并撰写一篇不少于6000 字的学术报告,交导师审核评定成绩后,记 1 个学分

续表3.2

院系名称	教育层次	专业必修课程	必修环节
武汉大学	硕士研究生	计算机网络理论与技术、信息管理国际学术前沿、信息系统工程、图书情报与档案管理研究方法论、档案管理现代化、电子文件管理、数字信息资源管理、政府信息资源管理	①实践环节:在导师指导下深入企事业单位开展社会实践、挂职锻炼、教学实践、社会调查、专业实习等实践活动,总时间不少于三个月;②中期考核
	博士研究生	国外经典文献选读、学科进展、数字档案信息资源建设与服务、国际档案事业发展研究	①学科综合考试;②学术交流(至少应在国际性或全国性学术会议参加过一次大会发言);③经典文献阅读(博士生在攻读博士学位期间至少要阅读150篇国内外重要专业学术文献(其中国外学术文献不少于70%),并对其中的15篇左右(不限于)文献进行研读交流与讨论);④实习实践;⑤学位资格论文申请

由表3.2可以看出,两所院校在专业必修课程层面,档案学硕士研究生的课程数量均多于博士研究生;在必修环节层面,对博士研究生的要求大大高出硕士研究生。从具体的内容看,对档案学硕士研究生的培养重在"积累"二字,包括专业经典文献的阅读、专业学术领域知识和视野的拓展、专业实践调查的经验和资料的积累等;对博士研究生的培养则重在"应用"二字,即主要强调的是学术论文和学术报告的写作、学术交流的讨论和汇报等。中国人民大学马克思主义学院的辛逸教授在为博士研究生授课时曾说:"看(即看文献)不是学习,写(论文)才是学习。"这在一定程度上也反映出硕士

研究生和博士研究生在培养教育方面的一些差别。还有部分院校在档案学研究生的专业必修课程中专门设置了学术道德和规范的课程,如南开大学档案学硕士研究生的"研究生学术规范",吉林大学的"科学道德与学术规范"。

此外在论文要求方面,档案学博士研究生也高于硕士研究生。一方面,档案学博士研究生需发表2篇左右的CSSCI期刊论文才有资格申请学位,而据笔者了解,在28所具有档案学专业研究生招生资格的院校中,部分院校对硕士研究生亦有相关规定,但要求均不如博士研究生高,大部分只要求发表1至2篇中文核心期刊论文甚至普刊论文即可。另一方面,档案学博士研究生的学位论文需达到10万字以上,且在创新性、原创性、系统性、深入性等方面均有较高要求,而硕士研究生的学位论文字数要求在3万字左右,其他方面的要求也相对较低。

从上述情况可以看出,在当前的培养模式下,虽然均是以学术培养和训练为主,但从整体效果上看,硕士研究生距离档案学术共同体的准入条件还具有较大差距,其在继续深造或工作过程中尚需要经历一个较长的磨炼和积累的过程。

3.1.2 档案实践教育

3.1.2.1 档案实践教育的类型

档案实践教育是指教育对象在档案馆(室)参观学习或实习工作、以档案管理工作为内容的教育,按照其接触档案实践的方式可分为直接档案实践教育和间接档案实践教育。依据本书的研究主旨,直接档案实践教育是指档案学专业教师、研究生以及档案管理者在档案馆(室)实习或工作,通过参与或从事档案管理工作以直接地了解档案实践、产生实践感悟;间接档案实践教育指的是高校档案学专业教师、研究生前往档案馆(室)参观学习或调研访谈,以此间接地了解档案实践或获得资料。

根据2015年版《中华人民共和国职业分类大典》的规定,档案专业人员的主要工作任务包括8个方面:"①接收或征集档案资料;②进行档案资料登记造册、价值鉴定,确定保管期限;③进行档案资料分类、编号和组卷;④进行档案资料排架、入库、移出及其登记、统计、清点、核对档案资料;⑤进行档案库房日常管理和档案资料的安全监护,保护、修复档案;⑥编制检索工具,建立数据库;⑦提供档案资料借阅和咨询服务;⑧进行档案资料考证研究与编纂。"①由此,接受直接档案实践教育的对象需在一定时间段内从事上述相关工作。

档案学专业教师和研究生的实习教育时间较短,一般在 1 到 2 个月,其通过教育获得的实践经验和感悟也较浅。但是,如果其在短暂的实习过程中多学多问,也可以更多地了解档案管理实践。当然,亲力亲为地多干一些管理工作获得的感悟会更深一些。

就档案管理者而言,其主业就是从事档案管理的相关工作,工作的过程也是接受工作教育的过程。而且,如果不存在中途转行、转岗等情况,其往往要干三四十年直至退休,因此对他们来说,随着工作年限的增加,其实践经验和实践感悟也在不断增加,且较实习教育要深得多。

但是档案管理实际往往比书本上、论文中的要复杂得多,短时间内要想做到充分了解几乎非常困难。

其一,档案管理工作环节较多,每个环节内部的各项工作又各有其复杂性,而且部分工作环节是分阶段开展的,并不是每年每月重复开展,因此即便是在档案馆(室)工作了十年左右的人员也未必亲力亲为过每一项工作,更不敢妄言对档案管理工作已经很熟悉了。

其二,档案馆(室)一般是根据档案管理工作的环节分为不同的处室或科室,以此构成一个扁平化的组织形式。如在中国第一历史档案馆的机构设置中,在馆班子之下共设置了 14 个平行的处,其中除去与行政工作、后勤工作、特殊档案管理工作等相关的处之外,其他的处基本上是按照档案管理工作的环节划分的,如保管处、利用处、整理处、编目处、编研处、复制处等。由于分工,档案管理者不是自己想到哪个处室或科室就能去的,而是要接受统一的安排,因此即便是在档案馆(室)工作过几十年的人员也未必能把档案管理工作完全做过一遍。

其三,随着信息社会步伐的加快,档案管理工作也在发生快速变化,并

---

① 国家职业分类大典修订工作委员会.中华人民共和国职业分类大典:2015 年版 [M].北京:中国劳动社会保障出版社,2015:144.

因此出现了许多新情况、新问题,如数字化档案的深入挖掘问题、电子档案的单套制管理、电子档案的区块链管理等,档案学术共同体和档案管理共同体均需要深入探索研究、不断了解相关技术和情况才能适应时代的发展。

间接档案实践教育的对象不亲自参与或从事档案管理工作,而是通过现场参观学习档案工作者的相关工作和工作成果,以及实地调研访谈部分档案工作者,从而间接地了解档案管理工作实际、搜集相关资料。与直接档案实践教育不同,间接档案实践教育的对象虽然可以在短时间内了解到档案管理工作的全貌、搜集到较多的资料,但是由于没有亲力亲为,所以其所获得的实践感悟显得较为浅薄,实践经验则几乎为零。

在档案学专业教育中,出于学科特点和教育内容的要求和需要,各高等院校均非常重视档案实践教育,一方面是不同程度地建立起了自己的档案学专业实验室,另一方面是与档案部门、企业等合作建立了数量不等的档案实习教学基地,对学生掌握实践技能、积累实践经验等具有重要作用,尤其是后者。北京联合大学档案学专业非常重视档案实践教育,不仅建立了32家校外人才培养基地,还创新性地提出了"校外人才培养基地体系"的概念。自2007年开始,北京联合大学档案学专业联合校外人才培养基地依托单位召开了产学研研讨会,如表3.3所示。"校外人才培养基地体系的建设,不仅拓宽了校外教育资源的范围,更大大增强了合作教育机制的适应复杂环境和动态环境的能力。我们有理由相信,它的成功建设对高校创新型人才的培养,提高高校的教育质量,推动高校内涵发展将起到非常重要的促进作用。"①

表3.3　北京联合大学档案专业举办产学研研讨会一览

届次	召开时间	主题
第一届	2007年12月6日	产学研相结合培养档案学专业应用性人才
第二届	2008年11月7日	强化应用教学,培养实用人才
第三届	2009年12月17日	构筑档案学专业实践教学体系
第四届	2010年12月20日	档案工作职业能力培养探索

① 王巧玲,孙爱萍,谢永宪,等.建设校外人才培养基地体系 创新合作教育平台:以北京联合大学档案学专业为例[J].档案学通讯,2013(3):84-85.

续表3.3

届次	召开时间	主题
第五届	2011 年 12 月 16 日	档案服务北京 文化传承创新
第六届	2012 年 11 月 16 日	合作育人,服务北京
第七届	2013 年 12 月 13 日	国家综合档案馆功能建设研究
第八届	2014 年 12 月 4 日	档案法治建设
第九届	2015 年 11 月 6 日	数字时代档案利用与服务
第十届	2016 年 11 月 18 日	档案专业创新人才培养
第十一届	2017 年 11 月 10 日	产学研合作模式下的档案实务专题建设与实践
第十二届	2018 年 12 月 7 日	档案文化建设与实践

3.1.2.2 档案实践对学术研究影响的调查

1.研究思路

本部分的研究采用定性与定量分析相结合的方法,通过对兼具实践与学术研究经验的档案学人的问卷调查,获取当前档案实践对学界进行学术研究影响的基本情况,在对问卷调查结果进行分析的基础上,探讨推动档案实践积极影响档案学术研究的对策及建议。研究步骤包括:①查阅相关文献并设计问卷《档案实践对学术研究影响的调查》。②发放调查问卷。调查问卷通过问卷星平台及微信、链接等形式正式发放,调查时间为 2019 年 8 月5 日—8 月 21 日,调查对象为全体兼具实践经验与学术研究经验的档案学人,共发放调查问卷 116 份,有效问卷 116 份。③问卷处理。利用问卷星自带的分析功能对调查问卷进行分析处理。④根据问卷处理所得结果得出调查结论及启示。

2.研究工具及方法

笔者在文献调研的基础上,结合专家访谈,设计初步问卷,然后向具有10 年以上档案实践经验与学术研究经验的前辈预发放调查问卷。依据预发放的反馈对调查问卷进行最终的修改并形成《档案实践对学术研究影响的调查》。调查问卷共分为 3 个部分,42 个小题,其中填空题 1 个,多选题 2个,单选及矩阵量表题 39 个。第一部分为调查对象的基本信息,包括人口学特征信息与调查对象的学术成果信息;第二部分为调查对象参与档案实践的相关信息,包括参与档案实践的环节与时长等;第三部分围绕档案实践对学术研究的影响进行调查,由研究方向、学术思想、论文选题、具体写作四个方面构成。

3. 调查结果及分析

(1)样本基本情况

在 116 份有效问卷中,男性为 62 人,占比为 53.45%;女性为 54 人,占比为 46.55%。

年龄情况:25 岁及以下的调查对象有 8 人,占比为 6.90%;26~35 岁的调查对象有 31 人,占比为 26.72%;36~45 岁的调查对象有 47 人,占比为 40.52%;46~55 岁的调查对象有 22 人,占比为 18.97%;56 岁及以上的调查对象有 8 人,占比为 6.90%。

受教育程度:中专与初中及以下学历为 0 人;高中学历有 2 人,占比为 1.72%;大专/高职学历为 4 人,占比为 3.45%;本科学历有 40 人,占比为 34.48%;硕士研究生有 21 人,占比为 18.10%;博士研究生有 49 人,占比为 42.24%。

专业情况:档案学出身的调查对象有 78 人,占比为 67.24%;非档案学专业的调查对象有 38 人,占比为 32.76%。

单位性质:党政机关事业单位 31 人,占比为 26.72%;国有企业 11 人,占比为 9.48%;民营企业 3 人,占比为 2.59%;军队 1 人,占比为 0.86%;个体 1 人,占比为 0.86%;学校 63 人,占比为 54.31%;其他 6 人,占比为 5.17%。

地域分布:国内有北京、上海、黑龙江、吉林、辽宁、陕西、甘肃、河南、安徽、浙江、云南、海南等省市,国外有澳大利亚等国家。

从回收结果来看,样本对象男女比例均衡;不同年龄段及教育程度的人群均有涉及;涉及各个工作单位的人群;地域分布较为均衡,包括国内外,覆盖国内东西南北中各个地区;涵盖参与不同类型档案实践的人群,可见样本具有代表性,数据的可信度较高,为本次研究提供了可靠的数据支撑。

(2)学术成果情况

在 116 份有效问卷中,发表论文情况(限独著、第一作者):15 人未发表论文,占比为 12.93%;发表 1~3 篇论文的有 24 人,占比为 20.69%;发表 4~6 篇的有 21 人,占比为 18.10%;发表 7~10 篇的有 5 人,占比为 4.31%;发表 10 篇以上的有 51 人,占比为 43.97%。

出版著作和教材情况(限独著、主编):72 人未出版著作,占比为62.07%。出版 1 本的有 26 人,占比为 22.41%;出版 2 本的有 7 人,占比为 6.03%;出版 3 本的有 2 人,占比为 1.72%;出版 4 本的有 9 人,占比为 7.76%。

(3)档案实践情况

在 116 份有效问卷中,档案实践类型情况(多选):全职参与档案实践的有 56 人,占比为 48.26%;兼职参与档案实践的有 42 人,占比为 36.21%;实习参与档案实践的有 52 人,占比为 44.83%。在 110 份有效数据中,参加档案实践的时长情况:1 年及以下者有 50 人,占比为 43.10%;1~3 年(包含 3 年)者有 8 人,占比有 6.90%;3~5 年(包含 5 年)者有 9 人,占比为 7.76%;5~10 年(不包含 10 年)者 4 人,占比为 3.45%;10 年及以上者有 39 人,占比为 33.62%。

在 116 份有效问卷中,参与档案实践环节情况(多选):参与档案收集的有 62 人,占比为 53.45%;参与档案整理的有 96 人,占比为 82.76%;参与档案鉴定的有 50 人,占比为 43.10%;参与档案保管的有 61 人,占比为 52.59%;参与档案检索的有 55 人,占比为 47.41%;参与档案统计的有 51 人,占比为 43.97%;参与档案编研的有 50 人,占比为 43.10%;参与档案利用的有 54 人,占比为 46.55%;参与档案信息化的有 66 人,占比为 56.90%;参与档案法制的有 23 人,占比为 19.83%;参与档案业务指导的有 44 人,占比为 37.93%;参与档案保护的有 45 人,占比为 38.79%;其他 24 人,占比为 20.69%。

(4)档案实践对学术研究的具体影响情况

为调查档案实践对学术研究的具体影响,作者围绕档案实践对研究方向、学术思想、论文选题及论文写作四个方面的影响,共设置 32 个小题,每个方面均设置 8 个小题。为反映档案实践对档案学人学术研究的影响,笔者根据实际情况,从直接、间接两个方面构建这部分内容。直接方面主要围绕档案学人参与档案实践观察到的档案现象,获得的感悟或经验,搜集的具体档案数据、案例,获得的档案理论、知识和技能进行;与之对应,间接方面主要围绕档案学人与档案实践工作者交流过程中获得的档案工作现象,获得的档案实践感悟或经验,搜集的具体档案数据、案例,获得的档案理论、知识和技能进行。

第一,档案实践对研究方向的影响。表3.4显示,档案实践对档案学人研究方向影响的结果较好,平均值为63.90%。其中直接参与档案实践工作对研究方向影响的平均值为64.01%,与档案工作者交流获取的档案信息对研究方向影响的平均值为63.80%。从数据上看,与档案工作者交流过程中获取档案信息和直接参与档案实践获取档案信息对研究方向的影响相差无几,后者略高于前者,直接参与档案实践工作对研究方向的影响相对较大。

其中,直接参与档案实践获得的感悟或经验,与档案工作者交流获得的理论、知识、技能,直接观察到的档案现象对研究方向的影响居于前三位,直接参与档案实践获得的档案理论、知识、技能对研究方向的影响最小,说明档案应用理论和应用技能对研究方向的贡献较小。总体来看,结果均超出半数,档案实践对档案学人研究方向的影响较大,且分布较为均衡,彼此相差不大。

表3.4　档案实践对档案学人研究方向影响程度的统计(N=116)

题目/选项		非常不符合	比较不符合	一般	比较符合	非常符合	后两项之和
直接参与档案实践工作	观察到的档案现象帮助我选定研究方向	4.31%	9.48%	21.55%	48.28%	16.38%	64.66%
	获得的感悟或经验帮助我选定研究方向	3.45%	9.48%	18.97%	43.97%	24.14%	68.11%
	搜集的具体档案数据、案例等资料帮助我选定研究方向	2.59%	6.90%	25%	50%	15.52%	65.52%
	获得的档案理论、知识、技能帮助我选定研究方向	3.45%	8.62%	30.17%	39.66%	18.10%	57.76%

续表3.4

题目/选项		非常不符合	比较不符合	一般	比较符合	非常符合	后两项之和
与他人交流过程中	获知的档案工作现象帮助我选定研究方向	1.72%	6.03%	28.45%	49.14%	14.66%	63.80%
	获得的档案实践感悟或经验帮助我选定研究方向	2.59%	7.76%	26.72%	49.14%	13.79%	62.93%
	搜集的具体档案数据、案例等资料帮助我选定研究方向	0.86%	7.76%	29.31%	50%	12.07%	62.07%
	获得的档案理论、知识、技能帮助我选定研究方向	2.59%	5.17%	25.86%	51.72%	14.66%	66.38%

第二,档案实践对档案学人学术思想的影响。表3.5显示,档案实践对档案学人学术思想的影响较大,平均值为66.20%;其中与档案工作者交流过程中获取档案信息对学术思想影响的均值为64.41%,直接参与档案实践对学术思想影响的均值为68.97%,相比之下,直接参与档案实践对学术思想的影响较大。直接参与档案实践获得的档案理论等信息对学术思想的影响最高,其次是参与档案实践获取的档案数据,与档案工作者交流获得的档案理论等信息对学术思想的影响排在第三位。从整体来看,档案实践对学术思想影响较大,其结果均在60%以上,最高值与最小值之间相差10%,差额较大;相较于与他人交流所得信息对学术思想影响的数值,直接参与档案实践的数值整体较大。

表3.5　档案实践对档案学人学术思想影响程度的统计（N=116）

题目/选项		非常不符合	比较不符合	一般	比较符合	非常符合	后两项之和
直接参与档案实践工作	观察到的档案现象帮助我形成自己的学术思想	1.72%	5.17%	28.45%	44.83%	19.83%	64.66%
	获得的感悟或经验帮助我形成自己的学术思想	1.72%	4.31%	25%	46.55%	22.41%	68.96%
	搜集的具体档案数据、案例等资料帮助我形成自己的学术思想	0.86%	6.03%	22.41%	47.41%	23.28%	70.69%
	获得的档案理论、知识、技能帮助我形成自己的学术思想	1.72%	6.03%	20.69%	49.14%	22.41%	71.55%
与他人交流过程中	获知的档案工作现象帮助我形成自己的学术思想	0.86%	8.62%	28.45%	53.45%	8.62%	62.07%
	获得的档案实践感悟或经验帮助我形成自己的学术思想	0.86%	6.03%	28.45%	56.90%	7.76%	64.66%
	搜集的具体档案数据、案例等资料帮助我形成自己的学术思想	1.72%	6.03%	31.90%	48.28%	12.07%	60.35%
	获得的档案理论、知识、技能帮助我形成自己的学术思想	0.86%	5.17%	23.28%	60.34%	10.34%	70.68%

第三,档案实践对论文选题的影响。表 3.6 显示,档案实践对论文选题影响的平均值超过半数,达 62.72%;其中直接参与档案实践对论文选题影响的平均值超过这一数据,结果为 65.09%,说明直接参与档案实践对论文选题的影响较高;相比之下,与档案工作者交流获得的档案信息对论文选题影响的平均值较低,结果为 60.35%,说明与档案工作者交流获得的信息对论文选题的帮助相对较小。直接参与档案实践所得的感悟或经验对论文选题的影响最高,达 68.97%;其次是参与档案实践观察到的档案现象;最低的是与档案工作者交流获得的感悟或经验,不到 60%,仅为 58.62%。从整体来看,档案实践对论文选题影响的结果未有超过 70% 的项目,最低的一项不到 60%,这说明档案实践对论文选题的影响有待提升。

表 3.6　档案实践对档案学人论文选题影响程度的统计(N =116)

	题目/选项	非常不符合	比较不符合	一般	比较符合	非常符合	后两项之和
直接参与档案实践工作	观察到的档案现象帮助我选题	3.45%	3.45%	27.59%	46.55%	18.97%	65.52%
	获得的感悟或经验帮助我选题	3.45%	5.17%	22.41%	43.97%	25%	68.97%
	搜集的具体档案数据、案例等资料帮助我选题	2.59%	6.03%	28.44%	41.38%	21.55%	62.93%
	获得的档案理论、知识、技能帮助我选题	3.45%	5.17%	28.44%	42.24%	20.69%	62.93%

基于范式论视阈的档案学科与档案职业协同发展研究

续表3.6

题目/选项		非常 不符合	比较 不符合	一般	比较 符合	非常 符合	后两项 之和
与他人交流过程中	获知的档案工作现象帮助我选题	1.72%	4.31%	31.03%	50.86%	12.07%	62.93%
	获得的档案实践感悟或经验帮助我选题	0.86%	6.03%	34.48%	45.69%	12.93%	58.62%
	搜集的具体档案数据、案例等资料帮助我选题	1.72%	6.90%	31.03%	45.69%	14.66%	60.35%
	获得的档案理论、知识、技能帮助我选题	1.72%	5.17%	33.62%	46.55%	12.93%	59.48%

第四,档案实践对档案学人论文写作的影响程度。表3.7显示,档案实践对论文写作的影响程度较大,其平均值达66.38%,居于研究方向、学术思想、论文选题、论文写作四个方面中的最高。直接参与档案实践对论文写作影响的平均值略高于该数据,结果为67.89%,说明档案实践对论文写作具有相当影响;相比之下,与档案工作者交流对论文写作影响的平均值略低,但是仍在60%以上,结果为64.87%。观察到的档案现象对论文写作的影响居于最高,达70.69%;获得的感悟或经验次之,结果为68.96%;搜集的档案数据、案例等居于第三位,结果为68.10%:三者都是在直接参与档案实践过程中获得的。由于与他人交流获得的档案数据、案例等真实性、实时性无法保证,其对论文写作的影响最低,结果为61.21%。

表 3.7　档案实践对档案学人论文写作影响程度的统计（N=116）

	题目/选项	非常 不符合	比较 不符合	一般	比较 符合	非常 符合	后两项 之和
直接参与档案实践工作	观察到的档案现象帮助我进行论文写作	2.59%	4.31%	22.41%	45.69%	25%	70.69%
	获得的感悟或经验帮助我进行论文写作	2.59%	4.31%	24.14%	38.79%	30.17%	68.96%
	搜集的具体档案数据、案例等资料帮助我进行论文写作	2.59%	4.31%	50%	41.38%	26.72%	68.10%
	获得的档案理论、知识、技能帮助我进行论文写作	1.72%	9.48%	50%	38.79%	25%	63.79%
与他人交流过程中	获知的档案工作现象帮助我进行论文写作	1.72%	3.45%	29.31%	50%	15.52%	65.52%
	获得的档案实践感悟或经验帮助我进行论文写作	1.72%	6.90%	50%	52.59%	13.79%	66.38%
	搜集的具体档案数据、案例等资料帮助我进行论文写作	1.72%	2.59%	34.48%	48.28%	12.93%	61.21%
	获得的档案理论、知识、技能帮助我进行论文写作	2.59%	2.59%	28.45%	53.45%	12.93%	66.38%

4. 结论及建议

(1) 结论

第一,横向来看,档案实践对研究方向、学术思想、论文选题、论文写作四个方面的影响较大,且起伏平缓,彼此之间相差不大。根据表3.8的数据,档案实践对论文写作的影响程度最大,学术思想次之,对研究方向的影响程度最低。67.89%的人群认为直接参与档案实践获得的档案数据、档案经验、档案理论等信息对论文的写作有很大的帮助,这说明参与档案实践直接获得的档案数据和案例等信息因其原始性对论文写作的帮助较大,成为影响论文写作的重要因素。档案学术研究多为纯粹的理论研究,由于档案实践与理论的脱节,档案实践与学术理论的联系不甚紧密,因而有35.20%的人群认为档案实践对档案学人从事学术研究的帮助不大。

表3.8　档案实践对学术研究影响整体情况一览

影响维度	研究方向	学术思想	论文选题	论文写作
平均值	63.90%	66.20%	62.72%	66.38%

第二,横向来看,直接参与档案实践获得的档案信息对学术研究的影响均高于与他人交流的影响,不同维度的影响程度也有所差别。根据调查所得的数据,直接参与档案实践观察到的档案现象、获得的感悟或经验、搜集的数据和案例、获得的档案理论等对学术研究的影响均高于与之对应的与他人交流的影响,这说明相较于与他人交流,直接参与档案实践获得的原始数据对学术研究的影响更大。在研究方向的维度,直接参与档案实践获得的感悟或经验对研究方向的影响最大,由于参与档案实践获得的理论、知识、技能等内容的特定性,其对研究方向的影响最小。在学术思想维度,直接参与档案实践获得的档案数据、案例等对学术思想的影响最大,与他人交流获得的档案理论、知识和技能等的影响次之,其中,与他人交流中获得的档案数据、案例等对学术思想的影响最小,这说明直接获得的档案数据、案例因其原始性、真实性,对档案学人的学术思想影响较大。在论文选题维度,参与档案实践获得的感悟或经验因其直观性对论文选题的影响最大,与他人交流所得的感悟或经验因其间接性对论文选题的影响最小。在论文写

作维度,因样本对象在参与档案实践中直接观察到的档案现象,印象深、直观性强,对论文写作的影响最大,与他人交流获得的档案数据等信息因经过二次传播,存在误传的风险,因而其对论文写作的影响最小。

（2）建议

调查结果显示,档案实践对学术研究的影响较大,但是未有一个维度的结果达到70%,64.80%的人群没有充分认识到档案实践对学术研究的影响,35.20%的人群没有认识到档案实践对学术研究的影响。认识上的不足导致档案工作与档案工作理论发展较为缓慢,存在不能从档案实践中选取论文选题、进行论文写作等问题。可以从以下方面进行改进:

一方面,通过论坛和交流会等形式促进档案学人与档案工作者的交流,增加档案实践对学术研究的影响。以相近的图书馆领域为例,笔者于2019年9月1日在中国知网文献库中,以"档案论坛"为关键词进行篇名检索,仅有157条结果;笔者以"图书馆论坛"为关键词进行篇名检索,得到441条结果。这组数据表明,档案界论坛交流的数量相对少,不利于增加档案实践对学术研究的影响。为实现与他人交流观察到的档案现象、搜集的档案数据和案例等对学术研究的影响,可以通过鼓励相关机构和档案组织,多举办论坛和交流会。论坛中可以同时邀请实践领域的档案工作者与高校档案学者,实现档案学人的互通有无,发现和解决档案实践中的问题,推动档案事业的发展。

另一方面,鼓励档案学者投身档案实践、对档案工作者进行学术训练等,使档案学人充分认识到档案实践对学术研究的影响。由于实践工作与学术研究工作特性的不同,档案工作者长期处于按照规章制度办事的思路中,对档案现象思考较少,进而难以进行论文选题和写作,更遑论形成自己的研究方向与学术思想。因而可以对档案工作者进行学术训练,培养其学术研究能力。由于长期处于理论研究的环境,因此档案学者缺乏应用理论知识解决实践问题的机会。鼓励档案学者投身档案实践,一方面能够开阔研究思路,另一方面可以运用自己的学术研究能力解决档案实践过程中的问题。档案工作者作为接触、亲历档案现象和数据的人群,其对档案实践的敏锐度直接关系着档案工作者能否及时反映档案实践的变化,具有学术研究能力的档案工作者与具有档案实践经历的档案学者不仅能够进行学术创作,还能根据档案实践发生的现象进行理论性的思考与反馈,增加档案学研究的深度,推动档案事业的发展。

3.2　新陈代谢

新陈代谢是指"机体与环境之间的物质和能量交换以及生物体内物质和能量的自我更新过程"①,从方向上分包括同化作用和异化作用。就档案学术共同体和档案管理共同体而言,其建构过程中一方面需要不断地从共同体外部吸收新鲜血液,另一方面其内部也存在淘汰和分层现象。同时依据范式理论,一方面档案学术共同体和档案管理共同体及其内部的次一级共同体是围绕范式和范例形成的,另一方面在范式转换和范例竞争的过程中也在不断淘汰和分化共同体成员。因此,档案学术共同体和档案管理共同体的发展与新陈代谢的机理是相通的。而且,无论是同化作用还是异化作用,对共同体的发展都是一个不断建构的过程。

3.2.1　同化建构

3.2.1.1　因范例范式产生而造成的同化

库恩认为,范式的一个基本特征就是能够"空前地吸引一批坚定的拥护者"②,并由此形成科学共同体,范例亦有这个基本特征并由此形成学派。范式之所以有这么强大的科学张力,根源就在于其对科学家的科学活动具有认知功能和规范功能。

依据范式理论并结合第 2 章的相关分析,对档案学派和档案学术共同体因范例和范式产生而造成的同化过程可做出如下推论:

在前科学时期的多范例科学时期,每一个范例都会形成一个学派。在激烈竞争中,部分档案学范例要么因竞争失败被其他范例吞并,其学派也逐渐转向获胜学派,该学派则会彻底消失;要么因暂时失利而被其他范例掩盖

---

① 百度百科. 新陈代谢[EB/OL]. [2018-10-24]. https://baike.baidu.com/item/新陈代谢/108770? fr=aladdin.

② 库恩. 科学革命的结构[M]. 金吾伦,胡新和,译. 北京:北京大学出版社,2012:8.

光芒,部分成员流失到优势学派,该学派实力虽然受损但尚未完全消亡。随着竞争的加剧和持续,档案学范例的数量逐渐减少,学派也随之减少,直至只剩一个范例并最终取得学科范式的地位,最终胜出范例的学派成员则转化为档案学术共同体成员。

进入常规科学时期,在档案学范式内部会存在一些子范式,但这些子范式是在学科范式的统一规制之下的,而且数量较前科学时期的多范例科学时期少,虽然各子范式之间仍会出现争论,但是争论的激烈程度远不如多范例科学时期。围绕子范式形成的学派也作为档案学共同体的次一级团体而存在,即子档案学术共同体。随着常规研究的深入,尤其是档案学危机的出现,在档案学范式的内部和外部均会产生一些新范例并由此形成诸多新学派。而此时,随着档案学范式主导地位的逐渐动摇,在前科学时期竞争失败的部分档案学范例亦有可能重新受到档案学术共同体的重视,在解决反常现象甚至消解危机的过程中再度发光,其拥护者也会逐渐增加。整体而言,在常规科学时期,依据档案学范例与范式的关系可将其分为两类:一类是档案学范式框架内的范例,即子范式,围绕其形成的学派是作为子档案学术共同体的面貌出现的;一类是档案学范式框架外的范例,其中可能会孕育出新的档案学范式,由此形成的学派会以新档案学术共同体的中坚力量存在。

随着档案学危机的深化,一度出现的"一个理论的变形骤增"现象会逐渐消失,档案学术共同体会在不断的探索中找到有效解决危机的理论模式和工具方法,新的档案学范式逐渐成型。随着危机的逐步解决,新范式的科学张力愈发被更多的科学家认同和信服,旧的档案学术共同体也面临着分崩离析的局面。进入科学革命之后,新旧两个范式激烈竞争。依据库恩的观点,由于相较于旧范式,新的档案学范式不仅在研究档案现象及其本质和规律中是一个更好的工具,而且由其所发现的新档案现象、产生的新档案理论与档案事业和社会发展的趋势更加契合,所以新范式一定会战胜旧范式取代其主导地位。而在旧的档案学术共同体中,受旧范式束缚较少的学者,尤其是年轻的档案学者,将会更早摆脱旧范式的束缚而转向新范式。

当前,在档案学术活动和档案管理活动中占主导地位的是信息管理范式。首先,在信息管理范式之外,实体管理范式、知识管理范式和智慧管理范式与之是并存的,但它们只居于从属地位且规模较小。在信息管理范式之下,研究和管理成果相对凝聚和丰富,较为符合范例基本条件的如电子文件/档案管理、档案信息资源管理、档案数字化/信息化管理、档案信息传播等。

以电子文件/档案管理范例为例。库恩指出:"对于教科书及其替代物的日益增长的依赖,总是任何一门科学中第一个范式兴起的附带现象。"①由此可知,教科书及其替代物是范式的物化体现。自1988年开始②,我国的电子文件/档案管理研究已有30多年时间。由表3.9可以看出,我国最早的电子文件/档案管理领域的教材(类)图书出版于1999年,标志着在经过11年的积淀之后,电子文件/档案管理范例开始形成。截至2017年底,共计出版的教材(类)图书有20种,其中仅2003年就出版了4种,达到了一个峰值。其间,虽然2000年、2008年至2009年、2012年至2013年等5年为空白期,但是空白期的间隔频率较低、间隔时间较短,考虑到图书撰写和出版周期等因素,其整体的出版频率和持续性是相对较高的。此种现象也在一定程度上表明,我国的电子文件/档案管理范例一直在不断地发展完善。随着电子文件/档案管理范例的产生和发展,学派也逐渐地形成并成长起来。从表中可以看到,实名出现的作者共计达到25人,其中丁海斌教授独著或主编的有3种、冯惠玲教授有2种。更为重要的是,这些教材(类)图书提供的标准、理论、方法等在规范和指导相关档案学术活动和档案管理活动的同时,也在吸纳更多的学者和管理者加入该学派。

表3.9　我国电子文件/档案管理领域的教材(类)书目

序号	书名	作者	出版时间	出版社
1	电子文件管理导论	刘家真	1999年	武汉大学出版社
2	电子文件归档与电子档案管理概论	国家档案局	1999年	中国档案出版社

---

① 库恩.科学革命的结构[M].金吾伦,胡新和,译.北京:北京大学出版社,2012:115.

② 胡鸿杰.论电子文件的研究视角[J].档案学通讯,2007(2):11.

续表3.9

序号	书名	作者	出版时间	出版社
3	电子文件与档案管理	董永昌、何嘉荪	2001年	百家出版社
4	电子文件与电子档案管理	丁海斌	2002年	辽宁大学出版社
5	CAD电子档案管理实务	赵卫东	2002年	同济大学出版社
6	办公自动化系统与电子档案管理	何嘉荪	2003年	浙江大学出版社
7	信息化与电子文件管理	刘萌	2003年	西南师范大学出版社
8	电子文件与电子档案管理	谭争培	2003年	电子科技大学出版社
9	电子文件管理理论与实践	刘家真	2003年	科学出版社
10	文书档案、科技档案电子文件归档与管理	李仕根	2004年	西南交通大学出版社
11	电子文件的管理	冉立新	2005年	哈尔滨地图出版社
12	电子档案管理基础	王萍、宋雪雁	2006年	清华大学出版社
13	电子文件管理基础	丁海斌、赵淑梅	2007年	中国档案出版社
14	电子文件管理学	金波、丁华东	2010年	上海大学出版社
15	电子文件管理基础教程	丁海斌、卞昭玲	2011年	辽宁大学出版社
16	电子文件管理100问	冯惠玲	2014年	中国人民大学出版社
17	电子文件管理概论	周耀林、王艳明	2016年	武汉大学出版社
18	电子文件管理	王英、蔡盈芳、黄磊	2016年	清华大学出版社
19	电子文件管理:理论与实务	王灵	2017年	电子工业出版社
20	电子文件管理教程(第二版)	冯惠玲、刘越男等	2017年	中国人民大学出版社

库恩亦指出，"借助于出席特殊的会议，了解他们的论文发表前手稿或校样的传播范围，特别是他们正式和非正式的交流网络，包括在书信往来和引文脚注中发现的联系"①，可以很容易地确定某一科学共同体的存在及其规模大小。截至2018年底，由中国人民大学电子文件管理研究中心和中国人民大学信息资源管理学院主办的"中国电子文件管理论坛"业已成功举办了9届，论坛不仅在电子文件/档案管理相关问题的研讨和传播方面做出了突出贡献，而且促进了学派成员之间的交流。历届"中国电子文件管理论坛"的召开不仅证实了我国电子文件/档案管理学派的存在，而且为我们认识和判断其整体情况提供了很好的依据，如可通过分析参会人数、参会人员的属性特征以及出席频率等获知相关情况。同时，由于库恩的科学共同体有较高的准入条件，尤其是在科研成就方面的要求较高，故结合考察参会人员在电子文件/档案管理领域取得的学术成就即可判断其大致规模和成员结构。根据笔者的了解和判断，当前我国的电子文件/档案管理学派总体规模在100人左右，既包括高校档案学专业教师和博士研究生，也包括档案管理实践领域的专家，其中高校档案学专业教师占主导地位。而且，除了部分核心成员经常出席会议之外，还有许多青年学者、博士研究生和实践领域的人士成为论坛的常客，随着成果的积累，他们中将有相当一部分人成长为该学派的成员。

此外，结合普赖斯和戴安娜·克兰的研究，非电子文件/档案管理学派的人可通过师从学派成员、参与其项目研究或与其展开合作等方式参与学派的学术活动，以此不断提高自己的学术产出并最终加入其中，而且在此过程中，导师会对学生产生非常重要的、无形的影响。

仅以项目研究为例。作为国家级的科研项目，国家自然科学和社会科学基金项目是当前我国档案领域有资格、有条件申报的级别最高的项目类型。其中，由于学科属性的限制我国档案领域立项的国家自科项目较少，故此处不作分析。笔者于2018年11月3日在国家社科基金项目数据库中，将学科分类设定为"图书馆、情报与文献学"，以项目名称为检索项、以"电子文

---

① 库恩.科学革命的结构[M].金吾伦,胡新和,译.北京:北京大学出版社,2012：149.

件"和"电子档案"为检索词进行分别检索,各获得 18 条和 3 条结果,合并重复的项目之后,共计获得 19 条有效数据。根据国家社科基金的申报及立项情况,其对项目课题、申请人、申请单位等均有较高的要求。由表 3.10 可知,从项目课题看,19 个选题均从不同的角度对电子文件/档案管理领域的重大理论和实践问题展开研究;从申请人来看,19 个申请人均具有高级职称,而且根据申报要求,每一个项目均需组建一个 5 人左右的课题组;从申请单位来看,19 个申请人所在的高校在电子文件/档案管理领域均具有较为雄厚的研究实力和相关学术资源作为支撑。根据与部分档案学者和管理者的交流并结合笔者申报和主持研究国家社科基金项目的感悟:其一,课题申请人和课题组成员需在课题研究领域业已取得相当数量和质量的研究成果,尤其是对课题申请人的要求更高,根据评审规则,研究基础部分可占到 20%。其二,课题组的组成结构是否合理是评审的重要考察指标,如课题组的成员数量不能太少、成员的研究方向需与课题紧密相关、成员的学历和职称等需能满足课题研究的需要等。此外还有较为重要的两点:一是在课题组中须有一定比例的来自档案实践部门的成员,二是申请人与课题组成员以及成员之间的交流和沟通需便利、充分。其三,在课题研究过程中,申请人需根据课题研究任务、时间要求、课题组成员的专长等设计合理的研究规划并安排实施,而课题组成员在参与研究的过程中不仅可以积累研究成果和经验,还能在不断的交流与沟通中从申请人及其他成员身上学习到该领域先进的理念、知识、方法以及学术规范等。

表 3.10　历年国家社科基金项目中电子文件/档案领域立项情况

序号	项目号	项目类别	项目名称	立项时间	负责人	专业职务
1	96BTQ004	一般项目	电子文件管理研究	1996 年 7 月 1 日	冯惠玲	正高级
2	01ATQ004	重点项目	电子文件和电子档案的真实性、完整性保证及其法律地位的认定	2001 年 7 月 1 日	邱晓威	正高级

基于范式论视阈的档案学科与档案职业协同发展研究

续表3.10

序号	项目号	项目类别	项目名称	立项时间	负责人	专业职务
3	04BTQ019	一般项目	基于 XML 的电子文件和电子档案管理元数据标准研究	2004 年 5 月 9 日	邱晓威	正高级
4	04ATQ002	重点项目	基于 XML 的电子文件管理元数据标准研究	2004 年 5 月 9 日	张正强	正高级
5	06CTQ010	青年项目	电子档案著录标准（EAD）的应用、评价与实证研究	2006 年 7 月 1 日	王萍	正高级
6	07BTQ031	一般项目	我国电子文件管理优化模式实证研究	2007 年 6 月 4 日	王健	正高级
7	08CTQ017	青年项目	中国特色电子文件管理理论体系的建构	2008 年 6 月 4 日	杨安莲	副高级
8	08CTQ016	青年项目	电子文件管理标准体系研究	2008 年 6 月 4 日	钱毅	副高级
9	10CTQ021	青年项目	公民获取政府电子文件信息权利保障机制研究	2010 年 6 月 17 日	连志英	副高级
10	10BTQ043	一般项目	可信电子文件全生命周期管理体系研究	2010 年 6 月 17 日	李泽锋	副高级
11	11BTQ039	一般项目	"区域–国家"电子文件管理整合模型构建与实证研究	2011 年 7 月 1 日	于英香	副高级
12	11BTQ038	一般项目	基于组件的电子文件管理软件规范研究	2011 年 7 月 1 日	刘洪	副高级
13	12CTQ040	青年项目	信任管理视域的企业电子文件管理机理、模式与实践研究	2012 年 5 月 14 日	付正刚	副高级

续表 3.10

序号	项目号	项目类别	项目名称	立项时间	负责人	专业职务
14	12BTQ050	一般项目	电子文件凭证价值保障问题研究	2012 年 5 月 14 日	黄世喆	正高级
15	13CTQ053	青年项目	云计算环境下电子文件一体化管理实证研究	2013 年 6 月 10 日	毕建新	中级
16	13ATQ008	重点项目	云计算环境下电子文件管理元数据智能化研究	2013 年 6 月 10 日	张正强	正高级
17	14BTQ074	一般项目	基于组织的电子文件管理成熟度模型研究	2014 年 6 月 15 日	钱毅	副高级
18	15BTQ079	一般项目	云计算环境下电子文件的凭证性保障原理和方法研究	2015 年 6 月 16 日	薛四新	副高级
19	16BTQ089	一般项目	非结构化电子文件管理研究	2016 年 6 月 30 日	王志宇	副高级

由电子文件/档案管理范例的构建可以得出如下结论:

第一,某一范例的形成需要经过一定时期的积累,如电子文件/档案管理范例就经历了11年的前期积淀。范例形成之后,仍需经历从粗浅到精深的过程。范例的形成并不意味着电子文件/档案管理学派的应声产生,但其标志着档案学术共同体内部开始分化出部分成员主攻电子文件/档案管理领域的研究。随着范例的不断成熟和完善,其解决相关专业领域问题的能力越来越强,越来越多的档案学术共同体成员对其的态度由相信提升为坚信,发展成为其从事学术活动的一种信念之后,电子文件/档案管理学派得以最终形成。学派形成之后并不是静止不变的,而是动态发展的。一方面,学派内部成员在不断朝专家化、权威化发展;另一方面,随着范例和学派科学张力的凸显和增强,非学派成员也在不断被吸纳进来,从而使得学派的规模不断扩大。在此过程中,同化现象主要表现为两个方面:一是随着范例的出现同化形成学派的过程,二是随着范例和学派的发展不断使非学派成员同化为学派成员的过程。

第二,根据范式论的观点,内部的充分交流是科学共同体的重要特征之一。库恩亦指出,借助于专业会议不仅可证实某个次一级科学共同体的存在,且可以此判断其规模。由于某一次专业会议的召开存在一定的偶然性,故笔者进一步认为,正式的、权威的系列会议可更有力地承担起这一功能。第一届"中国电子文件管理论坛"召开于 2010 年 12 月 18 日,即意味着至迟在该时间点之前我国的电子文件/档案管理学派就已经出现了。而且这个学术年会还可使我们对学派的规模、成员构成等情况有一个整体的了解。更为重要的是,"中国电子文件管理论坛"的持续召开在非学派成员的同化过程中亦能起到重要作用。

第三,根据普赖斯和戴安娜·克兰的研究,项目合作和师从教育是非学派成员同化为学派成员的重要途径。一方面,项目合作和师从教育可使非学派成员参与到学派成员的学术研究、学术交流活动中来,并在此过程中积累起相应的学术产出、理论知识和专业素养等基本条件;另一方面,在项目合作和师从教育的过程中,非学派成员在学派成员潜移默化的影响中,其自身的研究方向、研究方式等也会受到影响,甚至部分非学派成员会产生转变,即转移研究方向到学派成员所秉持的范例框架内来。更为重要的是,项目合作和师从教育可使得大量档案管理实践领域的人士参与其中,并使其最终同化为学派成员,以持续增加学派本身的实践基因。

3.2.1.2　因学术产出增加而造成的同化

根据科学社会学家默顿、普赖斯、戴安娜·克兰等人的研究,在科学共同体中存在无形学院的科层体制。具体内容概括如下:

第一,无形学院是一种精英式组织。普赖斯通过对科学家发表的论文数量及其被引率进行科学计量分析之后发现,科学共同体按照发文数量有低产者和高产者之分,而且高产者的论文质量和被引率也较低产者更高,即其科学影响力更大。普赖斯将高产者称为"科学精英",并将其组成的群体命名为"无形学院"。

第二,无形学院的出现是科学发展的必然。根据默顿的观点,由于科学体制中存在科学奖励制度和马太效应,其作用的发挥使得科学共同体内部必然会产生科层体制。普赖斯指出,当科学从小科学发展为大科学之后,随着科学家数量的激增和学术组织规模的膨胀,学术组织必然会发生分裂,"对学术组织的规模也要有个限制,如果它接纳的成员太多,那其中真正有学问的人就不得不'脱凡而出',从该团体中再成立一个非官方的子团体"。①即在科学共同体中必然会分裂出无形学院,而且这种分裂活动是由科学精英们主导的,故其表现为一种"结晶"现象。戴安娜·克兰则具体统计分析了核心科学家和核心科学杂志的被引率,结果发现,在某一个学科内部,核心科学家和核心科学杂志的论文被引率较高,而其他大部分论文则很少被引用,由此证实了无形学院的存在。

第三,无形学院具有重要的科学功能。根据普赖斯的观点,在科学共同体内部可分裂出许多个无形学院,如此众多的无形学院犹如在科学交流的线路上设置了一个个车站,成为科学交流网络上的重要纽结。由于无形学院主要采用的是电话、邮件、学术沙龙、短期合作等非正式交流方式,显得更为直接、灵活和高效,因此其在科学交流中发挥的作用也越来越大。而且在无形学院中成员的流动性较强,故这些纽结不是静止的而是流动的。戴安娜·克兰则进一步指出,无形学院的存在和科学活动,使得其秉持的重要的科学观念和研究的科学问题在科学交流的过程中得到了重复和强调,通过论文的发表和被引使得相关内容得到更广泛的传播,并为相关领域的其他科学家认同和接受,从而影响其研究工作,最终引导该领域的科学研究朝着某些既定的方向前进。此外,她还就师生关系对科学研究和交流的作用进行了深入研究,尤其强调了导师对学生产生的重要的无形影响。需要指出的是,戴安娜·克兰对无形学院科学成果作用的描述与库恩范式的功能有异曲同工之妙。

第四,无形学院是一种开放的组织形式。普赖斯指出,非无形学院的科学家可通过师从科学精英或与其展开科学合作的方式参与无形学院的科学活动,以此不断提高自己的科学产出并最终加入其中。戴安娜·克兰根据调查得出,由于各学科之间存在广泛的渗透和交叉,因此某一学科的科学家

---

① 普赖斯.小科学·大科学[M].宋剑耕,戴振飞,译.北京:世界科学社,1982:73.

在从事科学研究活动的过程中和学科内外的科学家均需取得联系,如此才能保证研究的顺利开展,即"现代科学知识本身就是一个开放的系统,因此必然使生产科学知识的科学共同体及其无形学院也成为开放的系统"。①

与库恩以研究领域为标准划分科学共同体的层次不同,默顿、普赖斯、戴安娜·克兰等人以科学产出为依据进行划分,揭示了科学共同体的纵向发展线索,即科学共同体→无形学院→科学权威→导师。而且,他们用以研究的方法——科学计量法及由此而产生的定律和公式具有很强的可操作性和所得结论的客观性。此外,他们的无形学院重在考察科学认识活动和科学家社会关系之间的内在联系和作用机制,具有广阔的应用空间。

根据科学社会学的研究,学术产出可从数量和质量两个指标去衡量,数量即研究者发表的学术论文和出版的学术著作的数目,质量则主要通过学术论文和学术著作的被引率去考察,其中质量是主要评价指标。同时根据棘轮效应,一个研究者在学术产出不断累加的同时,其学术能力、学术素养、学术品质等也在不断积淀,而且这些因素不会发生退化。即学者在学术产出增加的过程中不断满足专业成就这一条件外,其他条件如专业素质、学术自律性、专业目标等也不断得到满足。

综合以上分析,档案学者和部分档案管理者在从事某一领域学术活动的过程中,随着学术产出的增加,也因逐渐符合某一学派的准入条件而发展成为其中的一员。对于学派来说,这是同化非学派成员的主要方式。加入学派之后,这些成员立即能参与到学派内部的充分的学术交流渠道中去,其学术产出速度也会较以前更快,当一部分成员的学术产出积累到一定程度时,他们会成为其中精英团体的一分子,并最终发展为该领域的学术权威。由此可知,在此过程中的同化现象主要表现为两个方面:一是非学派成员同化为学派成员的过程,二是学派内部的非精英成员同化为精英成员的过程。在这两个过程发生的背后是马太效应和棘轮效应的内在推动,因此从一定程度上说这两个同化过程是必然会发生的。

此外,因学术产出增加而产生的同化需满足如下内在要求:

第一,学派本身须是一个开放的系统,唯有如此,该学派才有必要和可

① 邢变变.中国档案学共同体研究[D].北京:中国人民大学,2016:62.

能与外部交流、不断吸纳新成员,非学派成员也才有可能加入学派,在这一程度上说开放性是该种同化现象发生的充要条件。

库恩认为,科学共同体不是一个封闭性团体,其要受到外在的社会、经济、思想等因素的影响;戴安娜·克兰则明确指出科学共同体及其无形学院是一个开放的系统。由此可知,开放性是科学共同体的重要属性。而且,结合库恩和戴安娜·克兰的前后论述,他们眼中的开放性不仅仅指科学共同体与外部的交流,也包括从外部吸收新鲜血液以充实科学共同体,唯有如此,科学活动才能无限地进行下去、科学知识才能无限地得以增长。如库恩在论述教科书和经典文献的重要性时说道:"结果是这个领域中的学生,得不断地被提醒在那些他将要加入的群体中,曾有人试图去解决的五花八门的问题……在这些领域里,学生主要依靠教科书,直到他学习的第三年或第四年才开始自己的研究。许多科学课程甚至并不要求学生去读那些不是专门为学生写的书。少数课程的确指定了若干研究论文和专著作为补充读物,但也只限于那些最高级的课程和那些没有教科书可用的领域里的文献。在一个科学家培养教育的最后阶段以前,教科书都系统地取代了那些使它们的写作成为可能的创造性的科学文献。"①其中,"他将要加入的群体"即指科学共同体。由于教科书和经典文献是范式的物化体现,因此由这段话可知,在科学家加入科学共同体之前,即在学生阶段的培养教育中,其对范式的学习主要是通过教科书和经典文献实现的。同时这也可表明,在库恩的科学观中,科学共同体是一个由学生不断转化为成员的开放性团体。戴安娜·克兰则着重强调了导师在科学研究和交流中对学生的重要影响,即学生在导师的影响下更有助于其尽快加入科学共同体及无形学院。

作为我国电子文件/档案管理领域最专业、最有影响力的研究团队,中国人民大学信息资源管理学院的电子文件管理研究团队在学术研究、人才培养、合作交流等方面做出了卓越的贡献。该团队形成于 20 世纪 90 年代,由冯惠玲教授领衔。在长达 20 多年的合作研究中,研究团队不仅在学术产出方面硕果累累,还培养出了一批卓越的研究人才,目前团队中的安小米教

---

① 库恩.科学革命的结构[M].金吾伦,胡新和,译.北京:北京大学出版社,2012:138.

授、刘越男教授、钱毅副教授等业已成长为该领域的代表性学者。2010 年 12 月 18 日,以此研究团队为基础的中国人民大学电子文件管理研究中心正式成立,该中心不仅有健全的机构设置——办公室、基础理论研究室、政策标准研究室、国际动态研究室、系统技术研究室、系统测试研究室,而且"采取开放式、项目制的运行方式,广泛吸纳中国人民大学相关学科以及社会各界的研究力量,目前拥有 26 名研究员,其中 12 名来自校外,2 名来自海外"。①研究中心以研究中国电子文件管理问题为基本使命,旨在打造一个开放的、跨学科的、多专业视角的研究平台。此外,由研究中心主办的学术年会——"中国电子文件管理论坛"以及组织撰写的该领域多份前沿报告也已在国内外档案领域产生了重大影响,这两项活动也成为研究中心的品牌活动。由这个案例亦可以看出,开放性对档案学派的发展起着至关重要的作用,不仅有利于档案学派拓展学术活动的空间,更有助于培养接班人,不断吸纳新鲜血液的加入。

第二,非学派成员和学派成员须有端正的学术动机,唯有如此,其才能产生从事学术活动的持续性动力,从而保证有较高的学术产出。

学术动机是指激发和维持档案学者的学术活动并将其学术活动导向一定目标的内部驱动力或心理倾向,其左右着一名档案学者从事学术活动的出发点和方向,并通过激发和维持作用对学术产出产生直接影响。

档案学者首先应是作为一个科学人的角色而存在,"而好奇心则是科学之母"②,即科学活动和科学产出均源自科学家的好奇心。"好奇心与生俱来,表现为认识和解释未知世界的一种渴望。"③在外人看来,学术研究是一项非常枯燥、乏味的工作,甚至在学术领域内部也有"坐冷板凳"的自嘲。但是,如果一名档案学者能够始终保持以一颗好奇之心去探索未知的档案领域,他就不仅不会对学术研究感到枯燥无聊,反而会很享受这种探索过程。而且,在取得一个个成果之后,他的好奇心会得到不断满足,进而激发起更

---

①　中国人民大学电子文件管理研究中心.中心概况[EB/OL].[2018-11-12]. http://erm.ruc.edu.cn/index.php?a=content&id=322.

②　SARTON G. A history of science[M]. Oxford:Oxford University Press,1953:16.

③　王协舟.基于学术评价视阈的中国档案学阐释与批判[D].北京:中国人民大学, 2009:176.

大的好奇心。由此,他就会对档案学术研究乐此不疲、坚持不懈地去探索。由上述分析可知,好奇心可为档案学者提供持久的内在动力,正如邢变变所言:"中国档案学共同体成员应是在学术兴趣、好奇心和求知欲等内在动力的驱使下从事学术研究活动,如此其才有源源不断的精神动力去探索和研究。"①

　　其次,档案学者是作为一个社会人的角色而存在的,有权通过自己的努力和工作获得相应报酬,从而使本人和家人更好地生存和发展,因此其在学术活动中不可避免地会带有功利心。默顿指出:"科学除了知识自身的目的外,它还有助于社会实现其他一些目标:权力、舒适或金钱、利益、健康、名誉、效率,几乎是除知识本身之外的任何其他东西。"②此外,作为科学史观的一个重要分支,功利主义"强调的是科学的功利价值,并将功利看作是科学的根本目的和动力"。③ 虽然功利主义科学观饱受批判,但不可否认的是,功利性在科学发展中发挥着重要作用,即科学家通过从事科学活动可满足其追求一定权力、地位、名誉、金钱等功利性需求,而功利性需求的存在也给予科学家从事科学活动一定的动力,从而使其产生好利心动机。依据默顿的研究,档案学者在马太效应的作用下不断积累学术产出,当其学术产出达到一定程度时,其就有可能借此获取相应的权力、地位、名誉甚至是金钱。在这一基础上,档案学者为了获得更高的权力、地位、名誉和更多的金钱等就需要有更多的学术产出,而其已获得的权力、地位、名誉等又可为其学术产出产生更多便利,从而可使其更快地积累学术承认度。如我国很多档案学期刊实行的约稿制度,就是通过约请一些特定的作者就某一主题撰写稿件,一般而言被约请的作者都是业已具有高级职称且在该领域有较大影响的学者,其中很大一部分学者都有一定的职务、头衔等。通过约稿制度,档案学期刊可借此更好地扩大影响力,约请作者亦可通过期刊更快地发表学术论文。

---

　　① 邢变变.中国档案学共同体研究[D].北京:中国人民大学,2016:154.

　　② MERTON R K. Basic research and potential of relevance[J]. American behavioral scientist,1963,6(9):86-90.

　　③ 孟建伟.功利主义和理想主义的张力:关于科学的动力、目的和社会价值问题的思考[J].哲学研究,1998(7):17.

所谓过犹不及。在适当的范围内,好奇心和好利心有助于促进档案学术的发展,但是超出一定范围则会使档案学者的学术研究偏离正轨,产生消极影响甚至破坏性后果。如好奇心过重往往导致档案学者偏执、顽固,尤其是在发生范例/范式转换时,这些学者往往是固执于旧范例/范式的那一部分人,甚至会阻碍新范例/范式的发展。好利心过重则往往导致档案学者产生学术失范行为,如部分学者为了评职称会粗制滥造学术论文发表,甚至产生托关系、买论文、抄袭、一稿多投等行为,这些行为固然可为其带来一定的短期效应,但会对档案学专业期刊甚至是档案学的长远发展产生一定损害。

当然,因学术产出增加而产生的同化也需要相应的外部条件去推动实现,如报酬和奖励制度、学术评价机制、人才流动机制、学术交流系统以及单位内部的学术氛围、单位领导的重视程度等。但是,外因是通过内因起作用的,这些因素要在同化过程中产生影响,终究要依赖档案学派、学术共同体及其成员的运行机制和功能发挥。

3.2.1.3 因转岗转业发生而造成的同化

由于科学共同体属于社会体制的范畴,所以其运转和发展势必受到社会因素的影响。对于档案学术共同体来说,转岗、转业等社会性人员流动机制也会引发同化现象。

1. 转岗

转岗是指"员工的内部异动"①。就档案人而言,转岗可分为内部转岗和外部转岗。内部转岗是指档案人在机构内部的不同岗位之间发生的异动,外部转岗是指档案人在不同机构的相同或不同岗位之间发生的异动。就现当代我国档案领域的实际情况而言,以档案学术研究为主要工作内容的岗位主要有两类:一类是高等学校中的档案学专业教师岗,另一类是档案局(馆)中设置的档案科学技术研究岗。因此,此处所说的通过转岗形式产生的同化现象主要是指由其他档案行政管理类岗位转到这两类岗位。

第一,由高校档案管理岗转到教学科研岗。由高校档案工作人员转为

---

① 百度百科.转岗[EB/OL].[2018-11-20]. https://baike.baidu.com/item/转岗/4073837? fr=aladdin.

档案学专业教师的情况多发生于开设有档案学专业的高等学校。《高等学校档案管理办法》规定:"高校档案机构是保存和提供利用学校档案的专门机构……高校档案机构中的专职档案工作人员,实行专业技术职务聘任制或者职员职级制。"①师资力量不足是我国很多高校档案学专业发展的一大障碍,由于档案学博士研究生的招生规模较小,供给矛盾一直较为尖锐。在此情形之下,一些开设有档案学专业的高等学校就将部分从事专职档案管理工作的人员转到档案学专业教师的岗位,使其专门从事教学和科研工作。如笔者所结识的王茂跃教授和徐辛酉副研究馆员即是如此。王茂跃于 1987 年档案学本科毕业之后在安徽师范大学档案馆从事档案管理工作,2004 年 8 月转到教学岗位。现为安徽师范大学文学院教授、安徽省档案系列副研究馆员评审委员会专家库成员。徐辛酉于 2008 年硕士研究生毕业之后在柳州桂中公路管理局政治处工作一年,兼管人事档案,2009 年至 2015 在广西民族大学档案馆工作,2013 年至 2016 年在中国人民大学信息资源管理学院在职攻读档案学博士学位,其间于 2015 年底转到教师岗位,现为广西民族大学管理学院信息资源管理系主任。

需要指出的是,这一类型的转岗人员,本身需要具备一定的条件,如档案学术研究成果较为突出、业已取得高级职称、已考取或取得档案学博士学位等。上述两个案例中,王茂跃在转岗之前就已发表了 56 篇档案学学术论文,并于 2003 年 12 月获得了研究馆员任职资格;徐辛酉在转岗之前发表了 25 篇档案学学术论文,并于 2014 年 12 月获得了副研究馆员任职资格,还于 2013 年考取了档案学博士研究生。单从学术成就和职称资格的角度看,这两位老师在转岗前就已达到了档案学术共同体的标准。但是从中也不难发现如下几个问题:

其一,这类人员在转岗之前囿于岗位性质,其与主流的档案学术圈交际较少,而当其转到教师岗位以后,交流的平台和机会就会更多一些。如在高校档案馆工作的人员,无论是工作交流还是参加会议,其主体均以高校档案工作人员为主,交流主题也以高校档案管理业务为主。而对攻读档案学博

① 中华人民共和国教育部,国家档案局.高等学校档案管理办法[R/OL].(2018-08-20)[2018-11-20].https://www.moe.gov.cn/srcsite/AOZ/s5911/moe_6211200808/t20080820_81841.html.

士学位期间或从事档案学专业教育和科研的人员,则无论是正式交流还是非正式交流的主体主要是高校档案学专业的教师和博士研究生,参加的会议也以学术会议居多,而且参会频率也较高。无论是库恩模式还是默顿模式都特别强调科学共同体内部的充分交流性,故从这个角度来看,转到教学岗位后才使得他们得以真正融入其中。

其二,这类人员在转岗之后,岗位会相应地固定下来,其工作内容也会相应地发生变化。与过去以档案管理为主业不同,转岗之后则需将科研作为主要工作之一。在默顿模式中,职业岗位的出现是科学共同体形成的标志之一,因此从这种程度上说,转到教学岗位才标志着他们真正成为档案学术共同体的一员。此外,教学岗位也会为他们积累学术承认度提供一个更好的平台。

第二,由档案行政、专业岗转到科研岗位。除高等学校外,我国各地也成立了专门的档案科研机构,使得档案学术岗位扩展到了社会更多的组织机构和更大的地域范围。

"1958 年 12 月,国家档案局成立了档案学研究室,这是新中国第一个专门的档案科学研究机构。"①随着档案学研究室的成立,我国国家机构中正式产生了专职的档案学术岗位。1962 年档案学研究室被撤销,1963 年成立了档案科学技术研究所,"文革"期间,研究所被迫停办,1979 年 10 月恢复运行。作为国家档案局直属的科技研究机构,档案科学技术研究所下设档案保护技术、档案管理现代化、档案工作标准化、档案科学技术情报四个研究室,而且拥有生物实验室、化学实验室、纸张实验室、物理实验室等专业实验室,并配备了专职的研究人员,其在档案保护技术、档案现代化管理技术、档案标准化等方面开展了卓有成效的研究工作,并成立了北京世纪科怡科技发展有限公司、北京兰都技贸公司、北京东方韦驮文物保护技术有限公司等公司实体,以促成研究成果的转化。受此影响,各省、市如黑龙江、四川、上海等档案局也随后成立了专门的档案科研机构。与此同时,部分省以上档案馆也设置了研究机构,如第二历史档案馆专设研究室并创办了《民国档案》杂志,对馆藏的民国档案进行研究、开发和利用。

---

① 李财富.中国档案学史论[M].合肥:安徽大学出版社,2005:66.

此外,从 1980 年至 1990 年,我国 31 个省(市、自治区)的档案学会相继成立,其间,中国档案学会于 1981 年 11 月在北京成立。"中国档案学会是由从事档案工作研究的人员和单位自愿结成的具有法人资格全国性、学术性、非营利性社会组织。业务主管单位为中国科学技术协会。办事机构支撑单位为国家档案局。"①1988 年,中国档案学会创办了自己的会刊——《档案学研究》。同时,市、县一级的档案学会或学会分会也相继成立,一些中央专业系统也成立了相关的档案学术团体。但是,一方面,档案学会中没有设置专门的档案科学技术研究机构,也就不存在专职的档案学术岗位;另一方面,档案学会的会员主要包括个人会员和单位会员两类,其中大部分个人会员原本就有所依托的相关岗位,故群众性档案学术团体此处不做考察。

档案科研机构的存在要求必须设置相应的工作岗位才能保障其正常运行和发展,即需要在档案局馆中分化出一批专门的人员来从事相关研究工作,虽然这些工作人员本质上隶属于档案局(馆),但是其工作内容和工作性质与机构内部其他岗位的工作人员有所不同。笔者所搜集到的资料显示,黑龙江省档案局档案科学技术研究所原所长、副研究馆员陈永斌就曾经先后在黑龙江省档案学会、黑龙江省档案局、黑龙江省档案局档案科学技术研究所和《黑龙江档案》杂志社任职,其岗位变动较为频繁。而且,从其发表第一篇专业论文的 1980 年算起,到 1990 年最早署名单位为黑龙江省档案局档案科学技术研究所的论文发表,陈永斌经过了近 10 年的学术积累。从这一案例可以看出:一是在某一档案局(馆)内部,由档案行政、专业岗转到科研岗位的现象确实存在;二是此种情况的转岗对相关人员的学术积累有较高的要求。

2. 转业

广义上的转业是指"由一种行业转到另一种行业",狭义上则特指"中国人民解放军或中国人民武装警察部队中的军官和城镇户口的士兵退出现役,分配到国家机关、企业、事业等单位,参加工作或参加生产的活动"。② 本

---

① 百度百科. 中国档案学会[EB/OL]. [2018-11-25]. https://baike.baidu.com/item/中国档案学会/9633543? fr=aladdin.

② 百度百科. 转业[EB/OL]. [2018-11-21]. https://baike.baidu.com/item/转业/1994128? fr=aladdin.

书取其广义含义。从主体的角度看,转业可分为主动性和被动性两种。

在档案学术共同体中,通过转业形式产生的同化现象相对较多,本书以吴宝康先生和刘东斌副研究馆员为例加以说明。

吴宝康先生出生于 1917 年,浙江湖州南浔人,1939 年参加中国共产党。"他的一生经历了三个历史阶段:抗日战争、解放战争和新中国的建设。做了三类工作:新闻报刊、调查研究和档案工作。"[①]1949 年 4 月,吴宝康先生负责主编党刊《斗争》,后升任秘书处副处长并兼任档案室主任,由此开始了档案生涯。1952 年 10 月,受组织委派在中国人民大学主持创办了新中国第一个档案学专业。在档案学术生涯中,吴宝康先生共撰写了 100 余篇档案学术论文、3 部学术著作,主编了 3 部专业教材、2 部辞书,并创办了《档案学通讯》杂志。吴宝康先生不仅是我国著名的档案学家,也是新中国档案学与档案教育的奠基人。

刘东斌副研究馆员出生于 1958 年,安徽阜阳人。1975 年 8 月至 1976 年 12 月作为下乡知青参加生产劳动;1976 年 12 月至 1979 年 2 月作为战士在部队服役;1982 年 9 月至 1988 年 2 月作为医生在河南安阳的一家医院工作;1988 年 2 月,因照顾父母(他们都在濮阳市工作)调到濮阳市档案局(馆)工作。历任办公室副主任、企事业档案管理科科长、业务指导科科长、副调研员等。2018 年 10 月退休。共发表档案学术论文 100 余篇、参与国家社科基金项目 3 项、撰写学术专著 1 部、主编档案工作手册 2 部。

由以上材料可以看出,吴宝康先生和刘东斌副研究馆员均是被动转到档案行业工作,其中吴宝康先生是转业到高等学校直接从事教育科研工作,刘东斌副研究馆员则是转业到档案局(馆)从事行政、管理工作。但是,他们在转业之后都通过自己的努力从事档案学术研究,积累档案学术成果,最终成长为档案学术共同体中的精英。

同时不难看出,转业为档案学术共同体同化其他行业的力量提供了一种途径,但是转业并不能为其带来即战力,转业人员仍需要通过积累学术产出、训练自己的学术素质和能力等才能真正成为档案学术共同体的一员。

---

① 吴稼平,吴稼青.我们的爸爸吴宝康[C]//北京新四军暨华中抗日根据地研究会.铁流(28).北京:解放军出版社,2015:7.

在此过程中,其一方面需要有一定时间的积淀,另一方面也需要依靠自己的努力,尤其是对于转业到档案局(馆)从事行政、管理工作的人员来说,其自身的努力就显得更加重要了。

3.2.2 异化建构

3.2.2.1 因范例范式竞争而造成的异化

范例之间的竞争在科学动态发展的整个过程中会一直存在,尤其是在前科学时期较为突出。总体而言,范例之间的竞争有如下特征:

第一,频繁。范例的存在一般是多元的,而且诸范例之间是平行的关系,本质区别在于其看待科学问题的角度和方法不同,不存在谁主导谁的问题。因此,范例之间较易发生竞争关系,而且往往是多元范例之间的竞争。

第二,激烈。基于某一范例形成的学派会对该范例产生一种信念,相信其能解决相关科学问题,如此一来就会产生如下情形:每一个学派都相信自己有能力通过不同方式的进路解决同一问题,因此在范例的相互竞争中会出现相持不下、"百家争鸣"的情况。

第三,深入。范例之间的竞争主要是不同学派成员围绕同一科学问题就解决方法、解答标准、问题答案等展开科学争论为表象的,而且范例会随着科学争论不断朝科学化、精细化方向发展,即其解决科学问题的能力会不断增强。故范例之间的竞争不乏深入。

但是,范例在相互竞争中一定会产生胜利或失败的结果,失败范例会被胜利范例吞并,即范例的数量会逐渐减少,直到只剩一个而升格为范式或发展成为新范式。在此过程中,学派也在不断进行分化整合。对于胜利范例的学派来说,其动态发展主要是同化的过程,即其不断吸收失败范例的学派成员加入其中。相反,对于失败范例的学派来说,其动态发展则主要表现为异化现象。

范例虽然具有范式的基本特征,即其能够吸引一批拥护者利用其规范,指导他们的科学活动,但是相较而言,范例的影响范围和影响力较为有限。故基于其形成的学派规模往往不大,学派成员对其的信念往往不如范式那么坚定。因此,失败范例的学派成员较易被胜利范例的学派异化,当然,对范例信念的坚定程度不同,其被异化的早晚也不同。与范式转换中的情况类似,一般而言,较年轻的学派成员容易接受胜利范例,从而成为胜利范例的学派成员,固守于失败范例的学派成员则转换较慢,甚至被彻底抛弃。

就我国的档案学术共同体而言,由于当前已然成型的学派数量不多,故尚不存在因范例相互竞争而产生的异化现象。

与范例之间的竞争不同,范式之间的竞争只存在于科学革命时期。此一时期,旧范式的科学张力尚未消退,而新范式则正在成长之中。与范例竞争比较而言,新旧范式的竞争亦呈现出一定特点:

第一,全面彻底。范例之间的竞争发生较为频繁,但每一次竞争所涉及的学派是有限的,而且每一个学派的规模相对较小,故其对某一学科的整体影响力亦是有限的。新旧范式之间的竞争则表现为两个科学共同体之间的科学争论,争论主体几乎涉及某一学科所有的科学家,会对一个学科产生全方位的影响。而且新旧范式的转换是科学家世界观的改变,故竞争产生的结果更为彻底,由库恩将其比喻为政治革命即可看出。

第二,深入系统。在常规科学的历练中,旧范式包含的各要素——概念、理论、工具和方法论在科学革命之前业已发展到非常成熟的地步,其影响力已经渗透到科学的方方面面,虽然其面对越来越多的危机现象亦愈发力不从心,但科学张力的惯性仍然在发挥作用。故一个新范式要想在竞争中获胜并取而代之,新的科学共同体成员就必须要与老的科学共同体成员展开深入系统的科学争论。对于新的科学共同体来说,其必须要完全解决概念之间、理论之间、工具之间和方法论之间的不可通约性问题,才算是真正完成了科学革命的任务。

由于科学共同体成员对范式的信念非常坚定,故新旧范式的转换过程显得更为艰难,固执于旧范式的科学家也会更多。因此对于旧范式来说,科学共同体成员的异化一方面显得更为缓慢,另一方面被彻底抛弃的现象会更多。

由于档案学尚处于前科学时期,常规科学时期和科学革命时期尚未到来,故不存在因范式竞争而产生的异化现象。

3.2.2.2　因转岗退休发生而造成的异化

1. 转岗

此处所指的因转岗而造成的异化现象主要是指部分档案学术共同体成员从高等学校的档案学专业教师岗位和档案局馆的档案科学研究机构中的科研岗位转到档案行政、管理岗位的现象。

由于个人志趣的不同、组织安排的需要以及家庭生活需要等,此类转岗现象在我国档案界时有发生。以王德俊先生和仇壮丽博士为例。

王德俊先生出生于 1941 年 8 月,江苏泰兴人。1979 年 3 月至 1990 年 3 月,在中国人民大学档案系(后组建成档案学院)任教;1990 年 3 月至 2004 年 5 月,先后任国家档案局档案干部教育中心主任、《中国档案报》总编辑、中国档案学会常务副理事长,现任中国老教授协会档案与文秘专业委员会常务副主任。出版档案学专业教材、工作手册等 10 余部,发表档案学术论文 100 余篇。

仇壮丽博士出生于 1975 年 12 月,曾任湘潭大学公共管理学院副教授,2013 年调至湖南省档案局,现任湖南省档案局科技信息处处长。其在从教期间出版档案学术著作 1 部、参编 5 部,发表档案学术论文 30 余篇,主持完成省部级、厅级项目 4 项,参与完成国家级、省部级项目 5 项。

需要说明的是,档案学术共同体成员因转岗发生异化之后,其学术生命力并不会立即枯萎:其一,学术成果的学术价值生命有一个逐渐衰亡的过程。根据科学计量学的研究,所有文献均存在老化现象。"所谓文献老化,是指文献随着其'年龄'(出版距今的时间)的增长,其内容日益变得陈旧过时,逐渐减少或失去其作为情报源的价值,越来越少地被读者或用户所利用。"①即文献的价值会随着时间的流失不断降低,其中文献半衰期是量度文献老化的一个有效指标。"根据统计计算,1995 年至 2013 年,我国档案学术成果的被引半衰期平均为 4.53 年,意味着经过 4.53 年,其中一半的档案学

---

①　徐恩元,徐建华.文献老化理论研究[J].四川图书馆学报,2006(6):63-67.

术成果的利用价值已逐渐衰减。"①由此可以推出,某一学者产出的大部分档案学术成果在经过一定时间之后,其文献半衰期会降至0,此时它们的学术价值才会完全消失。只有少部分成果在成为档案学专业的经典文献或观点被专业教材吸收之后,其价值生命才会得以延续。其二,部分成员在转岗之后仍然会产出一定的学术成果。如笔者于2018年12月1日在中国知网文献库中以"主题"和"作者"为检索项、以"档案"和"王德俊"为检索词进行精确检索,时间限定为1990年3月至2018年12月1日,共检索到71篇文献,其中就有20余篇档案学术论文。

虽然如此,这些成员转岗之后,因为其工作内容和工作性质发生了变化,科研不再是其主要工作,故他们的学术产出、学术研究的持续性和稳定性等均无法保证。更为重要的是,他们转岗之后因工作需要会逐渐脱离档案学术交流系统,无法保持与档案学术共同体其他成员的充分交流。故从这一层面上讲,经过一段时间后,这些成员已不再算是档案学术共同体的一员了。

当然,我国档案领域也存在因转行而造成的异化现象,如郑州大学信息管理学院的所桂萍副教授辞去了教师职务到某公司工作、朱琨博士转到了学校学科与重点建设处工作。由于这种情况的异化机理与转岗类似,且发生频率不是很高,故本书不再专门论述。

2. 退休

退休"是指根据国家有关规定,劳动者因年老或因工、因病致残,完全丧失劳动能力(或部分丧失劳动能力)而退出工作岗位"。② 此处所指的因退休而造成的异化现象主要是指部分档案学术共同体成员从高等学校的档案学专业教师岗位和档案局(馆)的档案科学研究机构中的科研岗位退出的现象。

对于档案学术共同体成员来说,因退休而造成的异化现象主要表现为两个方面:一是从法理的角度看,其退出相关工作之后,岗位职责不再属于

---

① 孙大东.基于范式理论视域的档案学术成果价值生命周期研究[J].档案学研究,2018(3):10-14.

② 百度百科.退休[EB/OL].[2018-12-03].https://baike.baidu.com/item/退休/710979? fr=aladdin.

其法定的义务范畴,因此对于这部分成员来说,科研工作不再是其必须从事的工作;从情理的角度看,对于大部分人来说,退休之后就进入了颐养天年的阶段,不愿再从事学术活动亦理所当然。二是就实际情况而言,因年老而退休的情况占大多数,对于这部分成员来说,因年老而带来的注意力、精力下降以及各种疾病也逐渐增多,在这种情况之下再从事学术活动就会有力不从心之感。但是,这些学术共同体成员在退休之后,他们的学术成果的价值生命仍然会延续一段时间。

当然,也有部分退休的档案学术共同体成员出于专业责任和热爱、求知欲、个人兴趣等因素继续从事学术研究,如上海市奉贤区档案局研究馆员严永官先生。严永官先生出生于1951年8月,上海奉贤人。1968年入伍当兵,1982年转业到奉贤县建设局工作;1983年在上海大学文学院档案干部专修科学习,1985年7月大专毕业,同年12月调入奉贤县档案馆工作。自从事档案工作以来,严永官先生在档案学术研究方面孜孜以求、成果颇丰,在档案学专业期刊上发表学术论文130余篇、撰写专著2部、主持和参与档案科研项目9项,成果多次获奖。先后被破格评为副研究馆员、研究馆员,2008年度获"国务院政府特殊津贴"。根据笔者于2018年12月4日在中国知网文献数据库中的精确检索,严永官先生自退休至今共发表了37篇档案学术论文,平均每年发表4.6篇。面对这样高的年均学术产出量,很多青年档案学者都会感到汗颜。

此外,还有因死亡退出档案学专业教师岗位或科研岗位的情况,因为其异化机理与退休类似,故本书不再专门赘述。

需要注意的是,近几年我国接连发生了几起因学术不端被撤职处理的事件,影响较大。最近的一起是南京大学"青年长江学者"梁莹私自从学术期刊数据库撤下涉嫌学术不端的百余篇论文,经调查,其还存在师德师风方面的问题,南京大学亦对其进行了严肃处理,梁莹的学术生涯也基本宣告结束。

学术不端的现象在我国档案学术领域也存在,主要表现为一稿多投、抄袭等现象,影响较大的是王巍事件。2018年12月4日,笔者在中国知网文献数据库中,以"篇名"和"作者"为检索项、以"档案"和"王巍"为检索词进行精确检索,共获得162篇文献。经查其第一篇文献发表于2002年,即年均发文量在 10 篇以上。就是这样一位高产作者,却在 2010 年 8 月 21 日被网友 HZHIWEN 在《档案界》论坛发专帖曝光了他的严重抄袭行为。该位网友所提供的证据显示,王巍有多篇文章存在全文抄袭的嫌疑。事件曝光后,引起了网友的强烈反响,部分网友纷纷利用各种数据库查找证据。经查,王巍还存在大量一稿多投、一稿多发等学术不端行为。《档案管理》杂志社负责人也立即表态将王巍拉入黑名单,以后拒绝刊登其所有稿件。但是据 HZHIWEN 介绍,他之前也与王巍进行过交涉但被蛮横拒绝,后写信向其所在单位和相关刊物进行举报但收效甚微。

当前,由于网络数据库、社交媒体等的存在,学术交流的透明化程度越来越高,学术不端行为被发现的概率也大幅增加。从近几年所曝光的几起学术不端事件来看,无论其学术头衔有多高,当事人所在单位均采取零容忍态度,社会各界对学术不端行为也是深恶痛绝。在这种社会背景下,档案学术共同体成员需要强化学术规范意识、坚决杜绝学术不端行为,坚守最基本的底线。当然,近年来我国档案学术领域也出现了一些令人欣喜的现象,如根据笔者与部分档案学者的交流,一些学者越来越看重自己的学术声誉,在其从事学术研究的过程中,不仅强调学术规范的遵守,更注重学术成果的质量。

3.3　学术交流

与默顿有很深私交的波兰著名社会学家彼得·什托姆普卡以社会学家的视角对默顿的学术思想做了全面梳理和深入分析,他认为默顿把科学共同体区分为至少六个子系统——制度化的警觉系统、科学的交流系统、评价和奖励系统、分层系统、纳新和指导系统、非正式影响系统。① 由此可见,科学交流系统是科学共同体体制的重要组成部分,在其发展中发挥着重要作用。

美国科学社会学家克兰将科学交流系统分为正式的和非正式的两种,其中正式的科学交流系统包括正规的科学期刊、科学专著、科学会议、目录

---

① 彼得·什托姆普卡.默顿学术思想评传[M].林聚任,译.北京:北京大学出版社,2009:58.

索引、文摘摘要等;非正式的科学交流系统是由无形学院所代表的复杂的、易变的科学研究和科学交流的前沿。其中,戴案娜·克兰对非正式的科学交流系统具体内容的阐述不甚明确,其中一个重要原因是非正式的科学交流系统具有不稳定性和易变性。在默顿和普赖斯等人的研究中,科学家除了通过科学期刊、科学专著、科学会议等进行科学交流外,也大量通过电话、邮件、沙龙等方式展开交流。

综合以上分析并结合档案学领域的实际情况,笔者认为,档案学术共同体和档案管理共同体可通过正式交流系统和非正式交流系统展开充分的合作交流以取长补短,尤其要增强档案学术共同体的实践因子。其中,正式交流系统主要包括档案学专业期刊、档案学学术著作、档案学学术会议等,非正式交流系统主要包括现代通信手段如移动电话、电子邮件,档案社交媒体如档案网络社区、博客、微博、微信、Twitter、Facebook 等,以及非正规的档案学术沙龙、电子期刊、研讨会等。

3.3.1　正式交流系统

3.3.1.1　档案学专业期刊

档案学专业期刊是档案学者发表档案学术论文的主阵地。从期刊类型讲,我国的档案学专业期刊按照不同的标准可分为不同的种类:按主办单位的层级可分为省级和国家级;按出版周期可分为半月刊、月刊、双月刊、辑刊(指《中国档案研究》),需要说明的是,《兰台世界》曾在一段时间内出过旬刊,《中国档案研究》创办之初为一年出一辑,后改为一年出两辑;按学术地位可分为核心期刊和非核心期刊,当前在我国影响范围较大的分级标准分别以《中文核心期刊目录总览》和《中文社会科学引文索引》为准,其中后者的入选标准更高,我国目前只有《档案学通讯》和《档案学研究》入选;按内容可分为学术性期刊和综合性期刊;按出版方式可分为非正式期刊和正式期刊,非正式期刊主要指内部期刊,正式期刊指面向国内外公开发行的期刊;按载体可分为纸质期刊和电子期刊。由于戴安娜·克兰只将正规的科学期刊纳入正式的科学交流系统,故此部分的主要分析对象仅指正式的档案学专业期刊。

从期刊数量看,我国的档案学专业期刊是动态变化的。1951年5月,我国第一本全国性的档案工作刊物——《材料工作通讯》出版发行,两年后改名为《档案工作》,1994年改名为《中国档案》并一直沿用至今。1978年至1987年,我国创办的主要档案学专业期刊共计有23种。进入20世纪90年代,我国档案学专业期刊的数量进一步增加,据不完全统计,巅峰时期曾达到108种之多。① 而后,出于全国期刊体制改革、期刊稿源和质量的限制、主办单位内部的原因等,部分期刊停止发行、部分转为内刊,正式期刊的数量逐渐减少。据统计,截至2018年12月31日,我国正式的档案学专业期刊有26种。

从审稿制度看,我国的档案学专业期刊一般实行国内外通行的专家审稿制度,但具体形式有所不同。如《档案学通讯》和《档案学研究》实行双向匿名审稿制度,即作者不知道审稿人是谁,审稿人也不知道作者的真实身份。其中,《档案学研究》的所有投稿、审稿流程均在"《档案学研究》在线编辑系统"完成;《档案学通讯》的投稿系统也于2019年开通。《档案管理》实行的是单向匿名审稿制度,即作者不知道审稿人是谁,而审稿人则可看到作者的相关信息。双向匿名审稿制度的实行有助于审稿专家最大限度地抛开关系、人情等因素的干扰,使其对所审论文做出的评价尽可能保证客观公正;单向匿名审稿制度则可使审稿专家对不同层次作者的论文按照不同的要求做出评价,即实现"看人下菜碟"。相较而言,双向匿名审稿制度有助于保证论文的质量始终处于一个高水平层次,较适合于《档案学通讯》和《档案学研究》等稿源丰富的专业顶尖期刊;单向匿名审稿制度有助于培养作者队伍,同时亦可保证论文质量处于较高水平。同时,部分期刊也辅之以专家约稿制度进一步提升自己的质量。

从栏目设置看,我国的档案学专业期刊均会在一定时间做出一些调整。以我国档案学领域的顶尖期刊《档案学通讯》和《档案学研究》为例。2018年12月8日,笔者在中国知网中检索两本期刊的基本信息,在栏目浏览项中发现:《档案学通讯》近十年、近五年、近三年的栏目数量分别为22个、15个、11个,近一年暂无数据;《档案学研究》三个时期的栏目数量分别为32个、18个、12个,近一年亦暂无数据。从这些数据可以看出,两本期刊栏目调整的

---

① 李财富.中国档案学史论[M].合肥:安徽大学出版社,2005:99.

幅度较大。此外,邢变变以 2015 年的《档案学通讯》和《档案学研究》为例,通过分析当年各栏目的内涵,发现《档案学通讯》整体上较偏向于理论性,部分特色栏目如博士文库、教与学则能体现出主办单位的性质和特点;《档案学研究》整体上较偏向于实践性,尤为突出的是档案行政管理、档案法规标准、档案安全保障、人力资源建设、档案史料研究等栏目。[①]

从期刊内容看,我国的档案学专业期刊整体上表现出一定的规律性。由于《档案学通讯》和《档案学研究》刊载的文章绝大部分都是档案学术论文,且它们是我国档案领域仅有的入选《中文社会科学引文索引》的两本期刊,一定程度上代表着我国档案学术共同体的最高研究水平,因此本部分的研究仍以这两本期刊为例。邢变变利用 CiteSpace Ⅱ 软件抽取了《档案学通讯》和《档案学研究》1987 年至 2015 年所刊载的学术论文的关键词,经过分析后发现,两本期刊在学术论文的研究内容和现象规律等方面表现出了极大的相似性,即研究内容的延续性、研究内容的继承性、研究内容的创新性、研究层次的上升性。[②]

从存在问题看,我国的档案学专业期刊均不同程度地存在一些问题,较为突出的有如下几个:

第一,学术规范问题。具体表现为:①所刊发的论文在格式方面不统一,如不同程度地省略中英文摘要、关键词,对标题序号的格式和参考文献的标注格式要求不统一,等等;②所刊发论文的部分要素存在不规范现象,如摘要的字数和内容不符合要求,关键词的选择不恰当、不规范,摘要和关键词的英文翻译不规范,等等;③不同程度地存在人情稿、一稿多发等现象。

第二,内容平衡问题。具体表现为:①部分期刊刊发的通讯报道、档案故事等类文章较多,挤压了学术论文的空间,学术性与非学术性的平衡存在一定问题;②部分期刊每一期所刊发的学术论文中,理论类稿件只有 2 篇左右,实践类稿件则有 6 篇以上,理论性与实践性的平衡存在一定问题;③在所刊发的学术论文中,与档案史、档案保护技术学等分支学科相关的研究成果整体较少,档案学学科群落中各分支学科的研究成果刊发也不平衡。

①　邢变变.中国档案学共同体研究[D].北京:中国人民大学,2016:109-110.

②　邢变变.中国档案学共同体研究[D].北京:中国人民大学,2016:110-113.

第三,整体协同问题。虽然各杂志社主编、编辑等工作人员之间不同程度地存在一定交流,尤其是当前通过建立微信群的形式加强了联系,但是在处理重要问题时的整体协同性较差。如 2010 年,《山西档案》编辑部发表了一则声明,《山西档案》《四川档案》《档案时空》《北京档案》四家档案学专业期刊将联手抵制学术不端行为,并呼吁其他档案学专业期刊也加入进来。①声明发表后,仅有《档案管理》等为数不多的期刊主编明确表态愿意加入,其他 20 多家期刊则响应者寥寥。

第四,整体势力不强。从数量上看,我国的档案学专业期刊只有 26 种,图书馆学、情报学专业的期刊则共有 95 种②;从质量上看,在《中文社会科学引文索引(CSSCI)来源期刊及集刊(2017—2018)目录》中,图书馆、情报与文献学共计入选 20 种,其中档案学只有 2 种——《档案学通讯》和《档案学研究》,且排名在倒数后 2 位,其余 18 种均为图书馆学、情报学专业期刊。

由此可知,从横向比较来看,我国档案学专业期刊和高水平期刊的数量相对较少。尤其需要警惕的是,自 1992 年《中文核心期刊要目总览》第 1 版出版截止到 2019 年的第 9 版中,入选的档案学专业期刊数量呈明显递减趋势。由表 3.11 可知,26 年间,我国档案学专业期刊入选《中文核心期刊要目总览》的数量减少了一半还多。

表 3.11　历年《中文核心期刊要目总览》档案学专业期刊入选情况统计

版次	年份	数量
第 1 版	1992	15
第 2 版	1996	12
第 3 版	2000	13
第 4 版	2004	13
第 5 版	2008	10

---

①　山西档案编辑部.四家档案期刊联手抵制学术不端行为[J].山西档案,2010(1):9.

②　徐晓津,李金庆.图书馆学、情报学类专业期刊一览表(95 种)[EB/OL].[2018-12-11].https://wenku.baidu.com/view/88769b2b4b73f242336c5f0a.html? rec_flag=default&sxts=1544516321894.

续表 3.11

版次	年份	数量
第 6 版	2011	9
第 7 版	2014	8
第 8 版	2017	7
第 9 版	2019	6

　　档案学是一门实践性非常突出的学科,其在社会工作体系中对应于特定的职业种类——档案职业,并有其特定的工作内容——档案接收、征集、整理、编目、鉴定、保管、保护、利用、编研,档案学术研究也是以档案现象及其本质和规律为主要对象的。在已有的档案学理论体系中,偏实践性的内容占主体地位。在我国的 26 种档案学专业期刊中,《档案学通讯》的主办单位是中国人民大学信息资源管理学院,《中国档案研究》则是由辽宁大学赵彦昌教授主编的辑刊,二者均主要面向高校档案学专业的师生。其他 24 种期刊中,《档案学研究》是中国档案学会的会刊,主要面向中国档案学会会员和广大档案工作者;其余 23 种期刊均为省级期刊,主办单位是各省档案局(馆)或档案学会,亦主要面向档案工作者和学会会员。从稿件类型看,大部分省级期刊所刊发的业务类稿件多于理论性稿件。因此,从我国档案学专业期刊主办单位的性质、定位、稿件类型等方面来看,理论上是对档案工作者有利的。但是,从以往的实际情况看,档案学专业期刊的核心作者是以高校档案学专业教师为主的,档案工作者中高水平的作者并不多。以《档案学研究》为例,邢变变统计了 1987 年至 2015 年的高产作者共计 30 人,其中档案学专业教师 22 人,国家档案局档案科学技术研究所和陕西省档案保护科学研究所各 1 人,档案工作者 6 人。[①]

　　档案实践领域的人士比重不高,尤其是高产作者较少是制约档案学术共同体发展的重要瓶颈。第一,高等学校档案学专业教师、博士研究生及档案局、馆档案科学技术研究所的专职科研人员本来规模就不大,而且受制于岗位编制和招生规模,短时期内无法得到较大幅度增加。而我国档案实践

---

① 邢变变.中国档案学共同体研究[D].北京:中国人民大学,2016:64-65.

领域的工作人员总体规模较大,在世界范围内处于前列,而且分布非常广泛,如果能够调动其科研积极性,提升其科研素质和能力,对于档案学术共同体规模的扩展来说将会有突破性进展。第二,在档案学术共同体中占主体地位的高等学校档案学专业教师、博士的实践经验和感悟整体匮乏,直接导致其学术研究活动和成果中实践基因不足,研究成果的整体转化率不高。而档案实践领域的工作人员在亲身工作经历中积累了丰富的实践经验和感悟,如果能够以此为基础升华为学术成果,将会极大地充实学术成果的实践基因。

对于档案实践领域的工作人员来说,不断提高学术产出是其加入档案学术共同体的根本途径。但是从档案学专业期刊的角度来讲,通过采取一定的措施亦可产生一定的外部推动效应。

第一,实施养成式培养方式。首先,在审稿制度方面可有针对性地实行单向匿名审稿制度,即对于部分有一定学术能力和基础的作者,其稿件在进入二审时可不隐去作者的基本信息,审稿专家在评议时可根据作者的水平和能力适当降低要求(《档案管理》的审稿专家即通过作者提供的学历层次、职称级别、已发论文等信息综合判断其水平和能力),基本原则是在可用与不用之间尽量不做退稿处理,但是要提出相应的修改意见;其次,期刊杂志社的编辑在整理好审稿专家的意见之后应及时匿名发给作者做进一步修改、完善,必要时可进行多次返修,如此可进一步提高稿件质量;最后,总编辑在三审时对于处于可用与不用之间的稿件亦可适当予以倾斜。由于整体而言,档案实践工作者的学术水平和能力相对于高校档案学专业教师、博士甚至硕士研究生来说处于下风,故采取这种审稿制度对档案实践工作者的培养来说非常重要:一是可有效调动实践工作者的科研积极性,并依靠审稿专家的智慧和学识不断提升其科研能力和水平,二是可为期刊培养一批稳定的来自实践领域的作者,有效提升其实践基因,提高成果的转化率。据笔者所知,《档案管理》在这方面做得较为成功,其不仅一直处于中文核心期刊方阵,而且连续两期均排在省级档案学专业期刊的首位。左亮亮应用综合指数法对 CAJ-N 即《中国学术期刊(网络版)》收录的 1995 年至 2015 年《档案管理》的核心作者群进行了计量分析,其测定的核心作者共有 15 位,其中来自实践领域的作者有 9 位,占 60%,而且排名前两位的刘东斌、吴雁平都来自实践领域。① 此外,《档案学通讯》也实施了养成式培养方式,其在审稿方面采取的是双向匿名审稿制度,但是编辑会把专家的审稿意见整理后匿名发给作者,包括未通过二审的作者。但是,由于《档案学通讯》的起点更高、稿源较好,因此对稿件的质量要求也更高,养成式培养方式的实施对实践工作者的影响力和影响范围不及《档案管理》。

第二,开展多样化学术培训。《档案管理》曾经在其主办的《档案界》论坛举办过3个研修班,其实践模式和经验具有较大的启发意义。

一是开始于2010年5月20日的"档案界写作研修班"。写作研修班的主要培养方向是档案业务研究类文章的写作,培养时间为1年,共招收学员14人,指导组的导师由《档案管理》审稿专家团队中来自实践领域的7位专家组成,每位导师负责指导2位学员,招生和培训工作均在《档案界》论坛的专门板块展开。培训主要分两个阶段——命题作文阶段和自主选题阶段。命题作文阶段由指导组指定题目,包括档案信息化情况调查、档案违法案例分析等;自主选题阶段由学员根据自己的兴趣专长和熟悉领域进行选题并开展研究。研修期间每位学员要求一周发一个500字以上的作业帖或一篇规定的专业文章,导师则在相应作业帖后跟帖进行点评批改。累计3次完不成任务的学员视为自动放弃学业;另外,作业达不到导师要求的学员,经指导组商议可单方面解除师生关系。研修期间每位学员需完成3篇高质量的档案业务研究类文章,并由导师推荐进入《档案管理》的二审。

二是开始于2011年5月31日的"档案界课题研修班"。课题研修班的主要培训方向是档案课题的研究,导师和学员各9人,一个导师负责指导一名学员。导师组成员均来自《档案管理》审稿专家团队,其中大部分来自实践领域。由导师组拟定的课题方向包括档案安全体系建设研究、档案法制建设研究、地方档案法规体系建设研究等9个,每一组师生选择一个课题方向共同完成研究。课题研修时间为1年,可根据研究需要最多延长至2年。研修期间,每位学员需每两星期发一个500字以上的作业帖,包括课题研究的主要内容、国内外研究现状和发展趋势、研究的预期学术价值、拟采用的

---

① 左亮亮.发文与引文融合视域下《档案管理》1995—2015年核心作者群的科学计量研究[J].档案管理,2017(5):72–75.

研究方法和技术路线,以及课题阶段性研究成果的写作提纲、部分内容、初稿、修改稿、定稿等。每一次作业均由导师在《档案界》论坛相应作业帖后点评批改。每位学员可由导师向《档案管理》推荐 3 篇阶段性研究成果和 1 篇课题结题报告,相关文章直接进入二审。

三是开始于 2012 年 5 月 20 日的"档案界职称写作速成班"。职称写作速成班的主要培养方向为档案业务研究类文章的写作,并兼顾学员的职称评审。招生人数为 60 人左右,导师组亦由《档案管理》部分审稿专家组成,来自实践领域的专家居多,每位导师负责指导多位学员,一个培训周期为 1 年,学员可视情况和需要培训 2 个周期。在培训期间,每位学员要求发 300 字以上的 50 个作业帖。作业帖分为必写帖和自由帖。必写帖主要包括本单位档案工作基本情况、存在的问题,以及要发表文章的初稿、修改稿、定稿等;自由帖主要围绕档案业务、理论和具体的实际工作谈自己的困惑、随想、感悟、思考等。导师在《档案界》论坛相应作业帖后进行点评批改。学员完成学习任务后由导师向《档案管理》推荐 1 篇文章,直接进入二审。

3 个研修班的成功举办不仅为《档案管理》储备了忠实的作者群,极大地提高了《档案界》论坛的人气,而且有效锻炼了学员的科研能力。其成功原因主要有如下三个:

一是依靠期刊自身的优势充分调动学员的积极性。学员在完成相应任务并撰写出一定质量的稿件之后,经导师推荐可直接进入二审,最终基本上都可以发表。作为档案学专业为数不多的核心期刊之一,能够在《档案管理》发表学术论文对很多专业人士来说是非常具有吸引力的,因此 3 个研修班的报名情况均非常火爆,学员在研修过程中也能够积极、认真地对待。

二是借助审稿专家团队的力量提供专业化的评议。3 个研修班均实行导师制,指导组由《档案管理》的部分审稿专家组成,他们不仅有指导学员的意愿,而且均有相应的研究专长,其中大部分导师还具有丰富的实践经验和深刻的实践感悟。对于学员的每一次作业,导师们均能做到及时地点评批改、提出专业化的修改意见,这些指导意见对学员学术能力的提高具有非常重要的意义,并且在很大程度上保证了学员提交二审论文的质量。在研修过程中,指导组之间的协同合作非常紧密,在研修过程中出现的一些重要问题都由指导组合议决定,对于学员的作业和论文导师之间也经常进行沟通交流。

三是通过《档案界》论坛公开透明地传播与交流。作为我国档案领域曾经最聚人气、最火爆、最有影响力的档案网络社区,《档案界》论坛汇聚了档案学、图书馆学、情报学以及文秘等专业的 13 000 多名会员。在研修过程中,3 个研修班所有学员的作业和论文、导师的点评批改意见以及论文的录用结果在论坛上都是公开透明的,任何会员都可以看到,传播范围较大。此外,作为一个档案网络社区,所有帖子的发布都是及时的,学员、导师乃至其他网友看到帖子之后均可发表意见和看法。

但是,与 3 个研修班火热的报名态势形成鲜明对比的是,坚持完成研修任务的学员数量却很少,如被录取参加"档案界写作研修班"的 14 位学员,一年之后最终结业的学员仅有 2 位。

此外,郑州大学信息管理学院档案学专业的部分教师亦参照研修班的模式,于 2017 年 9 月至 2018 年 12 月利用课余时间组织了"档案学术论文兴趣小组",对 14 位本科生和 3 位研究生进行了系统的学术训练和论文写作实践,并取得了一定成绩。截至 2018 年 12 月 18 日,业已指导并完成 23 篇学术论文,其中已发表 16 篇,包括 CSSCI 论文 1 篇、其他核心期刊论文 9 篇、普通期刊论文 6 篇;完成 4 份河南省档案局科技项目申报书的撰写并成功立项。"档案学术论文兴趣小组"的训练内容主要包括 3 个方面:一是进行系统学术训练。即通过现场讲授、学生展示、集体讨论 3 个环节对学生进行论文选题、论文写作的模式、论文框架的拟定、论文的语言、论文的标题、摘要、关键词、参考文献、投稿等方面的系统训练。二是开展论文写作指导。即充分利用微信、电子邮箱等平台展开论文写作指导。具体内容包括三部分:首先是学生在老师的指导下拟定论文的框架,此为该环节的重点工作;其次是学生在写作过程中遇到问题随时联系老师解决;最后是老师全方位展开论文的指导修改工作,包括内容、语言、文字、格式等。三是开展项目申请指导。即以河南省档案局科技项目的申报和研究为目标,对学生展开申报书、结项材料的组织和撰写等方面的训练和指导。

"档案学术论文兴趣小组"能够取得一定成绩关键在于学院档案学专业的部分本科生对学术论文写作有强烈的需求和意愿,因为在他们的保研、评奖学金等活动中,学术论文是很重要的加分项,而且现在越来越多的高校在考研复试中将学术论文作为重要的考核内容。如按照郑州大学信息管理学院的相关规定，本科生发表学术论文在争取保研资格时可按专项加分，满分为5分，核心期刊论文加3分，普通期刊论文加1分，学生共可提交2篇论文。此外，对于老师来说，除了出于职责、专业责任感以及本着对学生认真负责的态度等动因外，争取学院年终绩效分配中的科研奖励也是举办兴趣小组的重要推动因素。

结合上述分析，笔者认为，档案学专业期刊开展多样化的学术培训可从如下几个方面着手：

首先，因需施教。不可否认，好奇心应作为从事学术研究的第一位动机，但是好利心在推动学术研究中的作用也非常重要。在上述4个学术类培训班的学员中，出于评职称、争取保研、评奖学金等目的参加的人占绝大多数。而且，学术研究能力的培养是一个长期积淀的过程，要想在长达1年甚至2年的培训过程中坚持下来需要有强大的动力支撑。虽然，这些学员的目的带有很强的功利性，但正是出于这些目的才使得学员产生了强烈的需求和意愿参加培训。反之，他们则不愿意参加培训更遑论能够坚持下来了。如报名参加"档案界写作研修班"和"档案界课题研修班"的学员以高校档案学专业的学生、高校档案馆工作人员及地方综合性档案馆的工作人员为主，"档案界职称写作速成班"的学员则以地方综合性档案馆的工作人员为主，"档案学术论文兴趣小组"的学员以郑州大学信息管理学院档案学专业大二、大三的本科生班中学业成绩靠前且可能获得保研资格的学生为主。中途放弃的学员除了个别是因为工作较忙或家庭事务较多外，大部分是因为失去了发表论文的需求，如部分高校档案学专业的学生就业之后不用走评职称的道路、地方综合性档案馆的工作人员参公管理制度的深化实施对评职称的诉求更加淡化、部分档案学专业的本科生想跨专业考研或毕业之后直接就业等。因此，档案学专业期刊开展学术培训应因需施教，在培训过程中专门留出一定篇幅的版面刊发学员的阶段性成果和结业成果，满足其发表论文的需求。

其次，依靠专家。一是可仿照《档案管理》的模式，选择部分审稿专家组成指导组，采用导师制对特定对象开展培训；二是可专门邀请档案领域的知名专家通过讲座的形式开展培训。其中，第一种模式对培训对象的规模限制较大,但是培训的系统性和深入性较强;第二种模式可同时对数十名培训对象展开培训,但培训效果不如前者。需要强调的是,无论选择哪种模式,对专家的激励措施是非常重要的。《档案管理》杂志社举办的 3 个研修班中,指导组成员基本上是处于一种感恩和帮衬的心态去从事相关工作,因为《档案管理》杂志社及其主办的《档案界》论坛在审稿专家团队的情感维系方面做得非常成功,也为诸多专家提供了大量发挥专长的机会和空间,且很多专家都是期刊总编非常要好的朋友,但是这种模式较难复制。笔者建议还是应给予专家相应的奖励,如除专家咨询费、劳务费等必要的薪酬外,专家每指导发表一篇学员论文可获得一定数额的奖励,或者可向专家承诺在期刊专门留出一定版面以约稿的形式刊发其署名文章等。

最后,线上指导。可充分利用各种新媒体进行线上指导,在保证及时交流的同时扩大传播范围。《档案管理》在《档案界》论坛上开办研修班就获得了非常好的效果,但是由于新媒体的发展和变迁,档案网络社区、档案博客、档案微博等渐趋没落,当前档案微信的发展则如火如荼,因此可借助档案微信平台展开学术培训,如可建立由导师、学员和其他好友组成的微信群作为培训平台,并辅之以专门的微信公众号及时发布培训消息、学员的培训成果等信息,以扩大传播范围。当然,导师和学员之间亦可通过微信、电子邮件等媒介开展私下沟通。

第三,强化实践类论文传播。学术论文发表之后即正式进入学术交流系统,当然最终决定某一篇学术论文学术价值和学术生命力的是该论文的质量。但是不可否认,通过一定措施扩大论文的传播范围亦有助于增强其学术交流作用、延长学术生命力。尤其是就当前以高校档案学专业的教师、研究生等为主体的档案学术共同体而言,由于其教育背景、研究视野以及个人兴趣所限,许多成员对档案业务研究类文章关注不够,其不能通过档案学专业期刊这一交流系统获得充分的实践感悟和相关资料。虽然,当前有中国知网期刊数据库、万方数据库等网络平台的协助,但是对于大部分共同体成员而言,只有当自己需要撰写一篇学术论文的时候,才会利用数据库去查阅某一主题的相关文献,关注范围极为有限。而对于很多非共同体成员的档案学专业学生、档案实践工作者来说,一方面因为档案学专业期刊的订阅范围和数量有限,限制了他们的阅读;另一方面由于移动互联网的发展、快餐式阅读方式的影响以及工作、生活等因素制约,纸质档案学专业期刊的读者越来越少。在种背景之下,档案学专业期刊只有有意识地采取一定措施强化学术论文尤其是实践类论文的传播,才能进一步提升其学术影响力,尤其是可在一定程度上增强学术交流系统中的实践因子。

一是设置文摘类专栏。档案学专业期刊可通过设置文摘类专栏,编发兄弟期刊部分论文的内容摘要或提要,以互通有无、强化交流,同时亦可依靠自身的地位和优势进一步扩大相关论文的传播范围。如《档案管理》就设置了"文摘——兄弟档案期刊集萃"栏目,每一期编发 7 篇左右的文章,一般占 2 个版面;《陕西档案》也设置了"视野——期刊要览"栏目,每一期编发 5 篇左右的文章,一般占 1 个版面。值得关注的是,上述两个期刊文摘类专栏中编发的文章均以实践类论文为主。如果能有更多的档案学专业期刊加入进来,不仅能够形成规模效应,而且也有助于各期刊之间的互通与交流。需要说明的是,一方面,文摘类专栏所占版面不大,开设成本较小;另一方面,专栏内编发的文章篇幅短小,迎合了读者快餐式阅读的需求,因此具有较高的可行性。

二是运维微信公众号。当前,档案微信公众号在传播档案信息中的作用越来越大,而且一些档案微信公众号甚至已经开通了预约、查档及咨询服务。值得注意的是,由《档案管理》杂志社开通的名为"档案管理杂志"的微信公众号在每一期发布目录之后都会挑选一些论文将摘要和少部分正文推送出来,以使读者先睹为快。此外,《中国档案》《档案春秋》等都运维有自己的微信公众号。与纸质媒体不同,微信公众号不仅能够发布文字、图片、视频、语音短信等多元化信息,还具有消息发送、实时交流、素材管理等多元化功能;不仅有广泛的用户覆盖面,而且还赋予了用户很大自主操作的空间,如点赞、转发、评论等,这些用户行为的发生又可促使二次、三次甚至多次传播效应的产生。因此,档案学专业期刊通过运维微信公众号,利用微信平台发布学术论文尤其是实践类论文及相关信息可有效扩大其传播范围。同时,在编辑微信信息的时候,可通过撰写"编者引""编者按"或"编后感"的形式予以推介。除此之外,可在相关微信的文后附上已编发的主题相同或类似微信的目录和链接,以供读者进行扩展式阅读。

3.3.1.2　档案学学术著作

就出版社而言,中国档案出版社和世界图书出版公司曾是我国档案学学术著作出版的重镇。2018 年 3 月至 5 月,笔者和 9 位硕士研究生系统搜集了我国现当代档案学学术著作的基本信息,共计搜索到 446 部。其中,依据出版数量排名占前三位的依次是:中国档案出版社 134 部,占 30.04%;世界图书出版公司 43 部,占 9.64%;中国人民大学出版社 21 部,占 4.71%。此外,人民出版社、部分高校出版社以及其他出版社也出版了一些档案学学术著作。需要说明的是,1982 年 1 月成立至 2010 年停办之前,中国档案出版社一直是我国档案学教材、学术著作、资料汇编等的主要出版机构。2010年至今这项任务则主要由世界图书出版公司承担,其中 2010 年至 2013 年是一个高峰期,分别出版 11 部、8 部、10 部档案学学术著作,2014 年以后出版速度逐渐放缓,学者们对出版社的选择则更加多样化。

由图 3.1 可知,我国现当代档案学学术著作年度分布较不均衡。除去2018 年度为不完全统计年度外,1957 年至 2000 年的 44 年中,共计出版了 98部学术著作,仅占 21.97%,且各年均不超过 10 本。2001 年起开始有较大幅度的增长,2013 年和 2014 年是一个高峰期,分别出版了 40 部、52 部,2001年至 2018 年 18 年中,共计出版 348 部,占 78.03%,平均每年出版近 20 部。

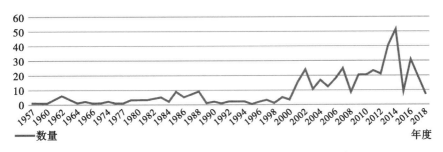

图3.1　我国现当代档案学学术著作年度分布一览

相较于学术论文,档案学学术著作在内容的深入性和系统性方面更有优势,其学术价值的生命周期更长。正因为如此,学术著作的撰写对作者的要求更高、难度亦更大。

表 3.12 统计了我国电子文件/档案管理领域学术专著的书目信息。由

表可知,1992 年,我国即出版了第一部相关领域的学术专著,其后的 2009 年和 2012 年各出版了 4 部。在 22 部学术专著中,有 16 部是作者在各自博士学位论文的基础上修改出版的,这些作者业已成长为该领域的核心作者。而由冯惠玲教授独著的《电子文件风险管理》和她作为第一作者撰写的 2 本专著——《中国电子文件管理:问题与对策》《电子文件管理国家战略》已成为该领域的经典文献。从研究内容上讲,这些著作以实践需求为导向,从电子文件/档案管理的基本理论到管理流程、从管理系统到管理元素、从具体工作到宏观战略等方面展开了全方位研究。这些学术专著的出版对我国电子文件/档案管理领域范例的形成和发展具有极大的推动作用。

表 3.12　我国电子文件/档案管理领域学术专著书目信息一览

序号	书名	作者	出版时间	出版社
1	电子产品技术文件的编制与管理	王学仁、姚瑞章	1992 年	电子工业出版社
2	电子时代机构核心信息资源管理——OA 环境中的文件、档案一体化管理战略	王健	2003 年	中国档案出版社
3	建立新秩序:电子文件管理流程研究	刘越男	2008 年	中国人民大学出版社
4	电子文件风险管理	冯惠玲	2008 年	中国人民大学出版社
5	电子时代的文件运动规律研究	吴品才	2009 年	中国档案出版社
6	电子文件的真实性管理	张宁	2009 年	辽宁人民出版社
7	中国电子文件管理:问题与对策	冯惠玲、赵国俊	2009 年	中国人民大学出版社
8	电子文件管理——电子文件与证据保留	刘家真	2009 年	科学出版社
9	电子档案著录标准及其应用	王萍	2010 年	吉林大学出版社
10	基于 OAIS 电子文件管理系统体系研究	李泽锋	2010 年	上海世界图书出版公司

续表 3.12

序号	书名	作者	出版时间	出版社
11	电子文件管理国家战略	冯惠玲、刘越男	2011 年	中国人民大学出版社
12	中国电子文件知识组织 XML 集成置标标准化研究	段荣婷	2012 年	上海交通大学出版社
13	电子文件信息安全管理研究	张健	2012 年	上海世界图书出版公司
14	军队电子文件管理战略研究	杨安莲	2012 年	上海世界图书出版公司
15	图像电子文件管理元数据标准的理论与实践	程妍妍	2012 年	军事科学出版社
16	基于理性思维的电子文件管理	麻新纯、徐辛酉	2013 年	北京理工大学出版社
17	云计算环境下电子文件管理的实现机理	薛四新	2013 年	上海世界图书出版公司
18	公民获取政府电子文件信息权利保障研究	连志英	2014 年	上海世界图书出版公司
19	电子文件长期保存:理论与实践	肖秋会	2014 年	社会科学文献出版社
20	大数据环境下电子文件管理元数据研究与实践	王大青、张新建、蒙泓	2015 年	四川人民出版社
21	中国特色电子文件管理理论体系的建构	杨安莲	2017 年	上海世界图书出版公司
22	"区域—国家"电子文件管理整合研究	于英香等	2018 年	上海世界图书出版公司

表 3.13 统计了由《档案学通讯》杂志社主编的《档案学经典著作》(丛书)的基本信息。《档案学经典著作》从 2012 年开始正式筹划,到 2017 年第六卷出版,共经历了 6 年时间。从体系上讲,六卷《档案学经典著作》包括民国卷(第一、二卷)、中国台湾卷(第三卷)、中国大陆卷(第四、五卷)、欧美卷(第六卷),共收录档案学经典著作 30 部,其中中国台湾卷和欧美卷收录的部分著作是在中国大陆首次出版。根据库恩的观点,经典著作是承载学科

范式的载体之一,《档案学经典著作》的出版为我国档案学专业的师生、档案实践工作者以及图书馆学、秘书学等相关专业的人士提供了一批简体中文版的经典文献,不仅有利于档案学学科理论的积淀与传承,更能促进档案学理念与模式的传播。《档案学经典著作》出版后,在大陆和台湾地区的档案领域引起了较大反响,其更成为很多高等学校档案学专业教育要求必读的经典书目。

表 3.13　《档案学经典著作》基本信息一览

卷次	出版年份	出版社	页数	收录书目
第一卷	2013	上海世界图书出版公司	846	①徐望之《公牍通论》,②许同莘《公牍学史》,③陈国琛《文书之简化与管理》,④周连宽《公文处理法》
第二卷	2013	上海世界图书出版公司	884	①何鲁成《档案管理与整理》,②傅振伦、龙兆佛《公文档案管理法》,③龙兆佛《档案管理法》,④殷钟麒《中国档案管理新论》,⑤周连宽《档案管理法》,⑥黄彝仲《档案管理之理论与实际》,⑦秦翰才《档案科学管理法》,⑧程长源《县政府档案管理法》,⑨梁上燕《县政府公文处理与档案管理》
第三卷	2016	上海世界图书出版公司	853	①倪宝坤《现代档案管理学》(上册),②王征等《建立档案管理统一制度之研究》,③路守常《现代实用档案管理学》(七版),④张泽民《档案管理学》(七版),⑤张树三《档案学概要》
第四卷	2016	上海世界图书出版公司	835	①陈永生《档案学论衡》,②何嘉荪、傅荣校《文件运动规律研究——从新角度审视档案学基础理论》,③胡鸿杰《化腐朽为神奇——中国档案学评析》

续表 3.13

卷次	出版年份	出版社	页数	收录书目
第五卷	2017	辽宁大学出版社	918	①吴宝康《档案学的理论与历史初探》，②李财富《中国档案学史论》，③仇壮丽《中国档案保护史论》，④丁海斌、丁凡《中国科学技术档案史》（修订本）
第六卷	2017	辽宁大学出版社	874	①［荷］斯·缪勒、［荷］伊·阿·裴斯、［荷］阿·福罗英《档案的整理与编目手册》，②［英］希拉里·詹金逊《档案管理手册》，③［美］T. R. 谢伦伯格《现代档案——原则与技术》，④［英］迈克尔·库克《档案管理》，⑤［加拿大］休·泰勒《档案材料的整理与编目》

　　就档案学学术著作的传播与交流而言，有一个非常重要的环节即评价。评价一方面是对学术著作价值的全面展示和挖掘，另一方面亦起着重要的引导作用，即告诉读者哪些学术著作值得一读、哪些不值得一读，哪些学术著作需要精读、哪些略读即可。关于档案学学术著作的评价问题我国档案学界尚未展开深入、系统的研究，但是在 2017 年，胡鸿杰教授成功申请立项了国家社科基金重点项目"档案学经典著作评价研究"（项目编号：17ATQ011），根据课题组的研究规划，课题研究的一个重要任务就是建立完善、科学的档案学经典著作评价体系。评价体系将主要从 3 个维度展开，即内容、形态及效果，内容维度具体包括档案学术著作选题的创新程度、理论价值、学科地位、作者影响力、同行评议的结果以及语言文字的规范程度等，形态维度具体包括档案学术著作的版本、出版方的声誉、学术著作的价格以及学术著作的装帧印刷水平，效果维度具体包括档案学术著作的发行数量、图书馆的借阅量、学术著作的引用率，以及其他经济、社会效益。该评价体系将不仅在《档案学经典著作》所收录书目的评价中发挥作用，而且对其他档案学学术著作的评价亦是有效的。

3.3.1.3 档案学学术会议

根据戴安娜·克兰对正式的科学交流系统的界定,此处所指的档案学学术会议是指由正规的档案机构所主办、发布正式的会议通知、制定正规会议流程的以促进学科发展、学术交流等学术性话题为主题的会议。我国主办档案学学术会议的机构包括各级各类档案局(馆)、档案学会、档案杂志社、高等学校的相关学院或研究中心等,它们均是具有独立对外发文权力的机构,一般以某一主题展开征文,以学术报告、学术展板、会议论文集等形式展示参会者的相关研究成果,并辅之以专家点评、观众提问等环节,具有很强的互动性和交流性。

表 3.14 为历届"中国电子文件管理论坛"的基本信息,论坛由中国人民大学电子文件管理研究中心发起并主办,自 2010 年开始至 2018 年每年举办一届,举办地址均在中国人民大学,会期一般为 2 天,论坛主题紧贴电子文件管理的理论与实践前沿。

表 3.14 历届"中国电子文件管理论坛"情况一览

届次	召开时间	论坛主题
第一届	2010 年 12 月 18 日	电子文件管理系统的建设
第二届	2011 年 11 月 22 日	电子文件管理的制度建设
第三届	2012 年 12 月 5 日	世界经验和中国路径:电子文件管理的新发展
第四届	2013 年 8 月 30 日	电子文件的长期保存
第五届	2014 年 11 月 29—30 日	信息系统环境中的文件和档案管理
第六届	2015 年 10 月 24—25 日	数字记忆:构建、认同与传承
第七届	2016 年 11 月 19—20 日	电子文件管理十年:回顾与展望
第八届	2017 年 12 月 9—10 日	新技术环境下的电子文件管理创新
第九届	2018 年 12 月 15—16 日	从双轨到单轨——国家信息化战略背景下的电子文件管理

表 3.15 为历届"中国档案职业发展论坛"基本情况的统计,论坛由中国人民大学《档案学通讯》杂志社、国家档案局《中国档案》杂志社、中国档案学

会《档案学通讯》杂志社联合发起并主办,自 2012 年开始至 2019 年每年举办一届,举办地址每届均有变动,会期一般为 3 天,论坛主题紧扣档案行业发展的新动态和档案职业理论研究与实践发展前沿。

表 3.15　历届"中国档案职业发展论坛"情况一览

届次	召开时间	地点	主题
第一届	2012 年 12 月 1 至 3 日	福建厦门	创新发展、服务大局
第二届	2013 年 6 月 24 日至 30 日	湖南长沙	档案信息化
第三届	2014 年 8 月 6 日至 9 日	云南昆明	社会变革时代的档案职业
第四届	2015 年 5 月 30 日至 31 日	宁夏银川	信息化时代的档案职业发展与变革
第五届	2016 年 6 月 2 日至 5 日	江西南昌	档案职业:传承与变革
第六届	2017 年 5 月 25 日至 28 日	福建厦门	档案(馆)文化建设
第七届	2018 年 5 月 7 日至 10 日	广西南宁	互联网+新业态
第八届	2019 年 5 月 8 日至 12 日	甘肃敦煌	回望 40 年:中国档案职业发展与变革

　　档案学学术会议可在较短时间内紧扣某一主题范围内的新动态及前沿理论与实践展开充分的互动与交流,而且其参加对象的范围较广——档案学专业教师、档案学专业学生、档案实践工作者以及相关专业的人士均可参加,可有效促进理论界与实践界的交流,上述两个论坛均是如此。此外,在新媒体传播如火如荼的今天,很多档案学学术会议的开会进程、报告的内容摘要等信息均可通过档案网站、档案微信公众号等发布,可极大地拓展学习与交流范围。如由中国人民大学信息资源管理学院王健教授指导运维的微信公众号——"档案那些事儿"就经常发布一些会议信息,而且非常及时,对于未在现场参加会议的档案人来说亦可从中获取大量有用的资讯。

　　但是,档案学学术会议的缺陷亦较为明显:一是长效性较差。在一次正规的会议中,一般集中报告、讨论与交流的时间也就 1 至 2 天,短期效应非常明显,但是会后淡忘的速度也很快。二是交流欠深入。由于会期较短而参会人员的人数又较多,故参会人员之间的交流往往很难深入,尤其是对于那些规模较大的会议而言更是如此。三是影响有限。学术会议的报告和研讨内容主要对参会人员的影响较大,虽然未参会人员可通过档案微信公众号发布的相关信息了解到部分情况和内容,但是一般而言,出于知识产权的保护和微信篇幅的考虑,其发布的只能是报告、研讨的摘要或概况。此外,由于会议时间的限制,在会议上做学术报告的人毕竟是少数,因此大部分参会人员只能通过聆听和提问等方式参与互动和交流。

对于这些问题,笔者认为可从如下三个方面去消解:

第一,可将参会人员提交的学术论文汇集成册,以会议论文集的形式印刷,分发给参会人员阅览。如此一来,参会人员不仅可以通过学术报告进行学习和交流,还可以全面地了解报告内容以及其他未在会议上报告的研究成果。同时,参会人员亦可将会议论文集带回单位供其他人阅览,以进一步扩大传播范围。会议论文集一般不正式出版,多以内部资料的形式予以发布,但是亦有正式出版的案例,如《第四届档案职业论坛论文集》即由上海世界图书出版公司于 2016 年 1 月 1 日出版发行,当然会议论文集的正式出版需有作者的授权,还需要有财力、人力的支撑等。值得欣喜的是,目前许多档案学学术会议均会邀请档案公司参会并由其提供一定的赞助,这些公司除了可在会上获得发言机会之外亦可在会场外展示产品或方案,故其也有较强的意愿参与会议。

第二,对于规模较大的会议,可在主报告环节之外设置分论坛,一方面可增加学术报告的数量,另一方面也可有效促进参会人员之间的深入交流。如 2018 年 16 日至 18 日召开的"第四届地方档案与文献研究学术研讨会",参会人员有 100 多人。会议设置了大会主题报告、分组讨论、大会学术总结等环节。其中,大会主题报告环节由特邀的 6 位专家每人作 20 分钟的报告;分组讨论环节共分了 5 组在 5 个分会场展开,每个小组有 16 个左右的发言人,每人发言 8 分钟,分上、下半场,一场完毕后即由专门的评议人进行评议;大会学术总结环节由每组指定的人员向大会全体人员作该组讨论情况的简要介绍和评价,每人限定 5 分钟。该次研讨会在有限的时间内、在会议规模较大的前提下,通过主题报告和分组讨论相结合的形式,使每一位提交会议论文的参会人员均得到了发言和交流的机会。同时,分组之后参会人员得到了分流,每一个小组内的成员之间更容易进行深入的交流,值得档案学学术会议的主办方学习和借鉴。

第三,可借助档案微信平台进行会议直播。现在,通过微信公众号可非常方便地发起直播,主办方可授权某一档案微信公众号对档案学学术会议进行直播,其他未在现场参会的人员就可以实时通过微信公众平台进行观看和在线互动,获得如临现场的体验和最新的会议资讯。

3.3.2 非正式交流系统

3.3.2.1 通信手段与社交媒体

当前,在档案学学术交流中常用的通信手段主要包括电话、电子邮件等,社交媒体主要包括档案网络社区、博客、微博、微信、Twitter、Facebook 等。其中,借助通信手段展开的学术交流主要是一对一的交流,借助社交媒体则可以实现一对一、一对多、多对多等多元化的交流。

在借助通信手段展开的学术交流中,根据交流对象属性的不同可分为两类:一是机构与个人之间的交流。这种方式常见于投稿行为之中。目前,在 26 种档案学专业期刊中,只有《档案学研究》开通使用了网络投稿系统,其他期刊均实行电子邮件投稿。投稿之后,录用与否的结果通知、修订意见的反馈及改后论文的发还等环节主要通过电子邮件系统实现,当然这些工作均由杂志社的工作人员操作完成。在反馈修改意见时,工作人员为了及时、直接沟通会选择给作者打电话。但是需要指出的是,虽然投稿行为发生的主要对象是学术论文,但不是所有的投稿过程都属于学术交流,只有编辑与作者在论文修订过程中的交流才属于真正的学术交流,当然这种交流属于直接交流。此外,就工作人员而言,其完成审稿(一般为初审)、改稿、校稿、编稿等岗位职责的过程也是在通过论文与作者进行间接交流。二是个人与个人之间的交流。这种方式在交流的学术主题、时间点及长短、通信手段等的选择方面更为灵活也更为广泛,只要两个人就某一个或几个学术问题感兴趣、有看法即可展开。

随着技术的更新,我国的档案社交媒体也经历了一个类似于"范式转换"的过程。

2007年至2015年，以《档案界》论坛、《档案知网》为代表的档案网络社区作为我国档案学术交流的一个重要阵地发挥了巨大作用，有一万多名会员在社区交流档案信息、开展教育宣传及学术探讨等活动。

为了促进学术交流，《档案界》论坛开设了业务研究、名家访谈、专家讲座等专栏。业务研究专栏中由濮阳市档案局的管先海先生主持的档案专业沙龙较为典型。网友们针对档案业务工作中的某个问题以跟帖的形式各抒己见，结合档案工作实际探究问题产生的原因、找到解决问题的策略，对档案实践工作具有较大的启发意义。沙龙结束后，讨论结果由管先海先生进行整理并推荐给《档案管理》发表。名家访谈专栏由网站专家组选出的7位网友主持，每一位网友负责访谈2位国内档案领域知名的教授、学者，访谈内容围绕嘉宾的主要研究领域展开，访谈结束后由主持人负责整理并推荐到《档案管理》。名家访谈的开展既是对相应学术问题的深化探讨，也是对学术研究的普及宣传。专家讲座专栏是由《档案管理》的审稿专家针对某一问题在论坛展开讲座，现场解答网友们的疑惑，如《区县档案馆征集编研工作一体化的实践与思考》《执法、适法与合法——档案行政执法问题简析》等，具有很强的现实指导意义。当然，借助《档案界》论坛也开展了其他一些学术活动，如开办了"档案界写作研修班""档案界课题研修班""档案界职称写作速成班"3个研修班，创办了《档案界》《档案工作》《外国档案》3个电子期刊。此外，部分网友在论坛上也展开了激烈的学术争论，如南开大学的伍振华教授、商丘市档案局的李振华先生关于档案本质属性问题展开的长时间争论。

《档案知网》在学术交流方面开展的活动主要有以下3个：一是及时发布《档案学通讯》刊发的学术论文，以供网友们阅览和交流；二是发布以高等学校档案学专业师生为主体的学术信息，如教师的学术研究概况、档案学学术会议的信息、档案学术研究的前沿问题等；三是组织档案学术探讨，如理论联系实际问题、档案学的学科属性问题等。当然，借助论坛网友们也自发地发起和参与了一些学术争论和交流，影响较大的是"姜孙之辩"。"姜孙之辩"的参与双方分别是时任《档案春秋》总编辑的姜龙飞先生和西北大学公共管理学院的档案学专业教师孙观清先生，争论的主题是档案工作者的社会责任问题。"姜孙之辩"起初是在《档案学通讯》展开的，二人连续在《档案学通讯》上发表商榷性文章,并在《档案知网》上也展开了激烈争论。后来,在杂志社的冷处理和严永官等人的介入下,《档案学通讯》不再刊发相关商榷文章,二人在期刊上的争论宣告结束。《档案知网》则成为争论的主阵地,而且持续了一年多时间。

2013 年底至 2015 年,我国经历了一个智能手机的换代高峰期,网络社区受到了极大冲击,《档案界》论坛和《档案知网》的会员流失量和访问量大幅下降。为了应对挑战,《档案界》论坛开通了手机客户端,但是依然无法扭转局势。2016 年,《档案界》论坛的服务器停止运营,《档案知网》则在 2013 年经历了所有权转移的周折后销声匿迹。

我国最早的档案博客创建于 2005 年 5 月 1 日,即辽宁大学赵彦昌教授的"中国档案学研究"博客。据统计,我国的档案博客数量曾达到 200 多个①,并出现了"中国档案学研究""丁氏花园""兰台家园"等访问量达到 10 万以上、影响力较大的博客。"档案博客对档案学术有着重要的催化作用,主要表现为资料的积累、交流平台的搭建和专业精神的彰显。"②如自创建起,赵彦昌教授就在"中国档案学研究"博客上持续发布档案学术论文、档案学术会议、档案学专业教育、档案学专业期刊等多方面信息。截至 2018 年 12 月 25 日 20:52,其博客的文章总数已达 27 243 篇,评论总数 72 092 次,总访问量 3 603 435 次,是我国持续更新时间最长、影响力最大的档案博客。但是,我国档案博客的弱势也较为明显,如主体结构不合理,内容质量不高、更新频率两极分化严重,社会需求不大、利用不足③,尤其是在创建主体方面,博主以档案学专业师生居多而档案实践工作人员较少,以至于其发布的博文内容存在实践性不足的问题。

同时,档案博客的发展亦受到了智能手机的强烈冲击,且其发布的博文一般篇幅较长不适合快餐式阅读,内容也主要以文字为主,图片、音视频等多元化信息较少,再加上许多博主不能持续更新博文,故其也渐趋式微。

当前在我国档案领域,档案微博和微信正发展得如火如荼,而且其正在

① 钟其炎,杨丹娟.档案博客的现状调查分析[J].档案管理,2008(5):72-74.

② 张会超.档案博客学术催化论[J].北京档案,2007(3):28.

③ 张博.基于 SWOT 分析法的国内档案博客发展对策研究[J].档案时空,2012(10):17.

深刻地影响档案信息的传播。

2009 年 8 月,"新浪微博"内测版推出,微博开始在我国正式被使用。当年的 10 月 3 日,广安市档案局就开通了我国第一个档案微博——广安档案。据统计,"2013 年以及 2014 年开通档案微博的数量到达一个高峰期,分别为 87 个和 77 个"①,2013 年开通的数量是 2012 年的 3 倍,2014 年则是 2015 年的 4 倍多,变化幅度较大。但是,2016 年则仅有 2 个。

2011 年 1 月 21 日,腾讯公司专门为智能终端提供了一个即时通信服务的免费应用程序——微信。"我国最早的档案微信创办于 2013 年,档案微平台研究 2017 年 8 月的监测结果显示,全国档案微信公众号已达到 333 个。"②其中吴江通、金山记忆等微信公众号已经出现了许多阅读量过万的推文。2015 年,中国人民大学信息资源管理学院举办了第一届档案社交媒体圆桌会议,冯惠玲教授在会上提出了建立档案社交媒体联盟的倡议构想。经过讨论和准备,2016 年 11 月 20 日档案社交媒体联盟正式成立,国内数十个档案微信公众号加入其中。

在档案学术交流方面,档案微博和微信发挥了重要作用。

第一,传递学术信息。如由档案专业期刊运维的微博和微信除了发布期刊目录和运营管理方面的资讯外,还将期刊上发表的部分论文或其摘要发布出来。此外,部分档案微博和微信还经常发布一些国内外档案学术会议方面的资讯。

第二,传播档案动态。对国内外档案领域学术动态和工作动态等资讯的传播有助于档案人在开展学术交流和学术研究的过程中把握学术研究的进展和前沿、积累学术资料,此方面较为突出的是"档案那些事儿""时光特工""档案观察"等档案微信公众号。"档案那些事儿"是由中国人民大学信息资源管理学院的王健教授指导运维的微信公众号,其设置了知识传播和档案宝库两个主要栏目,在知识传播栏目下设有学术新知、国际视野、会议速递、人才培养和标准规范 5 个子栏目,在档案宝库下设有档案实务、法眼论档、档案探秘、文化传承、漫画档案 5 个子栏目。其运维以来,发布了很多国

---

① 胡佳妮.微博在档案信息传播中的应用现状研究[D].沈阳:辽宁大学,2017:11.
② 邢变变,冯妍.基于问卷调查的档案微信用户需求满意度研究[J].山西档案,2017(6):17.

内外档案学术研究和工作实践、档案学术会议及档案专业教育等方面的信息。"时光特工"是由河北大学管理学院的李颖副教授指导运维的微信公众号,其主要特色是定期发布国内外的档案新闻并进行解读。"档案观察"(原名"环球档案资讯")是由山东大学历史文化学院的曲春梅副教授指导运维的微信公众号,其主要子栏目包括学者观察、学术视界、行业传真、档案故事和读书分享,发布的资讯范围非常广泛。

第三,开展档案沙龙。利用微信的即时交流功能和好友添加功能,濮阳市档案局的管先海先生发起建立了档案争鸣沙龙群,成员包括档案局(馆)工作人员、档案学专业教师、档案学专业期刊负责人等共计42人,每次沙龙均由管先海和李兴利(焦作市档案局)确定主题并发起,然后由各成员就该主题发表看法,最后由二人整理后推荐到《档案管理》和《档案》发表。沙龙的主题以档案实践工作为主,如"档案纪念改革开放40年""档案征集的苦与乐""学习贯彻《机关档案管理规定》"等。

相较于网络社区、博客而言,微信和微博在信息传播方面具有较为明显的优势。第一,微博的发布内容限定在140字,微信则更为自由,其不仅适合于快餐式阅读,也使得更多人愿意参与其中。第二,二者不仅可以发布文字信息,还可以发布图片、分享音频及视频等,可满足用户的多元化需求。第三,二者的兼容性较强,在电脑、手机移动终端等多个平台上均可运行,尤其是微信,其专门为了迎合智能手机应运而生,发展速度非常快。上述优势使得档案微博、微信在学术交流中可以更容易实现即时交流、多元交流、集中交流等。相较而言,在《档案界》论坛上组织档案学术沙龙,虽然主持人在发布沙龙主题后,由于会员数量较多,看到主题信息的人会更多一些,但是真正参与争鸣的人较少。而且,由于大部分会员是通过电脑登陆《档案界》论坛的,他们不可能将电脑随时随地带在身边以及时打开阅览和回复信息,如此一来沙龙争鸣的时间就会拖得较长,一般可达2个月左右。但是在微信上组织档案学术沙龙,主持人不仅可通过添加会员的形式选择参与积极性高且具有一定水平的人加入争鸣沙龙群,而且还可不断补充成员。主持人在发布沙龙主题后,可通过发布群公告或私信的方式提醒成员,由于现在人们查看手机的时间更长、频率更高,因此各成员看到信息的及时性也更高,其看到沙龙主题后通过手机即可发表看法,如此就会大大减少争鸣的持续时间,一般几天就可完成。而且,如果同一时间段参与的成员较多就很容易出现激烈争鸣的场景。

但是,在档案微博、微信等平台开展学术交流的过程中亦存在很多问题:一是存在大量空壳账号。空壳账号是指那些更新频率低甚至长时间不更新内容的档案微博和微信。如根据笔者和于子闪的调查,在档案微信公众号中就存在 28 个较为典型的空壳账号,其中,"10 周及以上未更新微信内容的就有 25 个,占总数的 89.29%……武汉理工大学档案馆从开通以来尚未推送过微信内容"。① 空壳账号的存在不仅会造成资源的闲置和浪费,还会使社会其他人士对档案学科和档案职业产生不好的印象,从而拉低其形象。二是信息传播的碎片化。微博、微信的微传播特点以及用户快餐式阅读的方式使得其在传播的深入性和系统性等方面显得较为欠缺。如在档案微博、微信上发布的学术信息大多数是概要式的,用户通过其获得的大部分是碎片化的信息。即便是借助微信群展开的档案学术沙龙也是如此,如部分参与者可能直接根据沙龙主题就发表自己的观点了,而不去翻阅别人的发言,如此一来则极易导致自说自话的结果,从而降低了争鸣的激烈性。三是信息生命周期较短。一方面,档案微博、微信会传播大量与档案无关的信息,另一方面,其传播的很多信息学术价值不高甚至没有价值,此种情形下真正有价值的学术信息很快会被这些冗余信息淹没。就用户而言,如果一条信息对学术研究和交流没有参考价值或价值不大,其可能不会产生回溯性阅读行为。因此一般而言,微博、微信发布的信息生命周期都比较短。

当前,以现代通信手段和社交媒体为媒介的交流已越发便利和快捷,尤其是通过智能手机有效地将二者融合了起来。在此种背景下,档案学术交流也应综合应用多种媒介尤其是当下主流的媒介——微信。

首先,应充分发挥微信平台的优势。其一,档案学专业期刊应开通自己的微信公众号,及时发布期刊目录、征稿启事、论文摘要及推介等信息,充分发挥自己的学术资源优势参与交流。其二,档案学专业期刊可建立审稿专家微信群和作者微信群,以加强与审稿专家和作者的沟通,尤其是应重视对

---

① 孙大东,于子闪.档案微信"空壳账号"出现的原因及消解之道[J].兰台世界,2018(5):12.

作者微信群的维护,一方面可通过微信的添加好友功能不断扩大作者队伍,另一方面亦可通过一定时间的沟通和交流发现和培养核心作者,以建立起稳定的核心作者群。如《档案学通讯》杂志社就建立了名为"《档案学通讯》笔耕园"的微信群,截至 2019 年 7 月 24 日已有成员 142 人。其三,档案专业期刊与作者可通过微信直接联系,如编辑可通过语音信息、文本信息及语音通话等形式给相应作者反馈返修意见,作者亦可就相关问题及时咨询编辑;此外,作者可通过期刊的微信公众号、微信群等与其建立直接联系。

其次,建立专题性微信群和公众号。其一,随着档案学的不断成长,各分支学科也逐渐壮大起来,尤其是如档案学概论、档案史、档案管理学、档案保护技术、电子文件管理等,不仅建立起了较为完善的课程理论体系,也储备了一定的学术研究力量。在此背景下,可按照学科划分或者是研究领域建立专题性的微信群。一方面,因为研究方向和志趣相近,各成员更容易展开深入交流,发布的专题性信息也更容易获得共鸣;另一方面,通过这种方式可有效促进相关学派的形成。其二,可仿照"档案争鸣沙龙群"的方式开设若干档案学术沙龙微信群,可以根据争鸣的侧重点不同进行划分,如"档案争鸣沙龙群"主要是就档案实践领域的问题展开讨论,还可建立偏向于理论性问题争鸣的沙龙群;此外,还可以以占主导地位成员的性质划分,如档案学博士沙龙群、档案学教师沙龙群或档案实践工作者沙龙群等。其三,邢变变和冯妍通过调查研究发现,档案微信用户的需求具有偏向性,不同类型用户的需求具有差异性①,因此可根据档案微信用户的需求偏好和类型有针对性地发布微信信息乃至实现精准服务。按照目的划分,微信用户的需求可分为学习需求、研究需求、实践工作需求、生活需求等四类。如"一纸平安"微信公众号就主要推送纸张保护、修复与装潢等方面的知识,可满足书画、古籍、档案修复行业的学生或工作者的学习需求。

最后,充分发挥运维者的能动性。作为档案微信的把关人,运维者在信息搜集、信息过滤、信息制作、信息传播等过程中的能动性对档案微信信息服务质量的高低会产生直接和重要的影响。根据邢变变和刘佳敏的调查研

① 邢变变,冯妍.基于问卷调查的档案微信用户需求满意度研究[J].山西档案,2017(6):19.

究,"信息搜集环节对档案微信信息服务质量影响程度最大,信息制作环节次之,信息过滤排名第三,信息传播的影响程度最小"。① 因此,运维者在发挥能动性的过程中也应有所侧重,把丰富信息搜集的类型、扩大信息的来源作为重点工作来对待。同时,运维者的专业素养对档案微信信息服务质量的提升亦会产生重要影响,因此其需要通过阅读专业书籍和专业期刊、参加专业会议和专业培训等途径不断夯实和提升专业素养,以为用户提供更加优质的服务。此外,运维者还应加强档案微信公众号的顶层设计、优化栏目等以保证信息服务质量。

3.3.2.2 非正规的会议与媒介

当前,较为典型和常见的非正规会议形式主要是档案学术沙龙。档案学术沙龙是一种小范围开展档案学术研讨的交流形式,其主要特点有非正式化、规模较小、议题简要、形式灵活、气氛活跃等。

以"电子证据在中国:问题与制度"学术沙龙、屯堡文化档案学术沙龙、广西民族大学第一届"信远"研究生学术论坛学术沙龙为例。从会议时间来讲,三个学术沙龙分别召开于 2013 年 12 月 4 日下午、2016 年 7 月 21 日上午、2018 年 11 月 30 日晚,时间点的选择较为灵活,且会期均为半天时间。从参会人员来讲,"电子证据在中国:问题与制度"学术沙龙的主要参会人员是中国人民大学信息资源管理学院的 3 位教师及数十位博士生、硕士生、本科生,特邀主讲嘉宾亦为中国人民大学的教师。此外,6 位来自兄弟院系的师生及校外专家也参加了沙龙。屯堡文化档案学术沙龙的参会人员包括贵州省档案学会32 名会员及特邀的 5 名专家。广西民族大学第一届"信远"研究生学术论坛学术沙龙的参会人员则主要为广西民族大学管理学院的教师和研究生,几位其他高校的研究生也受邀参加了此次沙龙。参会人员的主体是沙龙举办单位的"内部人员"。从沙龙形式来讲,三个沙龙主要包括两个环节——主题报告和讨论,且讨论环节与正式的会议相比所占比重较大,也更为激烈。

---

① 邢变变,刘佳敏.基于"把关人"理论的档案微信信息服务质量影响因素调查研究[J].档案管理,2018(2):46.

　　与正式会议相比,档案学术沙龙在学术讨论方面容易引发激烈的思想碰撞,敢于质疑、勇于批判的学术精神在此也可获得极大的彰显空间,这一优势主要得益于学术沙龙本身的非正式性、灵活性等特点。而且,在部分非正式性、灵活性等更强的学术沙龙中,学术争论的氛围亦有可能更为浓厚。如 2010 年 4 月 17 晚,参加《档案界》第三届版主大会的部分专家李振华、伍振华、刘东斌等自发地组织了关于档案本质属性问题的学术沙龙,争论异常激烈且一直持续到深夜,给参加人员留下了极深的印象。

　　但是与正式会议相比,档案学术沙龙由于规模较小、会期较短,其探讨的主题和沙龙的影响范围也极为有限。而且,受制于其非正式性特点较难留下会议日程、会议记录、会议论文集等文字性记录,会极大地影响其学术生命力的延续。

　　就目前而言,较为典型的非正规媒介形式主要是档案电子期刊。在我国档案领域影响力较大的《档案界》《档案工作》《外国档案》三种电子期刊均由《档案管理》杂志社主办:2009 年 5 月 11 日,《档案界》电子期刊编辑部成立,由《档案界》论坛元老泊客担任总编;2011 年 7 月 14 日,《档案工作》电子期刊编辑部成立,焦作市档案局副研究馆员、《档案管理》杂志审稿专家李兴利担任总编;2013 年 5 月 31 日,《外国档案》电子期刊编辑部成立,山东大学历史文化学院档案系教师谭必勇(网名一笔谈)担任总编。三种电子期刊均为双月刊,主要依托《档案界》论坛发布和传播,会员们可在论坛在线阅读亦可直接下载。

　　与正规的档案学专业期刊相比,档案电子期刊没有正规的刊号,其原创性稿源较少。但是由于其依托网络社区传播,受众面更大。而且在当时的环境下,电子期刊这种形式的出现亦是我国档案领域的一大创新,引起了较大反响。随着移动终端的广泛应用,电子期刊这种媒介形式由于不适宜在手机上阅读,故其在《档案界》论坛关闭之后也不得不停刊。

　　当前,出现了大量专门为手机用户提供阅读平台的 App,如熊猫阅读、小红书等粉丝数量较多。在此环境下,如果档案人能主动出击,开发出相应的 App 平台,档案电子期刊这种形式或可重获新生。

┃4
档案学科与档案职业之活动范式协同

　　根据档案社会需求的发展规律和知识演化规律（即 DIKW 模型），档案学术范式和档案管理范式均须经历实体管理、信息管理、知识管理、智慧管理四个范式。档案学术共同体的研究活动和档案管理共同体的管理活动只有在这四个范式中协同发展才能使其不但符合档案学科和档案职业的发展规律，而且与时代发展趋势相符合。在特定时期，范式只有一个，其他范式类形态可作为范例多元共存。范式与范例在形式上是主次关系，但其功能发挥存在整体与局部的差别。活动范式协同研究旨在探索形成与一定历史阶段社会环境中的档案现象及其本质和规律的真相更加接近或符合的档案学术范式。

4.1　应然、实然与必然

4.1.1　应然分析

4.1.1.1　理论前提

　　根据唯物辩证法的原理，理论来源于实践，实践是理论的基础。在一定历史时期，档案管理实践须与该阶段的社会条件相适应。档案学术研究也应与特定历史阶段的档案管理实践相符合。根据库恩的真理观，档案学术研究的目标导向在于理论成果能更好地表现或接近某一历史阶段以档案管理实践为主要组成部分的档案现象及其本质和规律的真相。由于在特定历史阶段，档案管理实践要受到相应社会条件的影响和制约，故该阶段的档案管理实践及其反映、包含的本质和规律亦有其特点。从这一角度可以说，活动范式协同是档案学科与档案职业发展的内在要求,也是必然趋势。

"研究对象是确定一门学科研究边界的基础,是构成一门学科的基本要素之一,也是一门学科建立与发展的最根本的规定。"①就学科发展而言,明确研究对象的重要意义之一即在于规定该学科的基本研究内容。

关于档案学的研究对象问题,虽然学界曾产生过争论,如徐拥军②、钟其炎③主张将"文件现象"纳入档案学的研究范畴,金胜勇、李雪叶、王剑宏④则认为"档案学的研究对象是面向信息利用的信息保存",但是当前为我国档案学界所普遍认同的观点仍为"档案现象及其本质和规律",而且这一认识早在 2001 年即被冯惠玲和张辑哲两位教授写入专业教材《档案学概论》之中,并持续使用至今。关于档案工作的管理对象问题,学界和业界的认识则较为一致,即主要以档案为管理对象。

根据范式理论,教科书和经典文献是范式的物化体现。库恩认为,在科学家加入科学共同体之前,即在学生阶段的培养教育中,对范式的学习主要是通过教科书和经典文献实现的。而在科学的动态发展过程中,范式指导和规范着科学共同体的科学活动,告诉科学家们应该研究哪些问题、如何研究等。在此过程中,教科书和经典文献的作用至关重要。由此可以推论,档案学的研究对象是档案现象及其本质和规律,这一认识在档案学术共同体的研究活动中发挥着重要的认知功能和规范功能。但是,"档案现象及其本质和规律"的外延较为宽泛,这也导致了档案学术共同体的研究活动具有多样性特征。虽然如此,档案作为其观察和思考的主要客体这一基本认知是不会改变的。

由以上分析可知,无论是就档案学术共同体的研究活动而言,还是就档案管理共同体的管理活动而言,档案均是其基本的客体对象,而档案的主要构成要素——档案信息又是知识的一种,因此从对知识的认知视角去考察

---

① 邵华,方慧惠. 学科研究对象及档案学研究对象认识的演变与分析[J]. 档案学研究,2014(2):13.

② 徐拥军. 对档案学研究对象、文书学和档案学关系的反思[J]. 档案学通讯,2003(4):22-25.

③ 钟其炎. 反思档案学研究对象[J]. 浙江档案,2008(6):16-18.

④ 金胜勇,李雪叶,王剑宏. 图书馆学情报学档案学:研究对象与学科关系[J]. 中国图书馆学报,2011(6):11-16.

档案及其学术研究和管理活动会为我们提供一条较好的分析路径。

4.1.1.2　理论张力

　　DIKW 模型是揭示不同发展阶段知识形态的演化模型。它不仅是对知识基本认知的集中表现,更是知识管理、信息管理等研究领域最常用的模型。DIKW 模型将知识的发展形态分为数据、信息、知识、智慧四种(见图 4.1)。从形式上来看,其摹绘出了知识金字塔式的发展全景,为我们从宏观上把握知识的演化过程提供了完整的思路。从内容上来看,其揭示了各形态之间的内在逻辑和联系,即四者是由低到高、互为依存的,用公式表示:数据+背景=信息、信息+经验=知识、知识+能力=智慧。[①] 作为一个完整的信息链,数据是面向物理属性的,知识和智慧是面向认知属性的,作为中心链环的信息既有物理属性也有认知属性。[②]

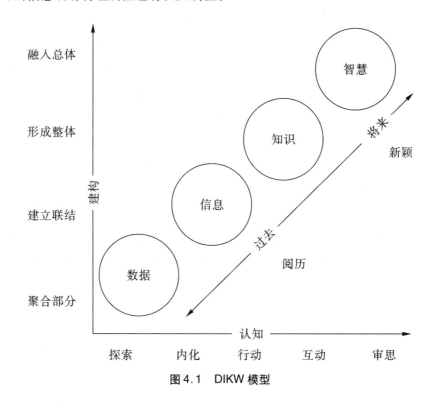

图 4.1　DIKW 模型

---

① 马费成,宋恩梅.信息管理学基础[M].武汉:武汉大学出版社,2011:11.
② 梁战平.情报学若干问题辨析[J].情报理论与实践,2003,26(3):193-198.

从对象来说,DIKW 模型呈现的是同一事物——知识的演化过程;从过程来说,DIKW 模型展现的是知识由低级到高级的进化过程,高一级的知识形态均以低一级的知识形态为原材料。因此,就知识演化的整体过程而言,其呈现的是一个金字塔式的结构。

档案学科和档案职业的整体发展过程主要体现为从低级到高级、由不成熟到成熟的一种态势,同时这也是二者内在的发展要求。但是,这种发展过程必须以学术研究和管理实践之基本对象的进化为依据,否则档案学科和档案职业的发展就会发生偏向乃至被取代。

作为档案学术研究和管理实践的基本对象,档案的属概念为何是涉及档案学科和档案职业发展的元问题之一,我国的档案学界也曾经有过不同的认识,出现过文件或文件材料论、文献论、记录或历史记录论、信息论等。但是目前,占据主导地位的是信息论,冯惠玲、张辑哲二位教授即将其写入了《档案学概论》教材。而在 DIKW 模型中,信息处于承上启下的中心链环的位置,因此其与档案学科与档案职业发展的导向是相符的。

4.1.2 实然分析

4.1.2.1 理论形态维度

丁华东教授依据范式理论在详细梳理了档案学发展的理论形态后指出,档案学的理论形态主要包括五种范型:档案史料整理理论范型、档案文件管理理论范型、档案信息资源管理理论范型、知识管理理论范型与社会记忆理论范型,其中,前两个为传统范式,第三个为主流范式,后两个为前沿范式。[①] 五种理论范型一方面清晰地展现出了档案学科在特点时段的研究重点,亦指明了当前及未来一段时间档案学理论形态的发展趋势,对我们全面考察其历史、现实和未来的发展提供了全面的脉络;另一方面从五种理论范型的主要研究对象——档案史料、档案文件、档案信息资源、知识和社会记忆可知,其本质上均是档案,但是从形态上来讲是由低级向高级演变的,各形态之间亦存在密切联系。因此,从这一角度来说,五种理论范型又为我们

---

① 丁华东.档案学理论范式研究[M].上海:上海世界图书出版公司,2011:12.

揭示了档案学科理论形态的演化过程,可为档案学科发展规律的探索提供依据。

在传统范式中,档案史料整理理论范型的基本研究对象是档案史料,而史料则是"指那些人类社会历史在发展过程中所遗留下来的、并帮助我们认识、解释和重构历史过程的痕迹"。① 档案文件管理理论范型的基本研究对象是档案文件,狭义的文件特指公文,而广义的文件则是指"人们在各种社会活动中产生的记录"。② 其中,无论痕迹还是记录,其主要存在形式都是资料。而 DIKW 模型中的数据亦被称为资料。主流范式——档案信息资源管理理论范型的基本研究对象是档案信息资源,而信息资源主要表现为有用的信息,即其属于信息的范畴。前沿范式中,知识管理理论范型的基本研究对象是知识,社会记忆理论范型的主要研究对象——社会记忆则呈现明显的智慧性征。同时,上述五个范型的实践来源——档案史料整理、档案文件管理、档案信息资源管理、知识管理等均与相应时期档案管理工作的中心相符。

丁华东教授所提出的五种理论范型的内在逻辑和发展脉络与 DIKW 模型本质上是一致的。而且,由于丁华东教授梳理和总结五种理论范型的基本素材和依据乃是国内外档案学已有的研究成果,故五种理论范型实质上反映的是档案学科理论形态的实然情况。

4.1.2.2 社会需求维度

在档案管理的各环节,提供利用工作是至关重要的一环,它决定着档案管理工作的价值能否实现以及实现程度的多少,而其目标导向是用户需求。档案学理论则主要来源于档案管理实践,从这一角度来讲,社会需求对档案学科发展的作用是以间接形式发挥的。但是,由于档案学是一门实践性很强的学科,在其理论体系中,档案应用技术和应用理论等研究领域则与档案管理实践有直接联系。因此从这一角度来讲,社会需求对档案学科的发展

---

① 百度百科. 史料[EB/OL]. [2019-03-25]. https://baike.baidu.com/item/史料/347899.

② 百度百科. 文件[EB/OL]. [2019-03-25]. https://baike.baidu.com/item/文件/6270998? fr=aladdin.

是有直接影响的。综合以上分析可以看出,对于档案学科和档案职业的发展而言,社会需求是重要的外部推动因素。

我国学者李德昌认为:"由于信息革命的推动,社会生产效率的不断提高使世界的不少地方产生了物质过剩,促进了人类需求层次的提高,也推动了人类本性的嬗变:人类从'物质人''生物人''社会人'变成了'信息人'。"①在"信息人"这一层次,信息作为人类固有成分而存在,是人类生存和发展必须具备的基本条件,信息枯竭之时,就是人类生命终结之日。

关于人类步入信息时代的时间节点,广为认同的观点是:欧美及发达国家为 1969 年,我国及部分发展中国家为 1984 年。② 因此从一定程度上说,人类早已步入了"信息人"的阶段,而且随着信息社会发展的深入,信息在维系人类发展中的作用越来越强化,与此同时人类对信息的需求层次也越来越高。

同时,信息的功能亦随着信息技术的发展得到了极大强化,尤其是计算机技术和网络技术的广泛应用,使得信息的数量、传播速度、处理速度等都以几何级数增长。当前,信息社会进入了新时代——网络化时代、大数据时代等,对整个社会的影响力业已达到绝对重要的地位,在此背景下对人类学习、处理、应用信息的能力要求也越来越高,与此相应,其会加速提升人类对信息的需求层次。

2016 年 4 月 1 日,国家档案局印发了《全国档案事业发展"十三五"规划纲要》,在总结和回顾过去工作时明确指出,"十二五"规划提出的主要目标已基本实现,其中包括档案信息化建设的内容——"档案信息化建设初具规模。初步建成以局域网、政务网、因特网为平台,以档案信息管理系统为支撑,以档案目录中心、基础数据库、档案利用平台、档案网站信息发布为基础的档案信息化体系。"③档案信息化建设的目标和动力在于不断满足社会公

---

① 李德昌.信息人社会学:势科学与第六维生存[M].北京:科学出版社,2007:13.

② 百度百科.信息时代[EB/OL].[2019-03-29].https://baike.baidu.com/item/信息时代/522893? fr=aladdin.

③ 国家档案局.全国档案事业发展"十三五"规划纲要[R/OL].(2016-04-07)[2019-04-02].http://www.saac.gov.cn/daj/xxgk/201604/4596bddd364641/297d7c878a80dof800.shtml.

众对档案尤其是数字化档案的利用需求,而其建设成就又进一步推动了利用需求的提升。

表4.1由笔者根据国家档案局网站公布的统计数据制作。据其可知,2011年度至2017年度,全国各级国家综合档案馆纸质档案的利用人次和卷、件次整体处于上升态势,尤其是自2015年度开始有了较大幅度的提升。2017年度较2011年度利用人次多了122.2万,占其总数的22.75%;利用卷、件次多了520.2万,占其总数的33.39%。同时,从2015年度开始,国家档案局的统计数据中开始有了电子档案的利用情况,在利用人次方面变化不是很明显,但是在利用件次方面的变化较大,上升态势较为明显,其中2017年度较2015年度多利用了108.8万件次,占其总数的26.47%。

表4.1　2011—2017年度全国各级国家综合档案馆档案利用情况统计①

年度	纸质档案		电子档案	
	利用人次	利用卷、件次	利用人次	利用件次
2011	537.2万	1557.8万		
2012	513.8万	1500.6万		
2013	536万	1477.8万	无统计数据	
2014	571万	1688.8万		
2015	638.3万	1978.3万	219.4万	411.1万
2016	655.2万	2033.7万	206.3万	456.4万
2017	659.4万	2078万	218.6万	519.9万

2019年3月29日,国家档案局局长李明华在全国档案局长馆长会议上表示,"今年将启动全国档案查询利用服务平台建设,让利用者足不出户即可实现查档需求"。② 此举是为了满足档案用户在家查档的需求,也将进一

①　国家档案局.综合动态[EB/OL].[2019-04-02].http://www.saac.gov.cn/daj/zhdt/lmlist.shtml.

②　黄玥.国家档案局:今年启动全国档案查询利用服务平台建设[EB/OL].(2019-03-29)[2019-04-02].http://finance.sina.com.cn/roll/2019-03-29/doc-ihtxyzsm1552432.shtml.

步刺激其对电子档案数量和质量等方面的利用需求。

4.1.2.3　学科建设维度

1. 学科定位

学科定位问题包含两个重要的子课题,一个是档案学的学科属性定位,另一个是档案学的具体归属定位。

讨论档案学学科属性定位的问题有一个基本前提,即其独立性问题。关于档案学是否是一门独立的学科,我国部分档案学者在 20 世纪 50 年代以前曾有过争论。而随着学科的不断发展成熟,学者们对这一问题在 20 世纪 80 年代达成了统一认识,即认同档案学是一门独立的学科。独立性问题解决之后,关于档案学学科属性问题的争论随之成为当时的一个热门话题。

20 世纪 80 年代,学者们对档案学学科属性问题的认识是较为一致的,吴宝康先生就明确表示:"档案学应属于社会科学是毋庸怀疑的。"①其后分歧渐多,各种不同的观点也不断出现,如"有的认为档案学属管理科学,有的认为档案学属新兴的知识科学,而最具代表性的观点认为档案学属边缘科学或综合性科学"。② 当前,档案学属于社会科学已成为学者们的共识。

对于档案学的具体归属定位,即在社会科学体系之下,其上位类学科——学科门类、一级学科、二级学科为谁的问题争论较大。关于学科归属的认识在档案学的成长发展过程中也会发生一些变化,这些变化也会随之体现到《普通高等学校本科专业目录》的修订中。

《普通高等学校本科专业目录》(为便于论述以下简称《本科专业目录》)是我国教育部制定的有关高等教育工作的基本指导性文件之一。"它规定专业划分、名称及所属门类,是设置和调整专业、实施人才培养、安排招生、授予学位、指导就业,进行教育统计和人才需求预测等工作的重要依据。改革开放以来,中国共进行了 4 次大规模的学科目录和专业设置调整工

---

① 吴宝康.档案学与档案事业[M].南京:南京大学出版社,1988:80.

② 陈永生.共识与分歧:关于档案学独立性与档案学学科属性问题的研究[J].山西档案,1996(1):13.

作。"①在 4 次调整工作中,档案学在《本科专业目录》经历了一系列变化。

在 1982 年版的《本科专业目录》中,档案学专业出现了两次:一是在"历史学类"下设置了"文博与档案"专业,二是在"图书情报档案学类"下设置了"档案学、历史档案、科技档案、档案保护技术"等专业。在 1987 年版的《本科专业目录》中,历史学类下的"文博与档案"专业彻底消失,档案学被专一归入"图书情报档案学类"一级学科,与其他 2 个相关的二级学科——"科技档案"和"档案保护"并列存在,其中"科技档案"为"个别学校设置"的专业,"档案保护"为"试办"专业。值得注意的是,"图书情报档案学类"与"历史学类"是并列关系。在 1993 年版的《本科专业目录》中,档案学与科技档案作为二级学科专业划入"图书信息档案学类"一级学科,该一级学科又与"历史学类"共同组成历史学学科门类,其中"科技档案"为"需适当控制设点"的专业。在 1998 年版的《本科专业目录》中,作为二级学科专业,"档案学"与"图书馆学"共同组成了"图书档案学类"一级学科,而该一级学科又被划入管理学学科门类之下。在其后的《本科专业目录》中,"档案学"的位置一直固定不变。

"建国前,曾经实际上存在着档案学是历史学的一门科目的观点。建国后,我们在学习和借鉴外国特别是苏联档案学的知识过程中,也曾接受过档案学是历史科学的一门辅助科目的观点,也就是说认为档案学是一门辅助科目,属于历史科学。"②可以看出,这种认识在前 3 次修订的《本科专业目录》中有较为突出的体现。虽然 1987 年版的《本科专业目录》将"图书情报档案学类"与"历史学类"并列,但在 1993 年版中则将"图书信息档案学类"归入了历史学学科门类之下,说明此时其影响仍然存在,直到 1998 年正式定格到了管理学学科门类,其对档案学科社会认同层面的影响被彻底摆脱。

关于一级学科的名称,1982 年版为"图书情报档案学类"、1987 年版为"图书情报档案学类"、1993 年版为"图书信息档案学类"、1998 年版为"图书档案学类"。此外,2012 年版中为"图书情报与档案管理类",即兄弟学科也较为固定。

---

① 百度百科. 普通高等学校本科专业目录[EB/OL]. [2019 - 04 - 08]. https://baike.baidu.com/item/普通高等学校本科专业目录/2849128.

② 吴宝康. 档案学理论与历史初探[M]. 成都:四川科学技术出版社,1986:111.

在具体专业设置中,1982 年版中被剥离为 4 个专业、1987 年版中为 3 个专业、1993 年版中为 2 个专业、1998 年版则只有"档案学"1 个。这在一定程度上表明,1998 年版的《本科专业目录》表面上体现出了档案学学科边界的清晰和学科体系的成熟,更重要的是其折射出了其学科地位的强化。

整体来看,我国的档案学经历了一个从历史学科门类到管理学科门类的转变,其地位也从一门辅助学科即分支学科转变为一门独立的学科。

2.分支学科

胡鸿杰教授曾专门梳理过中国档案学学科结构的演化过程,对档案学分支学科发展规律的探索有非常大的启发意义。根据胡鸿杰教授的研究,中国档案学学科结构的演化过程可概括为:档案管理学→档案管理学衍生学科→档案学衍生学科群落→档案学概论。①

其一,以档案管理活动为直接对象的档案管理学是最早形成的档案学分支学科。一方面,在我国著名的"档案十三经"中与档案学直接相关的 9本著作——程长源的《县政府档案管理法》(出版于 1936 年)、何鲁成的《档案管理与整理》(出版于 1938 年)、龙兆佛的《档案管理法》(出版于 1940年)、梁上燕的《县政府公文处理与档案管理》(出版于 1942 年)、傅振伦和龙兆佛的《公文档案管理法》(出版于 1946 年)、周连宽的《档案管理法》(出版于 1947 年)、秦翰才的《档案科学管理法》(出版于 1947 年)、黄彝忠的《档案管理之理论与实际》(出版于 1947 年)、殷钟麒的《中国档案管理新论》(出版于 1949 年),均是各位作者对其时档案管理实践的总结和升华。在此基础上,新中国成立后的档案管理学逐渐得到了成熟和完善,主要表现是相关教材的出版,其中在我国各高等院校档案学专业本科教育中应用较广泛的有:陆晋蘐的《档案管理法》(出版于 1953 年),陈兆祦的《档案管理学》(1962 年内部交流出版,1980 年正式出版),邓绍兴和陈智为的《新编档案管理学》(出版于 1986 年),陈兆祦与和宝荣的《档案管理学基础》(出版于1986 年),陈智为的《档案管理学》(出版于 2008 年),王英玮、陈智为和刘越男的《档案管理学》(出版于 2015 年),部分教材经过了多次修订。

① 胡鸿杰.化腐朽为神奇:中国档案学评析[M].上海:上海世界图书出版公司,2010:84.

其二，随着档案管理活动在运动形式、层次和程度方面的发展，对某一具体管理过程或程序的学术研究也会随之深入发展，当相关研究成果积累到一定阶段，该领域就会形成系统性成果并进而形成一门衍生学科，此类学科包括：科技档案管理学、专门档案管理、档案文献编纂学、档案保护技术学、中国档案史、外国档案管理学、电子文件管理等。随着这些衍生学科的建立和发展，档案学的衍生学科群落逐渐形成，档案学的学科体系也随之建立起来。

其三，当包括档案管理学及衍生学科群落在内的学科体系充分发达时，在此基础上就会产生以"揭示档案现象及其本质和规律"为己任的档案学概论。由于档案学概论的主要功能在于从理论层面揭示档案现象背后的本质和规律，相较于其他学科而言属于形而上的层面，因此其可以说是对档案学的质的升华，胡鸿杰教授也说其具有"学中之学"的味道。档案学概论这一分支学科同样经历了一个不断发展的过程，其主要表现亦是相关教材的出版，较为重要的版本有：赵越主编的1987年版、吴宝康主编的1988年版、任遵圣主编的1989年版、陈兆祦和王德俊主编的1995版（这一版的名称为《档案学基础》，但本质上仍为《档案学概论》）、冯惠玲和张辑哲主编的2001年版（该教材经过2次修订）。值得注意的是，胡鸿杰教授将档案学概论称为终极学科，笔者则以为不然。胡鸿杰教授在分析了档案学概论的结构与功能之后指出，由于其不是在中国档案学的学科群落充分发达之时产生的，故存在一定缺陷，如在当前主流的教材中关于档案学的内容只有一章，而其他三章均与档案管理学的结构与功能重复。从其分析可以看出，当前的《档案学概论》教材并未很好地承担起相应职责，而且所用术语也较难获得其他学科领域的认同。在科学学科中，承担"学中之学"职责的分支学科被称为"元科学"，即"以科学为研究对象，研究科学的性质、特征、形成和发展规律的学科"①，在此基础上又提出了"元学科"的概念。因此笔者认为，档案学概论并没有达到档案学终极学科的要求，在未来很长一段时间内，促成档案学元学科的产生和发展将是档案学术共同体的重要历史责任。

---

① 百度百科.元科学[EB/OL].[2019-04-10].https://baike.baidu.com/item/元科学/647815? fr=aladdin.

通过分析中国档案学学科结构的演化过程可知,在档案学的学科体系中,档案管理学是支柱学科,而其主要研究对象——档案管理实践及其本质和规律又随着社会环境的变化而变化,其中科技进步、社会需求等是主要影响因素。从已有的档案管理学以及由其衍生出来的科技档案管理学、专门档案管理、人事档案管理学等分支学科的主要内容看,当前的重点仍然在实体管理方面,但是值得注意的是,档案信息化的内容越来越多,已占有相当大的比重,甚至在档案学的学科体系中还出现了专门的电子文件管理学这一分支学科。

4.1.3　必然分析

4.1.3.1　档案学术的理论形态

丁华东教授梳理的五种理论范型完整地呈现了档案学术理论形态的历史与现状,而且对未来发展趋势做了合理的前瞻性分析。信息时代是内容为王的时代,无论是对于档案学术研究而言还是档案管理实践而言,其对象从档案载体管理为主转向以档案内容管理为主是时代发展的客观要求。

丁华东教授指出,档案信息资源管理理论范型是当前的主流范式。2019 年 4 月 29 日,笔者在中国知网文献库中,以"篇名"为检索项,以"档案"并含"信息"为检索词进行精确检索,检索结果设定为"中文文献",共计获得 14 562 篇文献。此外,以"电子文件"为检索词的成果有 4678 篇、"电子档案"有 3963 篇、"档案+数字"有 1940 篇。四者合计 25 143 篇。其研究领域也非常广泛,包括档案信息技术,档案信息化建设,档案信息传播、服务、安全,档案信息资源的开发、共享、整合,以及电子文件/档案的归档、鉴定、利用、长期保存、管理系统等。

丁华东教授认为,知识管理理论范型是档案学理论的前沿范式之一。2009 年,徐拥军教授即指出:"现在越来越多的学者清楚地认识到,知识管理是档案管理发展的必然方向,应以知识管理为导向创新拓展档案管理。"①胡鸿杰教授也认为,知识管理可以为中国档案学的发展提供更为广阔的空间,

---

①　徐拥军. 从档案收集到知识积累[J]. 山西档案,2009(2):13–17.

使其最大限度地融入社会前沿学科。① 关于知识管理的研究成果,笔者通过检索获得 109 篇文献(检索时间为 2019 年 4 月 29 日、以知识管理为检索词并含中图分类号 G270)。研究成果虽然较少,但是出现了一批核心作者,如张斌和徐拥军教授关于企业档案知识管理的研究、牛力副教授和魏扣博士关于档案知识库的研究等。

丁华东教授提出的前沿范式之二为社会记忆理论范型,虽然其并未明确提出智慧档案管理理论范型,但是从内涵上讲,社会记忆具有明显的智慧因素。而且根据笔者的观察,当前智慧档案管理已成为我国档案学术领域研究的重要范畴,根据笔者检索已有 210 篇相关文献(检索时间为 2019 年 4 月 29 日、检索词设定为"智慧"+"档案"),已有的研究主要围绕智慧档案的价值和管理、智慧档案馆的功能和建设等方面展开,同时也形成了核心作者群,其中以杨来青、薛四新等较为典型。

通过以上分析,笔者认为,在未来一段时间,档案学术理论将产生从以档案信息资源管理理论为主向以知识管理理论为主的转变,并最终演变为以智慧管理理论为主的理论形态。

4.1.3.2 档案事业的发展趋势

国家档案局于 2016 年 4 月 1 日印发的《全国档案事业发展"十三五"规划纲要》中明确提出了相应发展目标,其中"到 2020 年,初步实现以信息化为核心的档案管理现代化"②是重要的总目标之一,档案管理信息化是重要的分目标之一。此外,档案利用便捷化和档案安全高效化等 2 个分目标又与档案信息化直接相关,其他 4 个分目标——档案治理法治化、档案资源多样化、档案安全高效化、档案队伍专业化则是档案信息化的重要保障。同时,在主要任务和实现指标中,加快档案管理信息化进程主要包括 3 个方面,即"持续推进数字档案馆建设、加快提升电子档案管理水平、加快档案信息资

① 胡鸿杰.中国档案学的理念与模式[M].北京:中国人民大学出版社,2005:169.

② 国家档案局.全国档案事业发展"十三五"规划纲要[R/OL].(2016-04-07)[2019-04-25].http://www.saac.gov.cn/daj/xxgk/201604/4596bddd364641/297d7c878a80dof800.shtml.

源共享服务平台建设"。① 可以预见,在《全国档案事业发展"十三五"规划纲要》的指导下,未来一段时间,档案信息化将是我国档案事业发展的重要导向。

2019 年 3 月 29 日,国家档案局局长李明华在全国档案局长馆长会议上指出了近年来档案管理工作的变化趋势——"档案管理对象越来越多地从纸质档案向电子档案转变,管理方式从手工管理向信息化管理转变,管理内容从实体管理向内容管理转变,利用方式从来馆查阅向网络利用转变"②,随着这一趋势的不断深化,我国档案工作全面实现信息化指日可待。

2015 年 4 月,上海自贸区开始建设电子文件"单套制"管理的试点。2016 年 11 月 17 日,上海市自贸试验区召开复制推广会,电子文件"单套制"管理在整个上海自贸试验区正式推广实施。而在部分发达国家,如美国、加拿大、英国等均提出了明确的时间表以推动电子文件的"单套制"管理。可以说,电子文件取代纸质文件已成为一种不可逆转的社会趋势。

程焕文教授早在 2004 年即指出,在经历了传统管理阶段、信息管理阶段、信息资源管理阶段之后,信息资源管理的发展过程自 20 世纪 90 年代起已处于知识管理阶段。③ 2018 年 5 月 25 日,张斌教授在郑州大学信息管理学院所作的题为《基于知识管理的档案信息资源开发利用》的学术讲座中谈到,档案管理的发展可分为四个阶段:档案的实体管理(物理控制)、档案计算机管理、档案信息(资源)管理、档案知识管理,并特别强调,档案知识管理是档案管理的新理念。

随着智慧城市的发展及理念的推广,智慧档案馆的建设亦成为我国档案事业顺应时代发展趋势的重要内容。在智慧档案馆的研究和建设方面,青岛市档案馆是其中的佼佼者。早在 2012 年,青岛市档案馆即率先提出了智慧档案馆的理念,以副局(馆)长杨来青为核心的几位工作人员发表数篇文章,围绕智慧档案馆的建设理念、功能及需求、体系框架等问题展开了深

① 国家档案局.全国档案事业发展"十三五"规划纲要[R/OL]. (2016-04-07) [2019-04-25]. http://www. saac. gov. cn/daj/xxgk/201604/4596bddd364641/297d7c878a 80dof800. shtml.

② 黄玥.国家档案局:今年启动全国档案查询利用服务平台建设[EB/OL]. (2019-03-29)[2019-04-25]. http://www. xinhuanet. com//2019-03/29/c_1124301995. htm.

③ 程焕文.信息资源共享[M].北京:高等教育出版社,2004.

入探讨。2013年,青岛市档案馆提出了正式的建设项目建议书,2014年建设项目一期工程被列入了市财力投资计划并开始实施建设,2015年正式投入试运行。随后,郑州、天津、广州、珠海、深圳等档案局(馆)也相继启动了智慧档案馆的建设项目。在智慧档案馆建设不断深入和普及的发展态势下,一方面部分档案公司如宝葫芦集团、北京航星永志科技有限公司等提出了数字(智慧)档案馆建设的全面解决方案;另一方面关于智慧档案馆建设的专题会议也越来越多,如2014年3月11日国家档案局技术部和浙江省档案局在杭州联合召开的"智慧档案建设研讨会",2016年3月31日由沈阳市档案馆、沈阳市档案学会、上海中信信息股份有限公司联合举办的"智慧沈阳智慧档案专题对话会暨沈阳市档案馆业务服务平台启动仪式"等。

4.1.3.3 档案学科的未来选择

档案学归属于管理学学科门类已成为既定事实和未来一段时期的常态,但是随着信息社会发展的不断深入,图书馆学、情报学、档案学三个二级学科相互融合的趋势不断加快,在此背景之下,更改一级学科名称以推动二级学科发展就成为档案学未来发展的一个重要契机。

1. 从理论层面来讲

冯惠玲教授和周晓英教授指出:"信息资源管理这一概念具有集成相关学科领域知识而形成一个上位学科群的巨大包容力,开展信息资源管理教育十分必要。"[1]柳晓春和涂启建认为:"图书馆、档案馆是整个社会信息系统中的子系统,根据系统论的整体性原则,图书馆学、档案学理论研究与实践应属于信息管理这一大领域。"[2]刘永教授和邓胜利指出:"IRM(信息资源管理)给图情档带来的机遇大于挑战,是其发展的动力,为其培育新的生长点,因此IRM应当引领图情档确立其一级学科地位。"[3]王协舟教授则直言,将

① 冯惠玲,周晓英.信息资源管理研究与教育:一个大有作为的领域[J].图书情报工作,2004,48(9):27.
② 柳晓春,涂启建.21世纪图书馆学与情报学的学科定位[J].图书馆,2000(1):10.
③ 刘永,邓胜利.论信息资源管理的本质:学科定位问题探讨[J].档案管理,2005(2):54.

一级学科更名为"信息资源管理"是最佳的选择。①

2. 从实践层面来讲

高校是学科建设和发展的重镇。当前在我国 35 所开设有档案学专业的高等院校中,学院名称为信息(资源)管理类的高校数量最多,为 9 所,占 25.71%。具体为:中国人民大学信息资源管理学院、武汉大学信息管理学院、南京大学信息管理学院、中山大学资讯管理学院、华中师范大学信息管理学院、郑州大学信息管理学院、南京政治学院上海分院信息管理系、黑龙江大学信息管理学院、郑州航空工业管理学院信息科学学院。其中部分高校是直接在图书情报与档案管理一级学科之上建院的,如中国人民大学信息资源管理学院、武汉大学信息管理学院、郑州大学信息管理学院等。曹芳、崔佳佳、管丽丽等人在中国人民大学档案学院更名为信息资源管理学院后指出,信息资源管理学院的组建意味着图、情、档三大领域从"三足鼎立"的格局朝着一体化的方向过渡,为档案学注入了新的动力和活力。②

综合以上分析,笔者认为,"信息(资源)管理"这一称谓一方面全面地涵盖了档案学学科理论体系和档案管理实践的内容,并且内在地构建了其未来发展图景;另一方面在该称谓之下图书馆学、情报学、档案学三种学科得以有机统一,而且还有较大拓展空间。因此"信息(资源)管理"可作为当前构建一级学科的较好选择。在二级学科的建设方面,王协舟认为应将信息资源管理构建成一个包含图书馆学、档案学、信息管理与信息系统、电子政务、编辑出版、情报学、文献学等在内的庞大的学科群。③ 对于此观点,笔者较为赞同。就档案学而言,学科群的整合和壮大可极大地提高"信息(资源)管理"一级学科在科学体系中的地位和社会影响力,从而有助于为各二级学科争得更为广阔的发展空间。

---

① 王协舟.基于学术评价视阈的中国档案学阐释与批判[D].北京:中国人民大学,2007:141.

② 曹芳,崔佳佳,管丽丽,等.组建信息资源管理学院对档案学科的影响[J].档案学通讯,2004(1):60-64.

③ 王协舟.基于学术评价视阈的中国档案学阐释与批判[D].北京:中国人民大学,2007:142.

4.2　档案实体管理活动范式

在 DIKW 模型中,"数据或称资料,是可定义为意义的实体,它涉及事物的存在形式"。① 因此在数据层面,档案管理的主要内容为实体管理,由此而产生的档案学术活动范式和档案管理活动范式可称为档案实体管理活动范式。

20 世纪七八十年代以前,我国的档案管理均处于实体管理阶段。这一阶段的管理对象以纸质档案实体、实物档案实体、声像档案实体等为主,管理方式主要为手工管理。档案管理是档案管理部门及其工作人员开展的一种有组织的活动过程,同时为了保证管理效果和质量,还需制定相应的法规、标准进行规范。因此在档案实体管理活动范式之下,档案学术活动和档案管理活动的发展可从程序化管理和规范化管理两个方面展开分析。需要说明的是,由于我国正式的档案学术活动产生于 20 世纪二三十年代,故本部分的研究将主要着墨于 20 世纪二三十年代至 20 世纪七八十年代的发展态势。

4.2.1　程序化管理

作为一种管理活动,档案管理活动的主要内容是以档案为管理对象、按照特定的管理程序对其展开管理。而档案管理程序是档案管理者实施管理的方法和步骤,其主要表现为档案管理环节的实施。

1. 古代时期

根据赵彦昌教授的研究,早在商代甲骨档案的管理中,管理者即实施了收集、整理、保管、利用等环节。但此时的管理活动尚处于初级阶段,如在甲骨档案的分类中采用了"按照载体的差异将甲骨档案与其他档案分类、按照

---

① 罗格.什么是 DIKW 模型? [EB/OL].(2015 – 10 – 10)[2019 – 04 – 30]. https://www.baidu.com/link? url = nZXeM5IZOQuHzkKSFukDCV – MJuFnh1xZ4YdcUPQsF0Fph A3XHnt7vLffdYrfjuKUCdHfGz9YrGZyx – BsKARsz_&wd = &eqid = ae39a25b00080e6d000000 025cc8473a.

已用和未用的标准将刻辞甲骨与备用甲骨分开、按世代对刻辞甲骨档案进行分类"①的方法,虽然具有一定的科学性,但尚显得较为原始。周代的档案管理有了进一步的发展,如根据《周礼》的记载,其在档案收集方面实施了定时收集即按月收集和按年收集的方式,在档案分类方面实施了按职官分类、典藏处所分类等方法。

在我国古代的档案管理实践中,唐朝占据着举足轻重的地位,其不仅建立起了一套较为完善、颇具效率的档案管理制度,而且"专业化的行政分工越来越明显,关键之一就是文书工作与档案工作的区别、划分,标志着档案工作的成熟"。② 在档案管理环节方面,唐代在"归档制度、勾检制度、文书的保管与移交制度、保密和安全制度、档案的利用制度、鉴定销毁制度"③等均有专门性规定。其后各朝各代在档案管理程序的完善和管理环节的细化方面均做出了不同程度的贡献。

我国古代档案管理活动的程序化发展存在一些规律和特征:

(1)管理实践方面。第一,档案管理程序和管理环节的不断完善。如唐代对档案编研的重视、南宋"千字文"排号方法的出现、明代严格的档案清点制度等。第二,档案管理方法的不断科学化。如甲骨档案的分类是以载体类型这一外部特征为第一级分类标准,周代按职官分类的方法本质上是职能分类,其后以来源、职能等为标准分类的方法更加成熟。第三,档案管理工作的专职化。自唐代开始,文书工作与档案工作分开,档案管理开始由专职的机构和人员负责,如唐代的甲历档案库、宋代的架阁库、明代的后湖皇册库等。

(2)学术研究方面。我国古代尚未有专门针对档案管理活动的研究成果,后人了解其相关状况大部分是通过《尚书》《周礼》等史书的相关记载、各朝代律法中的相关规定等实现的,但是这些记载和规定都较为零散。明正德年间,南京户科给事中赵维贤辑有《后湖志》,其中对后湖黄册库的档案管

---

① 赵彦昌.商代档案管理制度研究[J].辽宁大学学报(哲学社会科学版),2009(2):111–112.

② 裴燕生.历史文书[M].北京:中国人民大学出版社,2003:33.

③ 赵彦昌,戴喜梅.中国档案史专题研究[M].哈尔滨:黑龙江人民出版社,2009:244–247.

理活动有较为系统、详细的论述,但其本质上仍属于史书性质。同时,上述这些资料主要是对我国古代档案管理活动的直观描述,理论成分较弱。

2.民国时期

民国时期档案实体管理活动范式的主要内容围绕两大事件展开——"八千麻袋事件"和"行政效率运动"。

"'八千麻袋事件'是指1921—1929年,清代内阁八千麻袋档案整个转辗、拍卖、散失的事件。"①1922年6月28日,清代内阁大库档案整理委员会成立,明清档案的系统整理拉开了序幕。同年7月4日,北京大学的部分师生开始着手实施整理。"北京大学对档案的整理在社会上产生较大影响,档案的价值逐渐被人们所认识。此后,一些高等学校和学术团体开始收集整理明清档案,以致在20年代以后形成了一个整理历史档案的高潮。"②此后,故宫博物院文献馆、中研院史语所、清华大学历史系、禹贡学会乃至新中国成立后中国第一历史档案馆都对所藏的明清档案进行了系统整理。

明清档案整理活动在程序化发展方面存在的规律和特征主要表现为:

(1)管理实践方面。第一,非常重视分类、编目和检索、编辑和研究等环节。如制定《国立北平故宫博物院文献馆整理档案规则》《文献馆所藏档案分类简表》,及时公布档案整理情况和部分档案内容、编印相关档案史料辑,发表和出版关于相关档案史料内容的研究成果等。第二,档案整理方法的不断摸索和改进。如北京大学在整理内阁大库档案之前,即对整理办法进行了讨论,同时胡绥之、袁同礼等社会名士也就其发表了看法。在整理过程中,整理档案会还就实际情况适时调整了整理方法。第三,档案整理工作的专门化。明清档案整理的主要工作均由专门的机构负责,在整理过程中还设有相应的指导、规划部门,如清代内阁大库档案整理委员会。

(2)学术研究方面。在整理明清档案的过程中,部分学者不断总结整理经验并形成了相应的研究成果。如陈垣发表的《档案的整理》(1929)一文"对明清档案整理的'分类、分年、分部、分省、分人、分事、摘由、编目'八种方

---

① 百度百科.八千麻袋事件[EB/OL].[2019-05-05].https://baike.baidu.com/item/八千麻袋事件/587132? fr=aladdin.

② 张会超.民国时期明清档案整理研究[M].上海:世界图书出版公司,2011:35.

法进行简要的论述,这是最早系统论述档案整理方法的文章"。① 还有徐中舒的《内阁档案之由来及其整理》(1930)、沈兼士的《文献馆整理报告》(1935)、方甦生的《整理档案方法的初步研究》(1935)和《清代档案分类整理问题》(1936)、张国瑞的《清宗人府档案之初步整理》(1937)、张德泽的《档案分类研究》《整理档案问题》、罗福颐的《清内阁大库明清旧档之历史及其整理》(1948)等。由此可知,在此过程中,一方面档案整理及其方法在史学界受到了较高度重视,许多史学名家参与其中进行总结和讨论;另一方面也形成了很多关于档案整理及其具体方法的专门性研究成果,尤其是档案的分类问题成为其时讨论的一个重点。整体来看,相关成果在理论方面有了很大提升。

"'行政效率运动'是 20 世纪 30 年代国民政府为改变国家机器运转缓慢、办事效率低下而发起的一场运动。它旨在通过各项行政业务改革,如组织、人员、财务、物料、施政程序等,以提高国家机关的行政办事效能。其主要内容和突破口是文书档案改革。"②为了有效推行"行政效率运动",国民政府特别成立了"行政效率研究会"负责实施。"'行政效率研究会'成立以后,将文书处理与档案管理作为重点问题调查研究。甘乃光在主持研究会后,即用内政部文书档案连锁办法作为文书档案改革运动的最好试行方案。此法先后被江西、广西、武昌、四川等地效用。至此,推行'文书档案连锁法'成了文书档案改革运动的中心内容。"③为配合"行政效率运动"的推行,"行政效率研究会"出版发行了了会刊《行政效率》和《行政研究》杂志。其中,在《行政效率》杂志上共计刊发与文书、档案工作相关的研究文章 69 篇④,占发文总数的 34%。"这些文章分别从文书的收发、运转、处理和档案的点收、登记、分类、编目、庋藏、调阅等方面,对文书、档案工作改革的成果和经验进行

---

① 赵彦昌.中国档案史研究史[M].上海:上海世界图书出版公司,2012:249.
② 徐辛酉."行政效率运动"对中国近代档案学产生的影响[J].山西档案,2006(4):17.
③ 胡鸿杰.化腐朽为神奇:中国档案学评析[M].上海:上海世界图书出版公司,2010:28.
④ 殷钟麒.国民党时期档案管理述要[M].北京:中国人民大学档案系,1958:6.

了全面总结。"①

与此同时,部分学者在系统总结文书档案工作改革经验的基础上陆续编写出版了 13 部著作,其中与档案工作直接相关的有 9 部。其基本架构如下:

(1)程长源的《县政府档案管理法》。全书共分为 20 章:第一章为档案室的组织与行政、第二章为收发与登记、第三章为文件之点收及黏贴、第四章为分类、第五章为编目、第六章为立卷与排架、第七章为检字法、第八章为目录的标排、第九章为调卷、第十章为装订及修补、第十一章为曝晒及消毒、第十二章为档案室与卷架、第十三章为用具与用品、第十四章为重要卷与取销卷、第十五章为附件的处理、第十六章为公报的管理、第十七章为参考书的置备、第十八章为档案室的整洁、第十九章为管理员的责任及修养、第二十章为整理的方法及步骤。

(2)何鲁成的《档案管理与整理》。全书共分为 10 章:第一章为概论、第二章为行政、第三章为文书档案连锁法之理论与实施、第四章为点收与登记、第五章为分类、第六章为编目、第七章为归卷与调卷、第八章为庋藏、第九章为旧卷之整理、第十章为行政参考资料。

(3)龙兆佛的《档案管理法》。全书共分为 6 章:第一章为文书问题概论、第二章为档案之登记、第三章为档案之分类、第四章为档案之编目、第五章为档案之保管、第六章为档案室之组织及管理。

(4)梁上燕的《县政府公文处理与档案管理》。全书共分为甲、乙两篇,其中档案管理篇又分为三章:第一章为档案与行政机关、第二章为怎样去清理档案、第三章为怎样去管理档案。

(5)傅振伦和龙兆佛的《公文档案管理法》。全书共分为 6 章:第一章为绪论、第二章为公文处理(上)、第三章为公文处理(下)、第四章为档案管理(上)、第五章为档案管理(下)、第六章为旧档整理。其中在第四章中,作者将档案管理分为点收、分类、编号、立卷、归附、装订、参见、编目、典藏、销毁、调卷、阅览、打扫晾晒、检查、编辑等 15 个环节。

(6)周连宽的《档案管理法》。全书共分为 8 章:第一章为绪论、第二章为组织与人员、第三章为登记、第四章为分类编号、第五章为编目、第六章为装订与排列、第七章为典藏、第八章为结论。

(7)秦翰才的《档案科学管理法》。全书共分为5章：第一章为档案性质之新认识、第二章为档案工作之新组织、第三章为档案编管之新方案、第四章为档案人才之新标准、第五章为档案用品之新设计。其中在第三章，作者提出档案工作可分为两步：第一步为编辑案卷，包括分类、立卷、标题、互见、编号、登记6个环节；第二步为保管，包括装订、皮藏、调卷3个环节。

(8)黄彝忠的《档案管理之理论与实际》。全书共分为5章：第一章为绪论、第二章为档案之点收整理与登记、第三章为档案之分类、第四章为档案之编目、第五章为档案之保藏与应用。

(9)殷钟麒的《中国档案管理新论》。全书共分为3编：第一编为绪论、第二编为行政、第三编为办法。其中，在第三编之第三章中提出高级档案管理的方法包括点收、登记、分类、编目、编卷、装订、典藏、调阅等8个环节。

从上述9本著作的章节内容可以看出，直接论述档案管理程序的内容就占到了60.61%；与之紧密相关的内容如组织、人员、设备、用品等占27.27%。同时，从上述9本著作记录的档案管理环节看，已基本包含了当前为我国档案学术共同体和档案管理共同体所认同的8个环节。但是在部分著作中也存在划分过细的问题，尤其是在档案整理环节。

3.新中国成立后

新中国成立后，我国逐步建立起了系统的档案管理体系，档案管理理论也得到了长足发展。

"陈兆祦先生是我国著名的档案学家和档案教育家。毕生从事档案学教学和研究工作，是我国档案学科的奠基人之一，创建了档案管理学学科体系，为我国档案学科建设以及档案教育事业发展做出了重大贡献。"[①]一定程度上可以说，陈兆祦先生对档案管理理论的研究工作是新中国成立后我国档案实体管理理论发展的一个缩影，其中《档案管理学》《档案工作基本知识》《档案管理学基础》3本教材是其研究工作的结晶。

---

① 许亮.陈兆祦对我国档案管理学科建设的贡献：以《档案管理学基础》为中心[J].兰台世界,2016(24):29.

　　陈兆祦先生主编的《档案管理学》于 1962 年作为中国人民大学档案学专业的内部教材使用,1964 年由中国人民大学出版社内部交流出版,1980 年由该出版社正式出版发行,该教材的出版"成为我国社会主义档案管理学建立的主要标志"。① 《档案工作基本知识》由和宝荣先生和陈兆祦先生共同编著,"是根据陈兆祦、和宝荣、松世勤发表在《档案工作》杂志 1980 至 1981 年第一期连载到第七期《文书档案基本知识讲座(提纲)》的基础上修订、扩充而成的"。② 《档案管理学基础》由陈兆祦先生与和宝荣先生主编,是一部面向全国高等院校档案学专业的教材,也是体系较为完备的一部档案管理学教材。

　　由表 4.2 可知,陈兆祦在《档案管理学》中秉持的是六环节论,即档案收集、整理、鉴定、保管、利用、统计 6 个环节。而在《档案工作基本知识》中,和宝荣先生和陈兆祦先生业已形成了完整的八环节论。陈兆祦先生"对档案管理学学科的创立与发展的贡献是举重若轻的,由他为主导的档案管理学学科体系已经发展成为我国档案管理学的一种范式,成为后来者研究的基点和源泉"。③

表 4.2　陈兆祦先生主编的三本教材概况

《档案管理学》	《档案工作基本知识》	《档案管理学基础》
第一章　档案	第一章　档案	第一章　档案概论
第二章　档案工作概述	第二章　档案工作概论	第二章　档案工作概论
第三章　档案的收集	第三章　档案的收集	第三章　档案的收集
第四章　档案的整理	第四章　档案的整理	第四章　档案的整理
第五章　档案价值的鉴定	第五章　档案价值的鉴定	第五章　档案的鉴定
第六章　档案的保管	第六章　档案的提供利用和编研工作	第六章　档案的保管与库房管理

---

　　① 邢培华.创新、继承、实用、进取:读两部新版《档案管理学》[J].档案与建设,2010(5):37.

　　② 许亮.陈兆祦对我国档案管理学科建设的贡献:以《档案管理学基础》为中心[J].兰台世界,2016(24):29.

　　③ 杨瑞.陈兆祦档案学思想研究[D].昆明:云南大学,2012:13.

续表4.2

《档案管理学》	《档案工作基本知识》	《档案管理学基础》
第七章　档案的利用工作	第七章　档案检索工具	第七章　档案统计
第八章　档案统计	第八章　档案的保管和统计	第八章　档案的编目与检索
第九章　档案馆(室)对资料和实物材料的管理		第九章　档案利用服务
		第十章　档案馆(室)编研工作
		第十一章　明清档案的管理
		第十二章　民国档案的管理
		第十三章　档案管理自动化问题

　　档案管理程序是长期档案管理经验的总结。随着档案管理实践的发展,我国的档案管理程序也在不断地朝专业化和系统化方向发展。如曾为我国高等学校档案学专业本科生、专科生以及档案工作者普遍使用的教材——由邓绍兴和陈智为教授主编、中国人民大学出版社 2000 年出版的《档案管理学》的主要内容即前八章就是按照档案管理的八个环节编排的:第一章为档案价值的鉴定、第二章为档案的收集、第三章为档案的整理、第四章为档案的保管、第五章为档案检索、第六章为档案的提供利用、第七章为档案的编研、第八章为档案登记和统计。以档案的整理为例,该章又分为五节:第一节为档案整理工作的内容和原则、第二节为全宗的划分和排列、第三节为全宗内档案的分类、第四节为类内案卷排列和案卷目录、第五节为档案整理工作的组织和协调。

　　"陆晋遽1953 年出版的《档案管理法》,是新中国成立后的第一部关于档案管理的专著。"①该书中与档案整理相关的部分为:甲乙丙三种卷的分发和保存期限的商讨、档案分类、档号的编制、卷夹和卷夹内的配合、档案装订等,其体系编排承袭了"民国十三经"相关著作的风格,即对具体的工作内容

---

①　胡鸿杰.化腐朽为神奇:中国档案学评析[M].上海:上海世界图书出版公司,2010:88.

进行描述和总结,系统性较为薄弱,其中还混合了文书管理的部分内容。

相比较而言,邓绍兴和陈智为教授的相关论述,在理论性、系统性、专业性方面均取得了长足的进步和发展,尤其是全宗理论的应用更加体现出了档案学和档案管理的专业性。

此外,由《档案管理学》分化出来的《科技档案管理学》《专门档案管理》等,其学科和教材建设的过程也较为相似。而且在当前主流的教材中,其具体类型档案的管理均是按照八环节论编排的,在整个体系中也占据着主导位置。

值得注意的是,近些年来,部分学者对档案管理的某些具体环节展开了深入系统的研究,如在档案鉴定方面,宋魏巍、王向女即撰写出了相关博士论文——《职能鉴定法研究》《档案鉴定理论演化规律研究》,这些成果的产生对我国档案管理理论的进一步发展将会产生积极的促进作用。

4.2.2 规范化管理

档案管理活动的规范化管理主要包括两个方面:一是档案管理机构和体制的建立,二是档案法规体系的建立与完善。

4.2.2.1 档案管理机构和体制的建立

1.古代时期

我国唐代以前,由于档案与图书、文物等事物是一起保管的,因此其时并没有出现专门意义上的档案管理机构。如周代的天府,西汉的石渠阁、麒麟阁、兰台、天禄阁等,东汉的东观、石室、宣明、鸿都等,这些既是中央档案库又是皇家藏书阁,更是群儒校勘经籍从事著述的处所。

唐太宗时期,最高统治者特别重视对官员及其甲历档案的管理,因此在三省机关中分别设置了甲历档案的专门管理机构——甲库。

宋朝建立后,全国最高行政机关政事堂下设有孔目房、勾销房等机构以掌管文书档案工作。随着三省制在元丰改制后的重新确立,中央三省及地方各府、州、县均下设有文书档案机构。与此同时,以架阁形式保存文书档案的专职机构——架阁库也在全国各级机关建立起来,架阁库在档案的登记、整理、鉴定、销毁、移交、保管等方面均有明确的规定,并由此形成了架阁库制度。

元朝和明朝沿用了架阁库制度。相较而言,明朝的机构设置趋于统一,全国政务改由六部负责,中央机构内部及各地方官府都普遍设有架阁库和照磨所,根据史料记载,仅有名可考的地方架阁库就有 300 多处。此外,为了长期保存赋役黄册档案,明太祖朱元璋曾亲自参与后湖黄册库的筹划,这种前后通风、便于晾晒、防潮降湿的特殊布局建筑的诞生,标志着具有国家规模的专门档案库房在明朝有了空前的发展。此外,明嘉靖帝采纳前内阁大学士丘濬的奏疏——"经籍图书、立威案卷,永远存照,今世赖之以知古,后世赖之以知今"而建造的皇史宬是目前我国保存最完整、最古老的档案库房,是珍藏圣训、玉牒等皇家档案的御用库房。

由以上论述可知,我国自宋代开始,全国各地的专门性档案管理机构普遍建立,形成了自上而下的档案管理机构网,为全国性的档案管理提供了组织基础;同时也制定了统一的管理制度如架阁库制度,为全国性的档案管理提供了制度保障。在一定程度上说,全国性的档案事业管理体系自此建立并逐渐完善起来。

2.民国时期

民国时期,新旧政权交替、政局多变,档案管理机构和体制的发展也多受其影响。

1922 年 6 月 28 日,北京大学成立了清代内阁大库档案整理委员会,组织力量从事明清档案的整理工作,并在《北京大学日刊》公布整理委员会的启示、办事细则、整理方法及档案内容。自此,"档案的整理有了一定的机构和具有共同兴趣的人,再加上制定的较为妥当的整理方法,档案整理进入一个相对科学的时代。这是一个划时代的机构,从此,一批有志之士凝聚在一起,共同为整理档案而奋斗"。①

1925 年 10 月 10 日,故宫博物院成立,并相继制定了《故宫博物院组织法》《故宫博物院理事会条例》等,对其组织、工作等进行统一管理。故宫博物院的馆藏主体为清代宫中的旧藏,其中包括 800 万件明清档案。"故宫博

① 张会超.民国时期明清档案整理研究[M].上海:上海世界图书出版公司,2011:20-21.

物院的成立,不仅是中国博物馆事业走上正轨的开端,而且也标志着我国明清档案事业的重要转折。故宫博物院的成立,使明清档案的整理更加正规和正统!"①1929 年 3 月,故宫博物院文献馆成立,并制定实施了《文献馆办事细则》,标志着明清档案的整理进入一个新的阶段。

国民政府时期,行政院主管全国的行政事务。1934 年 12 月,行政院设立了负责行政效率的专门组织——行政效率研究会,该研究会的一项重点工作即文书档案改革运动,并下设了一个专门小组负责改革运动的开展事宜。1935 年 2 月,行政院下设档案整理处,张锐任处长、滕固任副处长。

受到政局和战乱的影响,民国时期并未建立起全国性的档案管理机构网和统一的管理体制。即便是行政效率研究会主导推行的文书档案连锁法也因为部分地方官员的抵制或阳奉阴违而使其效果大打折扣。况且,1936 年 2 月文书档案改革运动即进入了尾声,而档案整理处则早在 1935 年 6 月即因为经费困难而被撤销。

3. 新中国成立以后

我国的档案机构在 1949 年中华人民共和国成立之后得到了历史性的发展,其主要标志为 1954 年成立了国家档案局,1959 年设立了中央档案馆,地方档案机构也于这个时间前后建立。

由表 4.3 可以看出,我国各省、自治区、直辖市(港澳台除外)的档案机构大部分是在 20 世纪 50 年代末至 60 年代初成立的。同时,各市、县级档案机构及专门性档案馆、部门与企事业档案馆(室)也相继建立和健全,全国性的档案行政机构和档案管理机构网最终形成,为"统一领导、分级管理"的档案事业管理体制奠定了坚实的组织基础。同时,档案机构的建立一方面也要求设置专职性的工作岗位,并需要相关的资金、设备等维持其运行,从而促进了档案职业的产生和发展;另一方面各级档案机构建立之后,须制定相应的法律、法规、规章等以保证其科学化、规范化运行,由此又促使档案法规体系的建立和完善。因此,档案机构的建立对我国档案事业的发展具有基础性作用。

---

① 张会超.民国时期明清档案整理研究[M].上海:上海世界图书出版公司,2011:8.

表4.3　我国各省、自治区、直辖市档案机构成立时间一览（港澳台除外）

序号	单位名称	成立时间	单位名称	成立时间
1	北京市档案局	1959 年 12 月 15 日	北京市档案馆	1958 年 3 月 29 日
2	天津市档案局	1980 年 3 月 21 日	天津市档案馆	1964 年 1 月 21 日
3	河北省档案局	1959 年 3 月 18 日	河北省档案馆	1959 年 3 月 18 日
4	山西省档案局	1959 年 9 月 30 日	山西省档案馆	1960 年 9 月 30 日
5	内蒙古自治区档案局	1959 年 4 月 9 日	内蒙古档案馆	1959 年 4 月 9 日
6	辽宁省档案局	1954 年 8 月	辽宁省档案馆	1958 年 10 月 1 日
7	吉林省档案局	1980 年 5 月 9 日	吉林省档案馆	1959 年 10 月
8	黑龙江省档案局	1960 年 11 月 12 日	黑龙江省档案馆	1964 年 2 月 8 日
9	上海市档案局	1959 年 12 月 21 日	上海市档案馆	1959 年 12 月 31 日
10	江苏省档案局	1960 年 5 月	江苏省档案馆	1958 年 8 月
11	浙江省档案局	1959 年 5 月	浙江省档案馆	1965 年 2 月 1 日
12	安徽省档案局	1980 年 2 月	安徽省档案馆	1959 年 10 月 19 日
13	福建省档案局	1959 年 4 月 20 日	福建省档案馆	1959 年 10 月 1 日
14	江西省档案局	1959 年 2 月	江西省档案馆	1962 年 10 月 29 日
15	山东省档案局	1961 年 11 月 3 日	山东省档案馆	1963 年 1 月 13 日
16	河南省档案局	1959 年 2 月 18 日	河南省档案馆	1959 年 2 月 24 日
17	湖北省档案局	1959 年 6 月	湖北省档案馆	1959 年 6 月
18	湖南省档案局	1959 年 3 月	湖南省档案馆	1959 年 7 月
19	广东省档案局	1959 年 3 月	广东省档案馆	1958 年 11 月
20	广西壮族自治区档案局	1960 年 8 月	广西壮族自治区档案馆	1959 年 4 月
21	海南省档案局	1980 年 3 月 18 日	海南省档案馆	1958 年 11 月 11 日
22	重庆市档案局	1980 年 4 月 30 日	重庆市档案馆	1960 年 3 月 10 日
23	四川省档案局	1959 年 3 月	四川省档案馆	1959 年 3 月
24	贵州省档案局	1959 年 6 月 1 日	贵州省档案馆	1960 年 10 月 1 日
25	云南省档案局	1959 年 5 月 30 日	云南省档案馆	1963 年 8 月 17 日
26	西藏自治区档案局	1965 年 10 月	西藏自治区档案馆	1959 年 6 月
27	陕西省档案局	1959 年 7 月	陕西省档案馆	1958 年 10 月
28	甘肃省档案局	1960 年 1 月 6 日	甘肃省档案馆	1959 年 10 月 22 日

续表4.3

序号	单位名称	成立时间	单位名称	成立时间
29	青海省档案局	1980 年 2 月	青海省档案馆	1980 年 2 月
30	宁夏回族自治区档案局	1980 年 7 月 12 日	宁夏回族自治区档案馆	1958 年 12 月 25 日
31	新疆维吾尔族 自治区档案局	1959 年 10 月	新疆维吾尔族 自治区档案馆	1965 年 10 月

4.2.2.2　档案法规体系的建立与完善

现代意义上的"档案法规体系是以档案法为核心,由档案法和若干档案行政法规和档案行政规章组成的相互联系、协调统一、互为补充的整体"①。从内涵上看其主要由档案法律、档案行政法规和档案行政规章三部分组成。

我国古代时期,《秦律十八种》《唐六典》《元丰法》《元典章》《大明律》《大清律》等律法中对档案的形成、收集、整理、保管、利用等均有专门的规定,但此时期内并未形成专门性的法律法规。

"我国档案管理的专门性法规产生于民国初年。外交部于民国元年(1912 年)、二年(1913 年)两次制定《外交部编档方法》;司法部于民国元年(1912 年)编订《文件保存细则》,特别是司法部制定了一套较为系统的近代档案管理办法。"②此外,故宫博物院也于 1936 年刊行了《国立北平故宫博物院文献馆整理档案规则》,并规定:"本馆关于档案处理之一切手续,应依本规则之规定。"③

1979 年 7 月至 1987 年 9 月,《中华人民共和国档案法》经过起草和反复的审查修改工作,最终由第六届全国人民代表大会常务委员会第二十二次会议审查通过。其后,《档案法》又经历了两次修订:一次是 1996 年 7 月 5 日,第八届全国人民代表大会常务委员会第二次会议通过了其修正案;一次是由 2007 年启动的修订工作,"目前已形成较为成熟的《档案法》(修订草

---

① 华林,苏晓轩,倪丽娟.档案逻辑管理学[M].沈阳:辽宁大学出版社,2012:228.

② 华林,苏晓轩,倪丽娟.档案逻辑管理学[M].沈阳:辽宁大学出版社,2012:6.

③ 张会超.民国时期明清档案整理研究[M].上海:上海世界图书出版公司,2011:204.

案)。《档案法》修改项目被先后列入《国务院 2018 年立法工作计划》《全国人大常委会 2018 年立法工作计划》《十三届全国人大常委会立法规划》的第一类项目"。①《档案法》是一部重要的、基础性法律,在我国档案法规体系的建设中居于核心地位。

国家档案局于 1992 年 3 月 30 日发布实施了《档案法规体系方案》,对我国档案法规体系的建设做出了统一规划。"《档案法规体系方案》的发布,使我国档案法规体系的建设有了一个计划和依据,标志着我国档案法制建设进入了一个新的阶段。"②2011 年 6 月 14 日,由国家档案局在修订《档案法规体系方案》基础上制定的《国家档案法规体系方案》印发实施。

"据不完全统计,截至目前,我国已有档案法律 1 部、档案行政法规 3 部、档案部门规章 34 项(其中,国家档案局单独或牵头发布 23 项)、地方性档案法规 65 部、地方政府档案规章 136 项。此外,国家档案局还制定和发布了规范性文件 130 多份、归口管理国家标准 6 项、行业标准 70 项、指导性技术文件 1 项,基本涵盖档案工作的主要环节和重点领域。"③2018 年 4 月 30 日,陈忠海教授和王晓通在国家科技基础条件平台重点建设项目"国家标准文献共享服务平台"中进行检索和删选之后,共统计到档案标准 330 项。④不难看出,目前我国已建立了较为完善的档案法规体系(见表 4.4)。

表 4.4　档案法规体系层次划分一览

名称	第一层次	第二层次	第三层次	第四层次	第五层次
档案法规体系方案	档案法律	档案行政法规	中央档案行政规章	地方档案法规	地方档案行政规章
国家档案法规体系方案	档案法律	档案行政法规、党内法规和军事法规	地方性档案法规	档案规章	

---

① 杜梅.改革开放以来的档案法规体系建设[J].中国档案,2018(11):27.
② 国家档案局发布《档案法规体系方案》[J].档案工作,1992(5):4.
③ 杜梅.改革开放以来的档案法规体系建设[J].中国档案,2018(11):25.
④ 陈忠海,王晓通.我国档案标准化工作现状调查与存在问题分析[J].档案学研究,2019(2):43-49.

根据王新才和文振兴的统计分析,1980 年至 2012 年 11 月 5 日,我国关于档案法研究的文献即达到了 3095 篇,学者们围绕《档案法》及相关法、档案立法、档案法规体系、中外对比和外国档案法、档案法制建设等展开了广泛讨论。① 此外,根据刘东斌的梳理,1987 年至 2012 年,我国学者对档案法规体系建设的研究则主要集中在档案法规体系的概念与结构框架、地方档案法规体系建设、专业及企业档案法规体系建设、完善档案法规体系建设四个方面。②

2019 年 7 月 6 日,笔者在中国知网文献库中以篇名为检索项、以"《档案法》""档案法律""档案法规""档案法制""档案立法""档案执法""依法治档"等为检索词进行精确检索,时间设定为"2012-11-06"到"2019-07-06",经删选去重之后共得到有效文献 522 篇。其中 153 篇为报道型文献,占总数的 29.31%,内容主要包括关于档案法的宣传培训、政策解读、知识竞赛、会议纪实等。369 篇为研究型文献,占总数的 70.69%。经过梳理,研究型文献主要从六个方面展开:一是依法治档研究,主要围绕依法治档的概念和内容、治档主体、治档方法等展开;二是档案执法研究,主要内容包括档案执法现状、执法检查监督、执法过程中存在的问题与对策等;三是档案立法研究,主要内容包括档案立法过程中存在的问题与对策、中外档案立法比较等;四是档案法制研究,主要内容包括档案法制建设、档案法制宣传教育研究等;五是档案法规研究,主要内容包括档案法规历史、档案法规体系建设和发展完善等;六是档案法律的研究,主要为中外档案法律的比较研究。

同时,笔者亦搜集整理了与档案法相关的学术专著和国家社科基金项目,具体信息见表 4.5 和 4.6。

表 4.5　我国档案法研究领域学术专著一览

序号	书名	第一作者	出版时间	出版机构
1	《档案法学基础与档案行政执法》	石浒泷	2001	山西人民出版社

① 王新才,文振兴.我国档案法研究综述[J].档案学研究,2013(3):21-25.
② 刘东斌.档案法规体系建设研究文献综述[J].档案管理,2012(2):50-52.

续表4.5

序号	书名	第一作者	出版时间	出版机构
2	档案法理论与实务	施懿超	2002	重庆出版社
3	档案立法研究	徐绍敏	2003	浙江大学出版社
4	档案法规知识与职业道德	舒守典	2003	武汉市档案局
5	档案法规学新论	朱玉媛	2004	武汉大学出版社
6	档案信息利用法律研究	张世林	2004	中国法制出版社
7	"维系之道"的道之维系：档案法治论	宫晓东	2005	中国档案出版社
8	档案信息网络传播——法律问题与策略	颜祥林	2006	中国档案出版社
9	民国时期档案法规研究	王芹	2010	合肥工业大学出版社
10	档案法立法研究	陈忠海	2013	上海世界图书出版公司
11	档案法的理论与实践	蒋卫荣	2013	上海世界图书出版公司
12	依法治档研究	陈忠海	2018	郑州大学出版社

表4.6　我国档案法研究领域国家社科基金立项情况一览

立项年度	所属单位	项目名称	项目级别	负责人
1999	北京市档案局	档案法制研究	一般项目	姜之茂
2007	郑州大学	档案法立法研究	一般项目	陈忠海
2013	郑州大学	依法治档研究	一般项目	陈忠海
2015	中山大学	面向档案公共服务的档案法规体系建设研究	青年项目	周旖
2017	福建师范大学	宋代文书违法及防治研究	后期资助项目	钟文荣
2017	郑州大学	法律规制视域下中国档案工作规范体系建设研究	重点项目	陈忠海

　　由表4.5和4.6可知,我国的档案法研究领域不仅出现了12部系统性的学术专著,还获得了6项国家社科基金项目的资助,其中1项为重点项目。当前,陈忠海教授业已成为该研究领域的领军人物,其有2部学术专著、3个

国家社科基金项目。

总体来看,民国前期的档案学术研究成果基本上是档案管理活动及其经验的记录、梳理和总结,后期的成果则在此基础上有了理论性的提升,如在《中国档案管理新论》中,殷钟麒不仅对档案管理的意义、档案的功用和重要性有了更加深刻的认识,还对今后的档案管理进行了展望。新中国建立之后,随着档案学术的进一步发展以及为满足档案学科建设的需要,研究成果的理论性、系统性、深入性等有了较大突破,尤为重要的是,部分学者借鉴其他学科的相关理论、方法、工具等展开了卓有成效的档案学跨学科研究。在众多档案学者的努力下,档案学术理论体系得以建立和完善,也直接促成了档案学科的独立和发展。可以说,在档案实体管理活动范式之下,档案学术活动范式和档案管理活动范式的协同性较好,整体上可以做到同步发展。

但是,在档案实体管理活动范式之下,由于档案管理活动主要以载体管理为主,档案内容的研究和开发没有成为工作重心,因此这一阶段的档案学术活动和档案管理活动从内涵上来讲尚处于初级阶段。在学科建设方面,这一阶段的档案学与历史学、文书学、行政学、管理学、图书馆学等学科的联系较为紧密。当然,随着计算机在档案管理活动中应用的普及,计算机科学的理论与技术也逐渐成为档案学术研究和学科建设的重要营养源。

4.3　档案信息管理活动范式

自 20 世纪 80 年代至今,我国的档案信息管理活动范式业已经历了近40 年的发展,按照档案学术活动范式和档案管理活动范式中所用术语的不同,其主要内容可分为两个方面:一是电子文件/档案管理,二是档案信息(资源)管理和传播。

4.3.1　电子文件/档案管理

随着计算机尤其是个人电脑的发明和应用,各项社会活动中产生了大量的电子文件。而且,为了满足电子文件运转和管理的需要,相应的电子文件管理系统和数据库等软硬件设备也逐渐得到了发展。

20 世纪 90 年代以前,我国的计算机技术尚处于缓慢发展时期。此时期人们使用较多的是"机读文件"这一术语,主要管理对象为磁带、磁盘和光盘,以及由其转化而成的纸质文件,管理方式主要为分类管理,即分为程序类和数据类,并且出现了单机版的档案管理系统作为辅助管理工具。可以看出,这一时期的管理虽然也主要表现为实体管理,但是信息技术的应用含量得到了大幅度提升。

20世纪90年代至21世纪初,我国的计算机技术步入了快速发展时期。自1993年开始,我国陆续实施了一系列"金"字工程,如金桥工程、金关工程、金卡工程、金税工程等。1994年5月,我国作为第71个国家级网加入了Internet,标志着我国计算机技术的发展提升到了新的阶段——全面网络化阶段。1999年,政府上网工程正式启动和实施,电子文件呈几何数增长。在此背景下,我国对电子文件/档案管理工作的重视程度也越来越高,并提升到了战略高度。1996年,国家档案局成立了专门的电子文件归档与档案管理研究领导小组,并制定实施了《CAD光盘存储、归档与档案管理要求》《电子文件归档与管理规范》等一系列管理规范。在实际的管理活动中,档案管理部门开始应用网络版的档案管理系统,并将其作为管理档案的重要工具。

21世纪至今是我国电子文件/档案管理的繁荣发展时期,其主要表现有三个方面:

第一,电子文件/档案管理法规体系的建立和完善。1999年,我国第一个针对电子文件/档案管理的专门性国家标准——《CAD电子文件光盘存储、归档与档案管理》发布实施;2002年12月4日,国家质量监督检验检疫总局、国家标准化管理委员会发布了《电子文件归档与管理规范》,2003年5月1日正式实施;2011年6月14日,由国家档案局发布的《国家档案法规体系方案》中,拟制定/修订的专门性电子文件/档案管理法规标准有两个——《电子档案管理条例》和《电子公文归档管理暂行办法》;2012年8月29日,国家档案局发布实施了《电子档案移交与接收办法》;2016年8月29日,国家质量监督检验检疫总局与国家标准化管理委员会联合发布了《电子文件归档与电子档案管理规范》并于2017年3月1日正式实施。

除了上述专门性的电子文件/档案管理法规标准外,我国制定的其他档案法规中亦包含相关内容,尤其是在2016年公布的《中华人民共和国档案法》修订草案(送审稿)中,专门增设了"档案信息化建设与电子档案管理"

的章节,其中对电子档案管理系统的建立、电子档案的安全等做了专门规定。

同时,在我国颁布实施的其他法规中,亦有与电子文件/档案管理相关的内容,"据统计,目前91项法律法规含有信息化要求;53项法律法规含有电子数据;全国981项法规性文件含有信息化"。① 如2004年颁布实施的《中华人民共和国电子签名法》、2019年4月26日公布实施的《国务院关于在线政务服务的若干规定》等。尤其是在《国务院关于在线政务服务的若干规定》明确提出了"符合档案管理要求的电子档案与纸质档案具有同等法律效力……电子文件不再以纸质形式归档和移交"的要求,为电子档案的归档管理和提供利用提供了坚实的法规保障。

第二,电子文件/档案管理国家战略的制定与实施。在我国电子文件/档案管理国家战略的制定过程中,以冯惠玲教授为核心的研究团队起到了重要的推动作用。

2006年,冯惠玲教授主持的国家自然科学基金项目"我国电子文件管理国家战略的基础理论与框架体系研究"批准立项。课题组随即展开了深入研究,并相继取得了重要成果,当年即向中共中央办公厅提交了"关于全面制定和实施我国电子文件管理国家战略的若干思考"的研究报告。2007年1月22日,时任中共中央办公厅主任的王刚同志对该研究报告做出了重要批示。同年4月26日至27日,"全国电子文件中心建设经验交流会"召开,时任国家档案局局长、中央档案馆馆长的杨冬权同志在会上传达了王刚同志的批示并发表了重要讲话。杨冬权同志在讲话中提出要"以建立电子文件中心为突破口,全面建立有中国特色的电子文件管理体系"。② "电子文件管理战略研究的启动是我国电子文件管理发展的一座里程碑,它标志着我国电子文件管理开始步入国家化、有序化和标准化的成熟发展阶段。"③2008

① 王岚.国家治理视角下《档案法》修改的思路与思考[J].档案学研究,2015(1):46.

② 中国档案编辑部.以建立电子文件中心为突破口 全面建立有中国特色的电子文件管理体系:国家档案局召开"全国电子文件中心建设经验交流会"[J].中国档案,2007(5):6.

③ 冯惠玲,张宁.积极推动电子文件管理规范化、法制化进程[J].档案学通讯,2007(4):95.

年,时任国务院总理的温家宝同志对课题组提交的"《关于加强我国电子文件科学管理的报告》给予了充分肯定,并做出了重要批示,要求有关部门认真参考、研究这一成果"。① 2011 年,冯惠玲教授和刘越男教授撰写的《电子文件管理国家战略》由中国人民大学出版社出版发行。

同时,为了有效实施网络强国的发展战略,2014 年 2 月 27 日我国成立了中央网络安全和信息化领导小组。2018 年 3 月,根据中共中央印发的《深化党和国家机构改革方案》,中央网络安全和信息化领导小组改为中国共产党中央网络安全和信息化委员会,该机构的建立在我国电子文件/档案管理国家战略的实施中亦发挥了至关重要的领导与推动作用。

第三,电子文件/档案单套制管理的试点与推广。随着无纸化办公的实现,电子文件/档案单套制管理将成为我国档案事业发展的主流。值得注意的是,近几年来我国部分部门和地区在电子文件/档案单套制管理方面业已开展了一些较有成效的工作。笔者根据相关文献提供的线索以及会议发言、新闻报道等资料梳理了有关案例,较为典型的案例如下:

2013 年,中国人民财产保险股份有限公司开展电子会计档案试点工作。

2014 年,中国人民财产保险股份有限公司成为国内金融保险业首家实行会计档案电子化管理的企业,并率先实现企业电子发票全流程自动接收入账。

2015 年,上海自贸区开展电子文件归档和电子档案"单套制"管理的试点工作,在上海市档案局的推动下,上海自由贸易试验区管理委员会保税区管理局成功建成了电子文件归档与电子档案管理原型系统,实现电子档案"单套制"管理。

2015 年 12 月,浙江省档案局以开发的电子文件归档子系统为基础,实现了全省住建系统行政审批事项单套制、电子化归档,构建了电子档案单套制管理新模式。

2016 年 7 月,国家档案局联合国家发展改革委确定 33 家企业作为开展电子文件归档和电子档案管理工作的试点。

---

① 惠新宇.砺学砺行自强路 唯实唯新探路人:记中国人民大学副校长冯惠玲教授[J].北京教育(高教),2009(4):62.

2016 年 11 月,浦东新区召开电子文件归档和电子档案"单套制"管理复制推广会,标志着电子文件归档和电子档案"单套制"管理正式在上海自贸区范围内进行全面推广实施。

截至 2016 年 12 月,山东省青岛啤酒公司下属的五家分公司实现了会计账簿电子档案单套制管理。

2017 年 9 月,以商事登记制度改革为背景,以接收的大量商事原生电子档案为契机,珠海市档案局实现了传统的"双套制"管理向电子档案"单套制""单轨制"管理的转变。

2018 年 6 月,作为建设"绩效型智慧法院"的试点单位,珲春法院实现诉讼卷宗随案自动归档;不久后,电子档案管理系统建成,珲春法院实现了诉讼档案"单套制"管理。

2018 年 12 月,国家档案局对开展电子文件归档和电子档案管理试点工作的企业进行验收,其中包括中国石油天然气集团有限公司、江苏核电有限公司、无锡地铁集团有限公司、中国航天科工飞航技术研究院、国泰君安证券股份有限公司在内的 13 家企业顺利通过验收。

2019 年 3 月,山东档案信息网发布了山东省威海市环翠区档案馆开始进行电子档案"单套制""单轨制"试点工作的消息。

2019 年 4 月,深圳市鼎和财产保险股份有限公司上线电子档案管理系统,探索会计档案"单套制"管理之路。

由上述资料可以看出,我国较早实行电子文件/档案单套制管理的是银行系统的会计档案;2015 年上海自贸区开展的试点工作对我国电子文件/档案单套制管理的发展和普及有较大的促进作用。

此外,国家档案局印发的《全国档案事业发展"十三五"规划纲要》中明确规定:"在有条件的部门开展电子档案单套制(即电子设备生成的档案仅以电子方式保存)、单轨制(即不再生成纸质档案)管理试点。"[①]中共中央办公厅与国务院办公厅联合发布的《国家电子文件管理"十三五"规划》中也提出:"推进电子档案开放,加快电子档案资源并开放共享。开展电子档案'单

---

① 国家档案局.全国档案事业发展"十三五"规划纲要[RB/OL].(2016-04-07)[2019-06-07].http://www.saac.gov.cn/daj/xxgk/201604/4596bddd364641/297d7c878a80dof800.shtml.

套制''单轨制'管理试点。"①这两份文件的发布和实施为我国电子文件/档案单套制管理提供了明确的导向和政策保障。

在电子文件管理领域,我国出现的第一篇论文是发表于 1988 年由许士平翻译、美国学者罗伯特·F. 威廉斯撰写的《电子文件管理——即将来临的文件管理革命》,中国学者的正式研究则开始于 20 世纪 90 年代。张海玲在分析了 2015 篇相关期刊论文成果(截至 2016 年 12 月 20 日)后发现:"我国学术界对电子文件管理的研究经历了萌芽阶段(1988—1996 年)、初步发展阶段(1997—2000 年)、快速发展阶段(2001—2011 年)以及逐渐衰退阶段(2012 年至今),目前正处于逐渐衰退阶段。"②张海玲的分期主要是依据研究成果的年度分布得出的结论,对梳理我国电子文件管理研究的发展脉络有较大的借鉴意义,尤其是对萌芽阶段、初步发展阶段和快速发展阶段的认识有一定的合理性,但是其对逐渐衰退阶段的判断,笔者不敢苟同。

其一,张海玲的分析对象中缺乏电子档案管理的研究成果。在我国大部分学者的研究视阈中,电子档案与电子文件的内涵较为接近、外延的交叉性也非常大,甚至在很多论文中二者是可以等同的。2019 年 6 月 9 日,笔者在中国知网文献库中以"篇名"为检索项、以"电子档案管理"为检索词进行精确检索,共获得 1267 篇中文文献。在此基础上,笔者统计了 2001 年至 2019 年各年度相关研究成果的分布情况(见表 4.7)。其中 2019 年为不完全统计,故不作分析。

由表 4.7 可知,2008 年和 2012 年,研究成果的数量相较于上一年度有明显的增长。2012 年,国家档案局发布实施了《电子档案移交与接收办法》,这个文件的出台对相关学术研究产生了较大影响,我国档案学术界使用"电子档案"这一术语的频率逐渐提高。

① 国家电子文件管理"十三五"规划[J]. 档案与社会,2017(5):7-10.
② 张海玲. 我国电子文件管理研究综述[J]. 兰台世界,2017(14):40-43.

表4.7　2001—2019年我国电子档案研究成果年度分布

年度	篇数	年度	篇数
2001	18	2011	70
2002	26	2012	103
2003	18	2013	93
2004	27	2014	110
2005	26	2015	132
2007	37	2016	127
2008	54	2017	120
2009	61	2018	87
2010	72	2019	31

其二,张海玲的分析中未涉及新态势和新技术。一方面,我国电子档案单套制管理正走上逐步推广和深入发展的阶段,受此影响相关研究成果也逐渐丰富起来。而且,由于电子档案单套制管理是我国档案事业发展的大势所在,不少学者业已认识到了在此背景下档案学理论体系重构的必要性和可能性,如王英玮教授在2019年中国档案学会档案学基础理论学术委员会学术年会暨第一届档案创新论坛上所作的主题报告——《关于发展我国档案学基础理论的几点看法》中就展示了其在电子文件/档案管理背景下研究制作的档案生命周期理论和档案连续体理论;而且,根据与会的《人大复印报刊资料·档案学》主编的宣讲,其未来关注的重点选题中来源原则、文件生命周期理论、文件连续体理论等基础理论的深化拓展、电子文件单轨制的进一步探索、双轨制向单轨制转型过程中的问题分析等赫然在列。另一方面,近几年来,大数据、区块链、人工智能等新技术的应用则对电子文件/档案管理的实践和研究产生了巨大的推动作用。

综上分析,笔者认为,我国的电子文件/档案管理研究并未逐渐衰退,其一直是研究的重点和热点领域,只不过不同时期学者们所关注的具体问题有所不同。而且根据笔者判断,在不久的将来,电子档案单套制管理将会成为档案管理的主流,其时电子文件/档案管理范例也会发展为我国档案学的学科范式。

在我国的电子文件/档案管理研究领域,冯惠玲教授和丁海斌教师是其中的佼佼者和领军人物。

早在20世纪90年代中期,冯惠玲教授就率先在国内对电子文件管理问题展开了系统性、开创性研究。20多年来,在电子文件管理领域,冯惠玲教授不仅主持完成了十余项高级别研究项目(见表4.8),还产出了大量学术专著、研究报告、学术论文等研究成果,对我国档案学科的发展起到了历史性的推动作用。此外,冯惠玲教授还培养了一大批学术精英,形成了以其为核心的中国人民大学电子文件管理研究团队,迄今为止该团队仍然是我国档案学领域成果最丰富、影响力最大的研究团队。

表4.8 冯惠玲教授主持的电子文件管理项目情况一览

序号	项目名称	项目类型及级别	立项时间
1	电子文件管理研究	国家社科基金一般项目	1996 年
2	机关、企事业单位电子文件管理模式与方法研究	国家自然科学基金项目	1999 年
3	文件档案一体化管理研究	国家档案局项目	1999 年
4	企业电子文件管理战略	教育部项目	1999 年
5	网络环境中文件、档案信息资源的开发与社会服务	教育部社科项目	2001 年
6	北京市电子政务环境下文件、档案管理规划和实施方案研究	国家档案局项目	2002 年
7	电子政务中的文件管理风险研究	国家社科基金重点项目	2003 年
8	我国电子文件管理机制研究	中国科协重点项目	2007 年
9	电子文件管理模式——北京市电子文件中心建设	北京市自然科学基金项目	2009 年
10	我国电子文件管理国家战略的基础理论与框架体系研究	国家自然科学基金项目	2009 年
11	数字环境下国家自然科学基金委文件、档案规范化管理策略	国家自然科学基金委主任基金项目	2010 年

作为中国电子文件和电子档案管理研究的开拓者之一,丁海斌教授从哲学视域出发提出了"电子时代的档案逻辑管理"的理念,对我国档案学科的发展产生了深远影响,华林、苏晓轩、倪丽娟三位教授在这一理念的影响下编纂出版了新体系档案学系列规划教材之一的《档案逻辑管理学》。同时,丁海斌教授也编纂出版了《电子文件与电子档案管理》(2000 年,辽宁大学出版社,独撰)、《电子文件管理基础》(2002 年,中国档案出版社,独撰)、《电子文件管理基础》(第二版)(2007 年,中国档案出版社,第一主编)、《电子文件管理基础教程》(2011 年,辽宁大学出版社,第一主编)等教材。

4.3.2　档案信息(资源)管理与传播

4.3.2.1　档案信息(资源)管理

国家档案局在 1992 年颁发施行的《全国档案事业发展十年规划和"八五"计划纲要》中就将提高开发档案信息资源的能力作为重要任务列入其中。[①] 1996 年的《全国档案事业发展"九五"计划》中,则明确提出要"采取多种形式开发档案信息资源,积极为社会各方面服务"。[②] 2001 年的《全国档案事业发展"十五"计划》中,档案信息化建设的分量有了很大提高:其一是在"工作任务"的第二部分"档案馆工作"中,将"大力开发档案信息资源"和"组织各级国家档案馆建立区域性档案资料目录中心,实现档案信息资源共享"作为重要任务;其二是专设了"档案信息化建设"的工作任务,并具体规定了 5 个子任务。[③] 2006 年颁发施行的《档案事业发展"十一五"规划》中,"档案信息化建设"的地位和分量得到了显著提升,其不仅在"工作任务"部分由"十五"计划的第 5 位提升到了第 2 位,并且在"档案馆基础建设""档案安全保管与保护""档案信息利用与社会服务""档案科技工作"任务中也设

---

① 张绍银,邓衍明.档案事业:走向二十一世纪的思考:学习《全国档案事业发展十年规划和"八五"计划纲要》的体会[J].档案学研究,1992(2):4-8.

② 王刚."九五"期间档案事业发展的目标、指导思想和主要任务[J].中国档案,1996(3):11.

③ 国家档案局,中央档案馆.全国档案事业发展"十五"计划(摘要)[J].中国档案,2001(2):9-11.

置了相关内容。与"十五"计划相比,"十一五"规划的规定更加注重顶层设计,如规定了"档案信息化建设"的原则、提出要制定统一标准等。① 在2011年颁发施行的《全国档案事业发展"十二五"规划》中则紧跟时代的发展提出了"打造'一站式'档案信息资源共享和服务平台……提供网络信息服务"②等新内容。2016年颁发施行的《全国档案事业发展"十三五"规划纲要》中指出,我国的"档案信息化建设初具规模",并规定"十三五"的发展目标之一就是"到2020年,初步实现以信息化为核心的档案管理现代化",为实现这一目标,将"有效推进档案资源体系建设"作为了一项重要工作任务,并在其下设定了5个实现指标③。

通过上述梳理可知:我国对档案信息(资源)管理的重视程度在逐步提高,对其的认识也更加全面和深刻,在实施操作层面也更加务实。更为重要的是,我国在实际的建设工作中业已取得了较大成绩,尤其是在基础设施的建设方面成效显著,为其进一步发展提供了坚实的基础。

关腾飞运用文献计量学的方法对我国1986年1月1日至2017年12月31日期间发表的关于档案信息管理的693篇研究成果进行了分析,结果发现:"从文献的主题分布看,档案信息管理研究主要集中在档案信息管理系统、档案信息、档案管理、信息管理、档案信息管理、情报管理、计算机、档案信息资源、企业管理、档案管理工作10个方面。"④从具体的研究内容看,近几年来我国学者在档案信息(资源)的安全、共享、服务、整合等方面展开了大量研究。

由表4.9可知,自1988年至2019年,我国学者在档案信息(资源)管理方面年均出版学术专著3部以上,尤其是2017年和2018年数量较多,各为

---

① 国家档案局,中央档案馆.档案事业发展"十一五"规划[J].中国档案,2007(2):13-14.

② 国家档案局.全国档案事业发展"十二五"规划[RB/OL].(2011-01-14)[2019-06-07].http://www.saac.gov.cn/daj/xxgk/201604/4596bddd364641/297d7c878a80dof800.shtml.

③ 国家档案局,中央档案馆.全国档案事业发展"十三五"规划纲要[RB/OL].(2016-04-07)[2019-06-07].http://www.ahhuoshan.gov.cn/openness/detail/content/57abd745e1d5bddb7f405947.html.

④ 关腾飞.1986—2017档案信息管理文献计量学分析[J].档案管理,2019(1):69.

15部和14部,合计占总数的28.71%。相较于其他形式的研究成果如学术论文、会议论文、学术报告等,学术专著在深入性、系统性等方面更为突出,如此数量众多的学术专著的产出也在一定程度上表明我国档案信息(资源)管理的研究业已达到了相当成熟的程度。

表4.9　我国学者出版的档案信息(资源)管理专著一览

序号	书名	第一作者	出版时间	出版机构
1	企业档案信息管理	王李苏	1988	江苏科学技术出版社
2	档案信息论纲要	赵巨华	1989	山西人民出版社
3	档案信息开发与利用	罗辉	1993	南京大学出版社
4	档案信息管理	谭诤培	1994	中国商业出版社
5	档案信息资源开发	黄子林	1995	湖南科学技术出版社
6	档案信息开发概论	黄竖主	1995	福建科学技术出版社
7	科技档案信息资源开发策略研究	吴建华	1997	中国档案出版社
8	档案信息组织与检索	洪漪	1998	武汉大学出版社
9	档案信息资源开发利用及其效益研究	陈永生	1999	广东人民出版社
10	档案信息管理学	史田华	1999	中国人民大学出版社
11	档案信息论	周晓英	2000	中国人民大学出版社
12	档案信息化建设导论	杨公之	2001	中国档案出版社
13	档案信息网络化建设研究	张照余	2001	中国档案出版社
14	科技档案信息传播引论	颜祥林	2002	科学技术文献出版社
15	档案信息化建设实务	杨公之	2003	中国档案出版社
16	档案信息网络化建设	赵屹	2003	北京图书馆出版社
17	电子时代机构核心信息资源管理 OA 环境中的文件、档案一体化管理战略	王健	2003	中国档案出版社
18	信息办公自动化现代档案管理	刘雪梅	2003	西安地图出版社

续表4.9

序号	书名	第一作者	出版时间	出版机构
19	档案信息利用法律研究	张世林	2004	中国法制出版社
20	老工业基地振兴与档案信息化	刘金树	2004	辽海出版社
21	城市建设文件档案信息集成管理与集成服务研究	安小米	2004	中国建筑工业出版社
22	信息检索与档案管理	张予宏	2005	郑州大学出版社
23	档案信息化工作实用手册	张姬雯	2005	南京师范大学出版社
24	档案信息网站建设导论	辽宁省档案科学技术研究所	2006	万卷出版公司
25	档案信息网络传播——法律问题与策略	颜祥林	2006	中国档案出版社
26	信息社会档案学理论与实践	赵中新	2006	中国档案出版社
27	档案馆信息化建设探论	马长林	2006	上海社会科学院出版社
28	集成管理与集成服务 21世纪城市建设文件档案信息管理的优化与创新	安小米	2006	中国建筑工业出版社
29	档案馆信息化与社会发展	马长林	2006	上海社会科学院出版社
30	档案信息公开理论与方法	马长林	2007	上海社会科学院出版社
31	档案信息化理论与实践	张照余	2007	中国档案出版社
32	电子政务环境下政府核心信息资源整合与共享——以湖南档案信息化建设为例	何振	2007	湘潭大学出版社
33	房地产登记档案信息公开研究	广州市房地产档案馆	2007	中国档案出版社
34	网络环境下档案信息管理服务研究	卜昭玲	2007	中国档案出版社
35	档案管理信息化	董巧仙	2008	大象出版社
36	图书档案信息与办公自动化	严真	2008	沈阳出版社

基于范式论视阈的档案学科与档案职业协同发展研究

续表4.9

序号	书名	第一作者	出版时间	出版机构
37	档案信息资源开发利用试点经验汇编	国家档案局技术部	2008	中国档案出版社
38	档案馆信息化与档案管理变革：数字记忆之思考	薛四新	2008	机械工业出版社
39	非国有档案信息资源管理	孙爱萍	2009	中国档案出版社
40	信息咨询视域下图书馆档案馆服务研究	袁红军	2009	吉林文史出版社
41	城市建设档案管理信息系统	石若明	2010	中国建筑工业出版社
42	档案管理视角下个人信用信息有效性保障研究	冯湘君	2010	上海世界图书出版公司
43	档案信息化基础	迪昕	2010	三晋出版社
44	档案信息化理论与实践 上 图文档案数字化装备与应用	伊秀芬	2010	北京燕山出版社
45	档案信息化理论与实践 中 音像档案数字化装备与应用	伊秀芬	2010	北京燕山出版社
46	档案信息化理论与实践 下 档案数据库设计与应用	伊秀芬	2010	北京燕山出版社
47	北京档案信息资源管理理论与实践新探	孙爱萍	2010	上海世界图书出版公司
48	档案信息管理	李现红	2012	山东大学出版社
49	教学档案的管理与信息化建设	梁建梅	2013	中国书籍出版社
50	自主可控的数字档案信息系统建设实践	马淑桂	2013	中国文史出版社
51	社会信息化与档案信息化	吴绪成	2013	湖北人民出版社
52	档案网站信息资源组织与利用研究	吴建华	2013	科学出版社
53	数字档案信息缩微品输出	段东升	2013	中国文史出版社
54	档案信息化和数字档案馆	张玮	2013	中国水利水电出版社

续表4.9

序号	书名	第一作者	出版时间	出版机构
55	基于业务规则的档案信息资源管理	王新才	2014	武汉大学出版社
56	社会转型期档案信息化与档案信息伦理建设研究	马仁杰	2014	上海世界图书出版公司
57	档案管理与信息化视角	王萍	2014	现代出版社
58	图书、情报与档案的信息化概论	邢荣华	2014	黑龙江教育出版社
59	网络时代档案信息的整合、共享与传播	李龙凤	2014	现代出版社
60	档案信息管理	陶庆萍	2015	东南大学出版社
61	新媒体环境下的档案信息服务	赵屹	2015	上海世界图书出版公司
62	政府信息公开环境下广西档案开放利用研究	黄夏基	2015	武汉大学出版社
63	档案检索:理论与方法(文献信息资源开发与研究丛书)	周铭	2015	中国社会科学出版社
64	高校图书情报与档案信息管理	孙璐	2016	光明日报出版社
65	基于信息组织技术的档案资源开发	党跃武	2016	四川大学出版社
66	信息安全视域下高校档案管理研究	刘健美	2016	国家行政学院出版社
67	档案管理信息化	喻念念	2016	吉林大学出版社
68	高校档案信息化服务与管理	勾淑玲	2016	东北林业大学出版社
69	环保档案信息资源共享理论及实践	徐敏	2016	中国环境出版社
70	计算机信息技术与档案管理学	郭爱艳	2017	辽海出版社
71	信息存储与人事档案管理艺术	王朔	2017	吉林美术出版社
72	档案信息美学与图书馆管理	曹丛林	2017	吉林美术出版社
73	档案信息技术与管理	张平云	2017	现代出版社
74	档案信息资源的开发与利用	金晓光	2017	延边大学出版社

基于范式论视阈的档案学科与档案职业协同发展研究

续表4.9

序号	书名	第一作者	出版时间	出版机构
75	创新视角的图书馆与档案信息管理艺术	刘建平	2017	吉林美术出版社
76	档案信息化与开发利用研究	张静	2017	吉林人民出版社
77	高校图书情报与档案信息管理	李鹤飞	2017	经济日报出版社
78	档案信息与管理创新	潘秋童	2017	吉林出版集团股份有限公司
79	档案管理与信息应用	李倩	2017	吉林出版集团股份有限公司
80	档案管理与信息利用	许扬	2017	吉林美术出版社
81	档案信息服务模式的创新与发展	吕晓庆	2017	北京日报出版社
82	档案管理与信息资源	吴蓓	2017	吉林文史出版社
83	档案信息化建设	四川省档案局	2017	四川人民出版社
84	档案管理与信息统计研究	余明红	2017	天津科学技术出版社
85	高校档案公共服务与信息化管理	左婷婷	2018	吉林出版集团股份有限公司
86	互联网时代会计档案的信息化管理研究	喻颖	2018	东北师范大学出版社
87	Web2.0环境中参与式的信息档案化管理:走向全景档案世界	周文泓	2018	浙江大学出版社
88	信息化时代下高校档案管理创新研究	朱春巧	2018	东北师范大学出版社
89	档案管理与信息统计	周萍	2018	中国纺织出版社
90	大数据环境下档案信息化管理	王辉	2018	延边出版社
91	档案管理理论与信息化技术应用	纪玲	2018	北京工业大学出版社
92	基于价值全面实现的档案信息资源配置	王运彬	2018	社会科学文献出版社

续表 4.9

序号	书名	第一作者	出版时间	出版机构
93	档案理论与图书馆信息化思维	孙红蕾	2018	吉林人民出版社
94	图书文化信息开发与档案管理服务	刘小菲	2018	新疆生产建设兵团出版社
95	档案管理与情报信息资源存诸利用	张忠岭	2018	北京工业大学出版社
96	高校图书信息服务创新与档案信息管理	党玉梅	2018	辽海出版社
97	档案管理与信息化建设	徐春兰	2018	延边大学出版社
98	图书馆管理与档案信息资源利用	叶杨	2018	吉林美术出版社
99	档案管理与信息统计	张鹤	2019	辽海出版社
100	高校档案管理信息化建设	杨阳	2019	吉林文史出版社
101	信息技术与档案管理	肖瑞芳	2019	吉林文史出版社

4.3.2.2　档案信息(资源)传播

　　将档案信息(资源)通过一定的媒介传播出去供社会公众利用是发挥其价值的重要手段。在信息社会,我国档案信息(资源)的传播途径更加多元化,除了编研和展览外,利用互联网技术和平台进行传播业已成为重要途径,而其中较为重要的为档案网站和档案微信公众号。

　　当前,由我国各级各类档案部门运维的档案网站是宣传档案事业、传播档案信息(资源)、与用户展开互动交流等的重要媒介。笔者于 2019 年 6 月 1 日至 6 月 4 日调查了我国各省、自治区、直辖市档案网站的基本情况(见表4.10)。

表 4.10　我国各省、自治区、直辖市档案网站基本情况一览(港澳台除外)

序号	档案信息网站名称	主管单位	创建时间	运行情况
1	北京市档案信息网	北京市档案局	1999 年 4 月 8 日	正常
2	河南档案信息网	河南省档案局	2005 年 11 月 4 日	正常

基于范式论视阈的档案学科与档案职业协同发展研究

续表 4.10

序号	档案信息网站名称	主管单位	创建时间	运行情况
3	上海档案信息网	上海市档案局	1999 年 10 月 19 日	正常
4	重庆档案信息网	重庆市档案馆	2001 年 10 月 1 日	正常
5	贵州档案信息网	贵州省档案局	2005 年 3 月 11 日	正常
6	湖北省档案馆	湖北省档案局	2004 年 12 月 3 日	正常
7	甘肃档案信息网	甘肃省档案局（馆）	2001 年 12 月 7 日	正常
8	河北省档案局	河北省档案局	2013 年 9 月 23 日	正常
9	陕西档案信息网	陕西档案局 陕西省档案馆	2000 年 8 月 12 日	正常
10	广东档案信息网	广东省档案馆	1997 年 8 月 6 日	正常
11	琼兰阁——海南省 档案信息网	海南省档案局	1998 年 7 月 27 日	正常
12	山东档案信息网	山东省档案馆	1999 年 10 月 11 日	正常
13	江苏档案	江苏省档案馆	2003 年 6 月 18 日	正常
14	广西档案信息网	广西壮族自治区 档案局	2014 年 10 月 13 日	正常
15	天津档案网	天津市档案馆	1998 年 9 月 17 日	正常
16	山西省档案局 （山西省档案馆）	山西省档案局	2018 年 6 月 7 日	正常
17	辽宁省档案馆	辽宁省档案馆	2011 年 4 月 6 日	正常
18	吉林省档案信息网	吉林省档案局（馆）	2013 年 1 月 21 日	正常
19	黑龙江省档案局（馆）	黑龙江省档案局	2005 年 10 月 31 日	网页无法访问
20	浙江档案	浙江省档案局、 浙江省档案馆	2001 年 4 月 2 日	正常
21	安徽省档案馆	安徽省档案局、 安徽省档案馆	2003 年 7 月 16 日	正常
22	福建档案信息网	福建省档案局（馆）	2001 年 6 月 21 日	正常
23	江西档案信息网	江西省档案馆	2004 年 5 月 14 日	正常
24	四川档案	四川档案局（馆）	2003 年 7 月 18 日	正常
25	云南档案网	云南省档案局	1999 年 4 月 1 日	正常

续表4.10

序号	档案信息网站名称	主管单位	创建时间	运行情况
26	青海档案网	青海省档案局	2008年7月31日	不正常(站点更换网址或服务不稳定等原因)
27	西藏档案	西藏自治区档案局(馆)	2016年10月20日	正常
28	内蒙古档案信息网	内蒙古自治区档案局(馆)	2003年8月21日	正常
29	宁夏档案信息网	宁夏回族自治区档案局馆	2006年10月12日	正常
30	新疆档案信息网	新疆维吾尔自治区档案局(馆)	2004年10月23日	正常
31	湖南省档案局、湖南省档案馆	湖南省档案局、湖南省档案馆	1998年10月14日	正常

由表4.10可知,在31个省、自治区、直辖市档案网站中,创建最早的为广东档案信息网,1997年8月即开通运行;创建于1998年的有3个;1999年的有4个;2000年至2005年的有15个,可占到总数的48.39%;2006年至2010年的有2个;2010年以后的有6个。可以看出,2000年至2005年是我国直辖市、省、自治区档案网站开通运行比较集中的一个时期。但不容忽视的是,笔者开展网络调查的时候也发现两个网站出现了异常情况,说明其运营维护工作存在一定问题。此外,在可以正常访问的29个档案网站中,其均具备档案查阅、档案展览、信息推送、交流互动等功能,在档案信息(资源)的传播中发挥了重要作用。

2013年,我国第一个档案微信公众号开通运营。根据陈祖芬的监测,截至2018年1月31日,"正在有效运营的各级各类档案机构账号共657

个"。① 倪丽娟教授和陈阳指出,档案微信公众号具有"应用载体的可靠性、传播模式的便捷性、运行成本的低廉性"②等优势,当前档案微信公众号业已发展成为我国档案信息(资源)传播的重要媒介。

依据"档案微平台研究"最新发布的《周榜全国档案微信公众号 TOP100(2019 年 5 月 5 日—11 日)》,笔者于 2019 年 6 月 1 日至 6 月 5 日对这 100 个微信公众号的基本情况进行了调查,具体情况见表 4.11。

表 4.11 全国档案微信公众号 TOP100 基本情况一览(2019 年 5 月 5 日—11 日)

序号	公众号名称	首篇推文时间	账号主体	发文量	点赞量	阅读量	头条	平均	WCI
1	金山记忆	2015 年 11 月 11 日	上海市金山区档案局	1	475	16 854	16 854	16 854	701.40
2	吴江通	2014 年 12 月 23 日	苏州市吴江区档案局	5	346	13 021	13 021	2604	562.03
3	数字档案管理	2015 年 4 月 10 日	福州震旦计算机技术有限公司	6	124	21 436	4151	2680	529.34
4	张家港档案	2015 年 6 月 10 日	张家港市档案局	1	565	3365	3365	3365	494.47
5	福建档案	2015 年 3 月 31 日	福建省档案局	5	587	7758	5914	970	478.06
6	记忆南通	2017 年 5 月 31 日	南通市档案馆	1	57	3728	3728	3728	459.09
7	皇史宬	2016 年 3 月 16 日	中国第一历史档案馆	1	128	3164	3164	3164	456.66
8	南平档案	2015 年 3 月 26 日	福建省南平市档案局	1	48	3394	3394	3394	444.86
9	兰台之家	2015 年 3 月 9 日	北京融安特智能科技股份有限公司	6	29	9798	7506	1089	436.47
10	上饶记忆	2015 年 3 月 5 日	上饶市档案局	2	56	3983	3983	1992	433.59
11	档案那些事儿	2014 年 6 月 2 日	个人	2	44	4149	4149	2075	430.81
12	泰达图书馆档案馆	2013 年 5 月 16 日	泰达图书馆	5	102	5324	4946	761	418.87
13	苏州档案	2015 年 3 月 2 日	苏州市档案局	2	210	2548	2548	1274	406.55

---

① 陈祖芬.档案机构微信公众号实践反思与难点突破[C]//赵彦昌.中国档案研究:第 6 辑.沈阳:辽宁大学出版社,2018:130.

② 倪丽娟,陈阳."互联网+"环境下档案微信建设的 SWOT 分析:基于全国档案微信公众号的调查[J].档案学研究,2017(3):43—44.

续表 4.11

序号	公众号名称	首篇推文时间	账号主体	发文量	点赞量	阅读量	头条	平均	WCI
14	海宁档案史志	2017年6月9日	海宁市档案馆	2	37	3487	3394	1162	398.45
15	上海交大档案馆	2014年4月17日	上海交通大学	1	37	2159	2159	2159	390.22
16	中新天津生态城图书档案馆	2014年5月27日	中新天津生态城图书档案馆	4	33	6418	4159	642	387.79
17	顺德档案史志	2018年1月30日	佛山市顺德区档案馆	4	44	3581	3581	895	387.51
18	档案春秋	2016年3月4日	上海市档案馆	3	47	2582	2582	861	360.77
19	江西档案	2017年5月22日	江西省档案馆	2	94	1866	1866	933	359.37
20	中国档案杂志	2014年8月22日	中国档案杂志社	3	15	3050	2671	763	344.92
21	江苏档案	2014年5月26日	江苏省档案局	2	38	1828	1828	914	344.63
22	宣威档案	2017年2月15日	宣威市档案局	6	18	9536	3278	318	343.45
23	横山档案	2017年5月12日	榆林市横山区档案馆	1	7	1586	1586	1586	329.93
24	民国大校场	2017年5月5日	中国第二历史档案馆	1	34	1155	1155	1155	325.49
25	青浦档案	2016年5月17日	上海市青浦区档案局	1	33	1160	1160	1160	325.25
26	中国档案报	2017年3月10日	中国档案报社	2	15	2822	2005	470	315.73
27	南开档案	2015年5月27日	天津市南开区档案馆	3	25	1624	1624	541	315.07
28	浙江省档案馆	2014年4月25日	浙江省档案馆	2	31	1326	1326	663	307.40
29	延安档案	2016年6月14日	延安市档案局	2	19	1331	1331	666	302.05
30	南京浦口档案史志	2015年4月23日	南京市浦口区档案局	1	11	1084	1084	1084	300.37
31	档案管理利用	2016年8月15日	浙江档科信息技术有限公司	5	19	1903	1903	381	296.38
32	枣庄档案	2016年8月22日	枣庄市档案馆	1	32	859	859	859	296.20
33	北京市档案馆	2017年5月26日	北京市档案馆	2	18	1422	1230	474	286.65
34	档案观止	2017年1月25日	合肥市档案局	2	24	967	967	484	275.15
35	佛山档案	2015年1月5日	佛山市档案局	1	90	852	564	426	270.98
36	浦东档案	2015年4月16日	上海市浦东新区档案馆	1	22	1655	865	331	270.55

续表 4.11

序号	公众号名称	首篇推文时间	账号主体	发文量	点赞量	阅读量	头条	平均	WCI
37	国网档案	2017年5月24日	国网中兴有限公司	3	13	1408	1188	352	267.63
38	北京航星永志科技有限公司	2015年4月23日	北京航星永志科技有限公司	1	4	846	846	846	262.36
39	国际档案理事会ICA	2016年7月28日	个人	3	41	870	870	290	260.32
40	浙大档案馆	2017年5月19日	浙江大学	3	19	904	904	301	255.87
41	瑞云档案	2015年7月13日	北京瑞云档案管理有限公司	2	5	956	956	478	252.10
42	成都档案	2016年12月4日	成都市档案局	2	49	667	667	334	252.07
43	苏州市工商档案管理中心	2016年5月24日	苏州市工商档案管理中心	1	54	471	471	471	251.51
44	四川省档案学校	2015年11月12日	四川省档案学校	3	3	1483	1266	371	249.89
45	平阴档案	2016年7月15日	平阴县档案局	1	12	572	572	572	245.48
46	杭州档案	2017年8月10日	杭州市档案局	3	16	878	839	220	240.77
47	云南档案	2017年4月13日	云南省档案局	2	12	1177	714	294	240.48
48	民航档案工作	2016年7月29日	个人	4	22	887	887	222	239.47
49	中山档案方志	2014年1月16日	中山市档案馆	3	29	1199	754	171	237.71
50	档案工作	2017年2月28日	个人	4	3	1746	1158	218	236.74
51	宁波档案	2014年6月10日	宁波市档案局	2	22	1014	572	254	231.49
52	档案管理杂志	2017年3月5日	个人	4	29	1134	654	142	222.72
53	扬州档案方志	2016年10月18日	扬州市档案馆	1	8	460	460	460	221.78
54	宝鸡档案	2016年6月30日	宝鸡市档案局	7	62	1306	829	77	221.50
55	礼县档案局	2015年4月24日	甘肃省陇南市礼县档案局	3	38	539	539	180	219.96
56	两当档案	2014年11月19日	两当县档案局	2	18	491	491	246	214.27
57	秦风档案	2017年4月1日	陕西省档案馆	3	19	991	561	142	212.86
58	杭州城建档案	2015年2月12日	杭州市城市建设档案馆	3	24	643	581	161	212.34

续表 4.11

序号	公众号名称	首篇推文时间	账号主体	发文量	点赞量	阅读量	头条	平均	WCI
59	记忆浙江	2018 年 7 月 1 日	浙江省档案局	1	17	350	350	350	211.24
60	光典信息发展	2017 年 5 月 16 日	上海中信信息发展股份有限公司	2	4	587	587	294	210.20
61	国家档案局	2019 年 1 月 9 日	中央档案馆	1	1	549	549	549	209.77
62	嘉兴档案	2014 年 4 月 18 日	嘉兴市档案局	4	7	717	717	179	208.39
63	上海大学图书情报档案系	2014 年 12 月 19 日	上海大学	4	8	666	666	167	206.99
64	淮安档案	2017 年 5 月 19 日	淮安市档案局	1	5	394	394	394	204.11
65	上海普陀档案	2014 年 5 月 20 日	上海市普陀区档案局	2	26	394	394	197	203.88
66	档案界论坛	2017 年 2 月 27 日	个人	3	12	525	525	175	202.55
67	天津市档案馆	2014 年 11 月 24 日	天津市档案馆	4	8	1303	742	93	202.27
68	读档	2015 年 12 月 25 日	湖北省档案局	1	8	354	354	354	201.52
69	沧海言档	2018 年 4 月 14 日	个人	7	12	759	759	108	201.42
70	彭城档案	2017 年 5 月 19 日	徐州市档案局	1	14	321	321	321	201.32
71	档案零距离	2015 年 11 月 23 日	个人	2	22	401	401	201	200.92
72	杭州西湖博物馆非常西湖	2014 年 5 月 15 日	杭州西湖博物馆	6	5	1216	875	68	194.88
73	天津大学档案馆	2017 年 4 月 26 日	天津大学	1	6	337	337	337	194.40
74	时光特攻	2017 年 1 月 29 日	个人	1	13	291	291	291	193.06
75	档案与建设	2016 年 4 月 25 日	江苏省档案展览陈列馆	2	3	435	435	218	185.60
76	海洋档案	2017 年 10 月 20 日	国家海洋信息中心	4	14	412	412	103	180.58
77	龙江档案	2017 年 5 月 19 日	黑龙江省档案局	4	31	353	353	88	175.75
78	黄石档案	2016 年 3 月 22 日	黄石市档案局	2	12	305	305	153	175.16
79	金华市城建档案	2015 年 12 月 11 日	金华市城建档案管理处	1	4	267	267	267	172.51
80	西南石大档案	2017 年 10 月 23 日	西南石油大学	3	75	250	250	83	170.72

基于范式论视阈的档案学科与档案职业协同发展研究

续表4.11

序号	公众号名称	首篇推文时间	账号主体	发文量	点赞量	阅读量	头条	平均	WCI
81	西北工业大学档案馆	2015年3月27日	西北工业大学	1	4	317	285	159	164.14
82	一汽档案直通车	2016年6月7日	个人	1	5	215	215	215	160.16
83	档案无锡	2017年5月3日	无锡市档案局	1	1	258	258	258	155.01
84	陕西师范大学档案馆	2016年5月9日	陕西师范大学	3	1	411	411	137	153.60
85	海淀档案	2016年6月8日	北京市海淀区档案局	5	9	539	369	54	153.42
86	档案数字化	2014年3月18日	北京博睿思达数字科技有限公司	1	4	531	167	133	153.14
87	金陵档案	2019年1月10日	南京市档案局	2	11	215	215	108	151.84
88	青岛档案	2015年12月28日	青岛市档案局	1	5	489	193	98	150.35
89	岳麓故事	2016年3月18日	长沙市岳麓区史志档案局	1	33	653	46	109	147.78
90	常熟兰台	2016年6月8日	常熟市档案局	1	1	228	228	228	147.22
91	建邺兰台	2015年5月25日	南京市建邺区档案局	1	4	176	176	176	144.83
92	如东档案	2017年9月27日	如东县档案局	1	7	150	150	150	140.92
93	兴山档案	2016年6月7日	兴山县档案局	1	11	136	136	136	139.33
94	山东省档案馆	2019年1月4日	山东省档案馆	2	5	197	197	99	137.35
95	联大档案	2016年3月20日	个人	1	1	194	194	194	136.79
96	安庆市迎江区档案局	2016年6月8日	安庆市迎江区档案局	1	1	189	189	189	136.14
97	黄陵县档案局	2018年1月26日	黄陵县档案局	1	2	219	210	110	134.44
98	北工大校史档案	2016年10月16日	北京工业大学	3	3	225	225	75	129.91
99	唐山档案	2015年8月11日	唐山市档案馆	3	23	166	166	55	129.68
100	辽宁档案	2015年5月5日	辽宁省档案馆(辽宁省工业文化发展中心)	4	0	347	347	87	125.07

由表4.11可以看出,在这100个微信公众号中,90%以上是在2014年至2017年正式运维的,这在一定程度上也可说明,这一时间段是我国档案微信公众号发展较快的一个时期。从档案微信公众号的传播效果看,排名第一的金山记忆从平均阅读量和WCI指数看都显得较为突出,其数据远高于其他档案微信公众号,尤其是其平均阅读量可达到16 854次,对于一个由区档案局(馆)主办的微信公众号来说实属不易。而且,根据"档案微平台研究"发布的往期"周榜"和"月榜"的排名看,金山记忆在大部分榜单中均独占鳌头。金山记忆能够取得如此成绩,除领导高度重视、编辑部团队用心呵护之外,内容为王的宗旨是其制胜法宝。如点赞数最高的文章《上海市金山区第二实验小学给学生满足个性的幸福》(点赞数达7010个)、阅读量最高的文章《张堰中学八十载风雨铸就不凡》(阅读量达35 392次),均是在充分发挥馆藏资源优势的基础上讲好档案故事的优秀代表。此外,传播效果较好的吴江通、记忆南通等微信公众号也是如此。

此外,从表4.11亦可发现,我国档案微信公众号的传播效果差别较大。仅从WCI指数看,排名第一的金山记忆可高出排名第100位的辽宁档案576.33;即便是与排名前二位的档案微信公众号差额也在139.37。同时,从整体看,WCI指数在200以下的就有29个,200至300之间的有41个,二者共占总数的70%。

相比较而言,国内的档案信息(资源)传播实践较为注重对特色档案资源的挖掘、对档案工作的宣传以及对档案新闻类信息的传播,并提供了在线查询、咨询以及档案展览等部分延伸功能。而国外的档案信息(资源)传播实践则更加侧重相关社交媒体的社会服务及交流,尤其是与民众的服务互动及信息分享。此外,国外的档案信息(资源)传播实践相对注重规范化管理,如美国在实践过程中就及时发布了相关文件予以规范。

2019年5月7日,笔者在中国知网文献数据库中,以"主题"为检索项,以"档案"并含"传播"为检索词进行精确检索,共得到文献526篇,经过去重和剔除不相关文献得到有效文献218篇,其年度分布如表4.12所示(其中2019年为不完全统计)。

基于范式论视阈的档案学科与档案职业协同发展研究

表4.12　我国档案信息(资源)传播研究成果年度分布

年度	数量	年度	数量
1997	1	2009	9
1998	3	2010	13
1999	2	2011	6
2000	1	2012	9
2001	1	2013	15
2002	3	2014	17
2003	4	2015	18
2004	3	2016	16
2005	2	2017	40
2006	2	2018	29
2007	3	2019	5
2008	7		

　　由表4.12可知,2008年相关研究成果出现了明显的增长,2017年和2018年的成果数量明显较多,尤其是2017年达到了一个峰值。

　　从文献内容方面看,相关研究主要围绕档案信息(资源)传播模式、档案信息(资源)传播要素、档案信息(资源)传播障碍、档案信息(资源)传播权限等4个方面展开,其中,传播要素中又主要包括档案信息(资源)传播者、档案信息(资源)传播内容、档案信息(资源)传播媒介、档案信息(资源)传播受众、档案信息(资源)传播效果等5个方面的内容。

　　从已有的研究成果看,其主要研究内容是从传播者的视角出发,主要围绕档案信息(资源)传播的重要性和必要性、传播现状、传播中存在问题及应对策略展开,即初步回答了"为什么传播"和"如何传播"的问题。而根据拉斯韦尔的5W传播模式——谁(who)、说什么(say what)、通过什么渠道(in which channel)、向谁(to wham)、有什么效果(with what effect),完整的传播行为应包括传播者、传播内容、传播媒介、传播受众和传播效果5个要素,与此相应,对于传播行为的研究也应包括控制分析、内容分析、媒介分析、受众分析和效果分析5个部分。而已有的研究主要进行的是控制分析和媒介分析,内容分析虽然开始受到了重视,但是所占比重仍有待提升,而受众分析和效果分析则显得尤为薄弱。

整体来看,在档案信息管理活动范式之下,我国的档案学术活动和档案管理活动在协同融合的深度和广度方面有了很大发展。首先,从数量看,档案信息管理研究成果丰硕,无论是期刊论文还是学术专著,其数量在我国档案学术研究成果中占比较大;从质量看,已有的研究成果涉及的内容广泛、研究视角多样、研究方法多元、理论深度较高,尤其是产出了 100 多部学术专著,系统性和深入性较强。其次,在档案信息管理领域业已形成了学派,最典型的即为中国人民大学电子文件管理研究团队,从范式理论的角度看,该领域的研究活动业已进入了较为成熟的阶段。最后,档案信息管理的部分研究成果业已在管理实践中产生了巨大的影响。如冯惠玲教授及其研究团队提出的电子文件管理国家战略就产生了全国性的影响,对我国电子文件管理的理论和实践产生了深远影响;再如我国部分档案学者为一些企事业单位所作的档案信息管理方面的规划和方案也得到了很好的落实,取得了较高的效益。同时,很多学者的研究也在档案信息管理实践中获得了大量的资料支持,据笔者了解,中国人民大学、南京大学、中山大学、湖北大学等高校档案学专业的教师就经常到企事业单位去调研,以获得第一手资料。

4.4 档案知识管理活动范式

"知识是信息接受者通过对信息的提炼和推理而获得的正确结论,是人通过信息对自然界、人类社会以及思维方式与运动规律的认识与掌握,是人的大脑通过思维重新组合的、系统化的信息集合……信息只有同接受者的个人经验、信息与知识准备结合,也就是同接受者的个人背景融合才能转化为知识。"[①]因此,档案知识管理的宗旨在于为人们创造知识、分享知识、更新知识创造必要的条件,其关键在于通过组织、挖掘等工作将隐性的档案知识转化为显性的档案知识,即内容管理。在当今内容为王的时代,档案知识管理也是社会发展的趋势和要求。

---

① 马费成,宋恩梅.信息管理学基础[M].武汉:武汉大学出版社,2011:11.

从目前情况来看,我国部分企业在档案知识管理理念以及实施方面做得较好,并取得了非常好的效果,较为典型的是 SG 钢铁集团有限公司和海尔集团。

根据徐拥军教授的了解和调查,SG 钢铁集团是国内首家明确提出和实施"知识资源管理"的企业,早在 2004 年即邀请中国人民大学信息资源管理学院张斌教授及其团队进行实地调研和咨询,并在此基础上提出了"《SG 档案工作调研报告》《SG 知识资源管理构思》《SG 知识资源管理方案》"。① 2005 年,该集团特邀两位专家举办了"企业档案知识资源管理学习班",为《SG 知识资源管理方案》的正式实施做准备。2005 年 3 月至 2009 年 1 月,SG 钢铁集团的档案知识管理分两个阶段正式实施:第一个阶段是将档案资源纳入了"知识资源库",第二个阶段是实现了"桌面化服务",以提升知识服务的水平。②

"海尔作为国内第一个从线型转向平台型的大型企业,其平台化战略已经开展了 5 年,其间采取并改进了各类举措,成效初显,具有较强的现实指导意义和参考借鉴价值。"③海尔集团的创新平台知识管理经历了 3 个阶段:共生阶段、互生阶段和再生阶段。其中,共生阶段开始于 1999 年,旨在通过战略性调整,把封闭的科层制企业转化为开放的创业平台,实现"资源的无障碍进入";互生阶段开始于 2005 年 4 月,旨在通过"人单合一双赢"模式实现"各方利益的最大化";再生阶段开始于 2015 年,集团 CEO 张瑞敏迭代了"人单合一"理论,通过推动小微企业的升级实现其"自组织演进"和"组织无边界化"。④

在档案管理机构中,青岛市档案馆建设的"历史档案知识库"较有典型性和启发性。2012 年 3 月,"青岛档案历史知识库在青岛市金宏政务网开通启用。青岛档案历史知识库实现了青岛历史知识的集成化、结构化管理和

---

① 徐拥军.企业档案知识管理模式:基于双向视角的研究[M].北京:中国档案出版社,2009:188.

② 徐拥军.企业档案知识管理模式:基于双向视角的研究[M].北京:中国档案出版社,2009:192-194.

③ 王露露,徐拥军.海尔创新平台知识管理模式研究[J].现代情报,2017(12):52.

④ 王露露,徐拥军.海尔创新平台知识管理模式研究[J].现代情报,2017(12):54.

网络化应用,既可阐释历史史实,也可通过知识词的关联等,帮助用户获取新的知识。知识库的启用,搭建起面向党政机关和社会的青岛历史知识公共服务平台,标志着青岛市档案资源开发由信息服务层面,步入知识服务层面的新阶段"。① 2017 年 6 月,"青岛历史知识库"微信小程序启动,市民可以借助手机移动终端通过该微信程序了解青岛历史知识。上述措施的实施进一步促进了青岛市档案馆的业务工作由信息管理向知识管理的转型。

在档案学领域,最早明确提到"知识管理"的学者是加拿大的高德·拉伯楚克。其早在 1997 年发表的一篇文章中就指出:"要长久地发展我们的工作,关键在于是否具有发展并抓住新机遇的能力。这种机遇将把我们与知识管理革命直接联系。下个世纪企业档案工作者将在有关企业的知识管理决策中,承担重要责任。"②我国的档案学者较早关注知识管理的是冯惠玲教授,其在 1997 年完成的博士学位论文中即提出了档案后保管模式是以来源为中心、以知识为中心的管理的观点。③ 在 2001 年召开的中国首届档案学博士论坛上,冯惠玲教授更是明确指出:在"夹缝时代","档案人员应该将职能重心从实体管理转向信息管理、知识管理"。④ 此外,陈智为教授也于 2000 年提出了"在即将到来的知识经济时代,档案工作将被视为知识管理工作"⑤的论断。

根据徐拥军教授的梳理,截至 2009 年 1 月,国内外关于档案知识管理的研究成果主要围绕"档案管理与知识管理的关系、基于知识管理的档案管理创新、档案知识管理阶段、档案人员的角色变化"等 4 个方面展开。2019 年 5 月 19 日,笔者在中国知网的文献数据库中以"篇名"为检索项、以"知识管

---

① 青岛市档案局.青岛档案历史知识库在金宏政务网开通启用[EB/OL].(2010-11-02)[2019-05-29].https://www.qingdao.gov.cn/n172/n24624151/n24631595/n2463/609/n24631637/120908121147831147.html.

② RABCHUK G. Life after the "Big Bang": business archives in an era of disordor[J].Amercican archivists,1997,60(1):34-43.

③ 冯惠玲.电子文件时代新思维:《拥有新记忆——电子文件管理研究》摘要之六[J].档案学通讯,1998(6):45-49.

④ 冯惠玲.拓展职能:"夹缝时代"档案职业的生存之策[C]//21 世纪的社会记忆:中国首届档案学博士论坛论文集.北京:中国人民大学出版社,2001:105-112.

⑤ 刘国能,陈智为,姜之茂,等.千年一越话从头:走向新世纪档案工作七人谈[J].上海档案,2000(1):23-26.

理"为检索词、并设定"中图分类号"为"G270"进行精确检索,共获得 109 篇文献;再以"篇名"为检索项,以"档案"并含"知识"为检索词进行精确检索,获得 1931 篇文献。

在学术活动方面,张斌教授及其研究团队做出了巨大贡献。张斌教授除了撰写发表档案知识管理方面的学术论文外,还为多家大型企业提供了相关培训和咨询,并帮助其制定了相关实施方案,如上文提到的 SG 钢铁集团。尤为重要的是,张斌教授指导、培养了多位档案知识管理领域的专家、学者,如徐拥军教授、牛力副教授、魏扣博士等。

2007 年,徐拥军教授的博士学位论文《企业档案知识管理模式——基于双向视角的研究》顺利通过答辩;2009 年,在此基础上修改完成的同名学术专著由中国档案出版社出版发行,该书是我国档案学领域第一部关于知识管理研究的专门性著作。此外,徐拥军教授迄今为止已发表相关研究成果 14 篇,是该领域成果较为丰硕的一位学者。2014 年,牛力副教授申报的国家社会科学基金项目"面向政府决策的档案知识库构建研究"和北京市哲学社会科学规划重点项目"基于领导决策的档案知识库建设"成功立项,并发表了十余篇阶段性成果。2014 年,魏扣博士的博士学位论文《面向决策的档案知识库构建研究》顺利通过答辩;2016 年,其申报的国家社科基金项目青年项目"社交媒体环境下公共档案资源知识聚合与服务研究"获批立项。魏扣博士发表的相关研究成果已有近 20 篇。

此外,企业档案信息化战略研究课题组于 2010 年编撰的《知识管理:企业档案信息化战略之选》由广东省出版集团、广东人民出版社出版发行;2019 年,曾祯、金瑞、王聪颖三位作者撰写的《知识管理背景下的档案管理模式》由辽海出版社出版。这两部著作亦对档案知识管理问题展开了深入、系统的探讨。2011 年,王英玮教授的《知识经济时代档案部门的生存与发展策略》一书由中国人民大学出版社出版,该书部分涉及了档案知识管理的内容。

值得关注的是,2007 年 5 月,湖北大学企业档案与知识管理研究中心成立,覃兆刿教授担任中心主任。自成立以来,研究中心已在企业档案制度研究、企业电子文件和档案管理实践、民营企业档案管理等方面取得了较大成绩。

通过上述分析可知,在档案知识管理活动范式之下,档案学术活动在前瞻性方面有了较大提升。如张斌教授及其研究团队为 SG 钢铁集团提出了系统的知识资源管理构思及方案等,该集团背后的档案知识管理实践就是依据构思和方案展开的;徐拥军教授则在广泛调研和访谈的基础上,"基于档案管理与知识管理的双向审视,提出了一种新的档案管理与知识管理模式——'档案知识管理模式'……即是'以知识管理为导向的档案管理'与'以档案管理为基础的知识管理'"[①],该模式对我国企业突破档案管理和知识管理的困境具有极大的启发和借鉴意义,亦具有较强的可操作性;牛力副教授和魏扣博士关于档案知识库构建的深入研究则更具前瞻性。

4.5 档案智慧管理活动范式

智慧"是人类所表现出来的一种独有的能力,主要表现为收集、加工、应用、传播信息和知识的能力,以及对事物发展的前瞻性看法"[②]。在 DIKW 模型中,智慧居于最高层次。

我国的智慧档案管理主要是在智慧城市理论与实践的影响下产生的,而且随着智慧城市建设的深入,智慧档案管理也得到了快速发展。2019 年 6 月 1 日至 3 日,笔者应用网络调查的方法对我国部分地区智慧档案管理的实践情况进行了梳理,基本情况见表 4.13。

表 4.13　我国部分地区智慧档案管理实践情况一览

序号	地区	主要成果
1	北京市	2012 年,出台《智慧北京行动纲要》,加快档案馆资源数字化;2016 年,北京瑞云档案管理公司首创智慧档案库房
2	上海市	2015 年 9 月,上海智慧系统正式运行,提供档案服务;2019 年,上海市档案局致力于全面实现政府服务"一网通办",加快建设智慧政府

---

① 徐拥军.企业档案知识管理模式:基于双向视角的研究[M].北京:中国档案出版社,2009:52.

② 荆宁宁,程俊瑜.数据、信息、知识与智慧[J].情报科学,2005,23(12):1788.

续表 4.13

序号	地区	主要成果
3	深圳市	智慧档案馆亮相 2018 中国智慧城市国际博览会
4	河北省	2017 年 6 月 9 日唐山市智慧档案馆开放;2018 年 4 月 10 日,唐山市档案工作会议提出搭建唐山市智慧档案馆档案资源共享利用系统
5	山西省	2016 年阳泉矿区智慧档案馆开放
6	辽宁省	2016 年,沈阳市城建档案馆启动智慧查档工作,纸质档案实现部分数字化;《铁西区智慧档案馆建设方案》出台
7	黑龙江省	2018 年,哈尔滨市档案局组织第二期学习交流会,重点推进市政府办公区智慧档案管理服务平台提档升级等六项工作
8	江苏省	2014 年,南京栖霞将"智慧档案"纳入"智慧栖霞"建设总体规划;2016 年昆山建成智慧档案馆,南通崇川区检察院的智慧档案室投入使用;2017 年扬州市烈士档案馆探索智慧档案馆建设;2018 年 5 月 17 日,苏州市档案局组织召开了 2018 年度全市档案信息化工作会议,对智慧档案馆项目提出意见;2018 年,张家港市成功创建"全国示范数字档案馆",并以此为新起点,力争 5 年内建成档案智慧管理和服务体系;2018 年,无锡市智慧档案馆一期启动
9	浙江省	2016 年,温州档案云阅读 App 上线;杭州建立"杭州市电子文件中心";嘉兴市建设智慧档案数据共享平台;桐乡市智慧档案建设列入智慧城市发展规划。2017 年,数字档案馆建设项目纳入智慧宁波的总体框架。2018 年 3 月,龙湾区数字档案馆通过国家级测试,加快该区档案事业智慧转型;6 月,海宁市企业档案工作协作组正式成立,为企业发展提供更精准、更便捷、更主动的智慧化服务。2019 年,湖州市档案馆以"法治"为支撑、"智慧"为内核、"资源"为基础、"平安"为底线、"服务"为主题,持续深化"五档共建"
10	安徽省	2015 年,蚌埠市档案馆实现"智慧"控制
11	山东省	2015 年 5 月,青岛市智慧档案馆项目一期运行,2016 年二期工程开建;2016 年 8 月,济阳县档案局推出"智慧档案"手机 App;9 月,潍坊市"智慧临朐数字档案馆建设项目"通过初验;2017 年 7 月 24 日,威海智慧档案系统研讨会召开,智慧档案系统研发正式进入测试使用阶段
12	湖北省	2017 年,咸宁市依托多网联合打造智慧档案管理系统

续表 4.13

序号	地区	主要成果
13	湖南省	2016 年,永兴县馆藏档案全部实现数字化;2017 年,岳阳市建设智慧档案馆;2018 年 6 月,怀化市档案局多措并举加快推进智慧档案建设
14	广东省	2011 年,中国移动广东公司,依托云计算平台,建成企业"智慧档案";2013 年,广州军区推出智慧档案管理系统;2015 年,珠海市举办"建设'智慧档案'推进档案信息化"专题讲座;2019 年,广州市档案局制定实施《广州市国家档案馆基础业务建设四年行动计划(2019—2022 年)》,对档案馆智慧安防建设提出了任务要求
15	海南省	2019 年 3 月,结合海口市"城市大脑"和"智慧海口"建设,海口市档案局积极推动数字档案馆建设
16	四川省	2016 年 9 月,舟山市打造智慧档案云综合利用平台;2017 年 11 月,"绵阳市智慧城建档案管理平台"项目通过验收;2018 年 2 月,巴中市档案局运用 RFID 射频技术推进"智慧档案"建设;2019 年 3 月,江油市档案局(馆)举行档案保密工作培训暨"档案信息共享智慧管理平台"培训会
17	贵州省	2019 年,安顺市《政府工作报告》提出加快推进档案工作迈向"智慧化"
18	陕西省	2017 年 5 月,黄石市召开全市档案工作会,启动智慧档案馆工程建设;2017 年咸阳市进行档案资源数字化;2018 年 11 月,"十堰市数字档案信息共享平台"成功上线,十堰市初步形成了市、区两级国家综合档案馆区域一体化的智慧政务、智慧档案服务体系
19	内蒙古自治区	2014 年起乌海市公安局建立了公安智慧档案馆系统
20	新疆维吾尔自治区	奎屯市城建档案馆提出构建"智慧档案馆"

2019 年 6 月 4 日,笔者以"智慧档案"为检索词在中国知网(中国学术期刊、博硕士学位论文库等)、万方数据资源系统、人大学位论文库、超星数字图书馆、Google 的"Scholar"学术搜索和百度搜索引擎等进行检索,结合相关度并进行严格的删选和去重工作之后,获取有效文献 187 篇,其中有 186 篇

期刊论文,1 部专著(见表4.4)。

由表4.14可知,我国关于智慧档案管理的研究起始于2013年。2019年为不完全检索,但是截至到检索日期已有14篇相关文献(含专著1部)。因此从总体趋势看,相关研究成果呈逐年递增的趋势,且自2014年始有明显的增长。

表4.14　2013—2019年我国智慧档案管理研究成果年度分布

年度	篇数	年度	篇数
2013	4	2017	41
2014	13	2018	44
2015	37	2019	14(含专著1部)
2016	34		

笔者利用当前学术研究中常用的一款文献计量分析软件 Cite Space Ⅱ,借助其自动排序功能进行统计后发现,我国参与智慧档案管理研究的作者共有144人,其中发表3篇及以上的核心作者有8人(见表4.15)。

表4.15　我国智慧档案管理研究核心作者统计

姓名	篇数	姓名	篇数
莫佳莉	7	杨来青	3
史仕新	6	许　杨	3
薛四新	5	周小平	3
杨　艳	4	王晓君	3

由表4.15可以看出,8位核心作者共发文34篇,占有效文献总数的18.18%。其余136位作者人均发文约0.89篇,即大部分作者尚处于浅尝辄止的状态,还未形成专题性研究。

此外,参与智慧档案管理研究的单位共有77家。按照作者所在单位的性质,可将智慧档案管理研究的作者群分为实践工作者和高校师生两类(见表4.16)。

表 4.16　我国智慧档案研究不同类型作者发文统计

类型	篇数
实践工作者	127
高校师生	60

　　由表4.16可知,在智慧档案管理研究的作者群中,实践工作者发文篇数居多,占有效文献总数的67.91%,为主要研究主体;高校师生仅占32.09%。

　　按照已有研究成果的主题,智慧档案管理的研究成果可分为三类:一类是针对智慧档案馆的研究;一类是针对智慧档案馆组成部分的研究;一类是思辨性研究。

　　关于智慧档案馆研究的具体内容主要包括5个方面:

　　第一,智慧档案馆的价值研究。关于这一内容,杨来青的研究较有代表性。2013年,他在与徐明君、邹杰联合署名的文章中提出智慧档案馆是档案馆未来发展的新前景。[①] 2014年,杨来青独立撰文指出智慧档案馆是信息化发展的必然产物,并进而认为智慧档案馆是档案馆信息化建设的高级阶段,是智慧城市建设题中应有之义。[②] 从观点本身来看,前者显得较为模糊,但容易产生振聋发聩的效果;后者更为明晰,也较易引起一线工作者的共鸣。从论述方式来看,前者是在分析新技术发展的大背景和数字档案馆的局限性中间接得出的,后者则经过了详细的分析和论证。由此也可看出作者的认识是在不断发展、深化的。此外,高海云认为建设智慧档案馆顺应了我国建设智慧城市的潮流,有利于提高档案管理水平和管理效率,可以为智慧城市建设提供有益参考,促进我国经济社会的平稳发展。[③] 这从档案管理和社会发展视角探讨了智慧档案馆的价值。

　　第二,智慧档案馆的定义研究。杨来青、徐明君、邹杰认为:智慧档案馆

---

　　① 杨来青,徐明君,邹杰.档案馆未来发展的新前景:智慧档案馆[J].中国档案,2013(2):68-70.

　　② 杨来青.智慧档案馆是信息化发展的必然产物[J].中国档案,2014(6):64-66.

　　③ 高海云.档案馆未来发展的新前景:智慧档案馆[J].办公室业务,2018(24):133.

是采用物联网、云计算等新技术智能管理多元化档案资源、具有感知与处置档案信息能力并提供档案信息泛在服务的档案馆模式。① 谭雪则认为,智慧档案馆是"通过利用新一代信息通信技术来改变用户和档案馆相互交互的方式,提高交互的明确性、灵活性和响应速度,实现全面的沟通感知、泛在的互联、智能化的资源管理,从而构建的智慧化服务和管理的档案馆模式"。② 明确智慧档案馆的概念是开展相关研究的基点,而为其下一个科学合理的定义在一定程度上则是研究成熟的一个标志。两个定义从内容上讲采取的是描述法,即通过不同程度罗列智慧档案馆的应用目标、技术手段、管理对象等要素来实现,仅从形式上来看不相上下。但是描述法的劣势在其中表现得较为明显,那就是抽象度不够,没有充分揭示智慧档案馆的本质。从定义过程来看,杨来青等的定义主要从档案信息管理的角度进行考量,较易揭示智慧档案馆与数字档案馆的联系与区别。谭雪则是借鉴严栋关于智慧图书馆的定义而得出的。从这一角度来看,杨来青等的定义显得更为"档案化",且其对相关问题如智慧档案馆的定位、智慧档案馆与数字档案馆的区别等问题的分析更有帮助。

第三,智慧档案馆的功能研究。杨艳、薛四新、徐华、苏龙高娃指出:智慧档案馆可实现档案馆信息化管理的全面化、档案馆信息资源库的精细化、档案馆业务实现的感知化、档案信息服务的知识化。③ 谭雪认为:智慧档案馆能够对档案实体进行高度自动化和智能化管理;能够对海量档案相关信息采集、捕捉、处理;能够建立广泛的交互维度,实现互联互通;能够提供高层次的资源智慧服务,实现知识空间的构建。④陈静、韩海涛、田伟则指出:智慧档案馆可实现档案资源采集智慧化、馆藏档案管理智慧化、档案服务智慧化。⑤ 杨艳、薛四新等与陈静、韩海涛等的论述内容较为相似,抽象度、概括

---

① 杨来青,徐明君,邹杰.档案馆未来发展的新前景:智慧档案馆[J].中国档案,2013(2):68-70.

② 谭雪.借力"智慧因子"完善智慧档案馆功能[J].湖北档案,2014(12):6-8.

③ 杨艳,薛四新,徐华,苏龙高娃.智慧档案馆技术系统特征分析[J].档案学通讯,2014(4):66-69.

④ 谭雪.借力"智慧因子"完善智慧档案馆功能[J].湖北档案,2014(12):6-8.

⑤ 陈静,韩海涛,田伟.大数据时代智慧档案馆构建探析[J].北京档案,2015(1):25-27.

度较高,也更为宏观,而谭雪的研究显得更为细致、具体。此外,牛力、裴佳勇分别从技术、信息链、集成设计、大数据角度出发,分析了学者们对智慧档案馆的定义,认为关于智慧档案馆,学者们基本达成了以下两个方面的共识:第一是智慧档案馆是档案馆发展的高级形态和必然结果;第二是智慧档案馆通过应用物联网、云计算等先进技术,实现城市各类信息资源的有序整合和高效利用,从而更好地为公众服务。学者们关于智慧档案馆的定义研究尚不深入,智慧档案馆的定义尚不清晰。①

第四,智慧档案馆的建设研究。这是智慧档案馆本体研究的主要内容。杨来青、徐明君、邹杰认为,智慧档案馆的建设,关键在于建立"集'资源多元、全面感知、综合处置、双模存储、泛在应用'于一体的档案及档案馆管理与运营综合支撑平台"。② 陶水龙认为,智慧档案馆的建设应充分考虑与智能楼宇、物联网、云计算及大数据技术的融合。③ 谭雪认为,智慧档案馆应从技术与平台、思维与理念、政策与标准等方面进行全方位建设。④ 陈静、韩海涛、田伟提出了基于物联网技术的智慧档案馆概念模型。⑤ 李广都、叶毅将智慧档案馆的构建划分为馆库智能化管理的初级阶段、智慧档案社区的中级阶段、智慧档案馆门户(群)的高级阶段。⑥ 莫家莉、胥刚提出了由用户需求构成的核心层、建立在系统融合和资源共享基础上的支撑层、由智慧服务构成的表现层的智慧档案馆建设模型。⑦ 孙晓帆、刘俊恒、杨剑云提出了基于硬件层、数据层、应用层、服务层的智慧档案馆运作平台。⑧ 何夏昀认为应

---

① 牛力,裴佳勇.面向服务的我国智慧档案馆建设探析[J].档案学研究,2018(2):89-96.

② 杨来青,徐明君,邹杰.档案馆未来发展的新前景:智慧档案馆[J].中国档案,2013(2):68-70.

③ 陶水龙.智慧档案馆建设思路研究[J].中国档案,2014(6):67-69.

④ 谭雪.借力"智慧因子"完善智慧档案馆功能[J].湖北档案,2014(12):6-8.

⑤ 陈静,韩海涛,田伟.大数据时代智慧档案馆构建探析[J].北京档案,2015(1):25-27.

⑥ 李广都,叶毅.智慧档案馆构建中的阶段划分及要点分析[J].中国档案,2017(11):68-69.

⑦ 莫家莉,胥刚.智与慧的融合:智慧档案馆发展愿景[J].西南民族大学学报(人文社科版),2019,40(4):227-231.

⑧ 孙晓帆,刘俊恒,杨剑云.智慧档案馆运作平台顶层架构研究:基于我国43家档案馆的调查[J].城建档案,2019(3):15-16.

加强大数据技术在智慧档案馆建设中的多样化和人性化适配。① 黄新荣、曾萨提出了智慧档案馆建设的"云边模式"。② 黄林、罗裱等介绍了无线射频识别技术（RFID）在电力智慧档案馆建设中的应用。③ 杨靖、朋礼青研究了人工智能对智慧档案馆的驱动作用。④ 李月娥、刘淑妮等提出了从感知汇聚到网络传输再到应用服务的智慧档案馆构建方式。⑤ 以黄凤平、叶惠杰为主的云南省档案局课题组研究了智慧档案馆构建过程，认为智慧档案馆构建应该以档案的收集、管理、服务等智慧档案管理流程的智慧化为核心。⑥ 周文泓、庞玲玲提出了基于实际的档案管理智慧化认知与行动在治理框架下展开顶层设计、构建管理转型与技术升级联动模块的档案管理智慧化策略。⑦张磊波、刘迁认为电力智慧档案馆建设应该以需求为导向、因地制宜，统筹规划、共建共享，融入城市、协同创新。⑧ 田雷则设计出了智慧档案馆的物联网技术架构模型。⑨ 杨来青等人和谭雪的研究主要是对智慧档案馆的建设提出一种导向性建议；陈静、韩海涛、田伟提出的模型则对智慧档案馆的未来建设尤其是在技术支撑等方面具有重大的借鉴意义；李广都、孙晓帆、莫家莉等以分阶段或分层的方式提出了构建智慧档案馆的策略；何夏昀、黄新荣、黄林、杨靖等分析了技术因素对智慧档案馆建设的影响；李月娥、黄凤平从智慧档案馆的构成要素、管理流程的视角对智慧档案馆的构建进行了研

---

① 何夏昀.大数据应用视域下的智慧档案馆建设[J].山西档案,2018(3):84-86.

② 黄新荣,曾萨.边缘计算对智慧档案馆建设模式的影响研究[J].档案学研究,2018(6):78-84.

③ 黄林,罗裱,李敏,陈雪萍.基于 RFID 技术的电力智慧档案馆建设[J].电力与能源,2018,39(3):380-382,386.

④ 杨靖,朋礼青.人工智能对智慧档案馆的驱动作用研究[J].北京档案,2019(1):9-13.

⑤ 李月娥,刘淑妮,周晓林,等.从数字档案馆到智慧档案馆的发展探要[J].山东档案,2018(3):21-24.

⑥ 云南省档案局课题组.国家档案局档案科技项目:智慧档案馆构建研究[J].云南档案,2018(9):49-57.

⑦ 周文泓,庞玲玲.档案管理智慧化的构件与策略:基于浙江智慧档案建设的案例研究[J].浙江档案,2018(4):10-12.

⑧ 张磊波,刘迁,吴品才.智慧城市视域下企业智慧档案馆的内涵及建设路径:以电力企业为例[J].档案与建设,2019(3):45-48.

⑨ 田雷.物联网技术在智慧档案馆建设中的应用研究[J].档案学通讯,2015(1):60-64.

究;周文泓、张磊波、孙晓帆等都以案例调研的方式研究了智慧档案馆的建设。

第五,智慧档案馆的前瞻研究。许桂清认为,未来建成的智慧档案馆将更迅速互联、更智能全面、更个性主动。[①] 陈静、韩海涛、田伟提出,大数据时代智慧档案馆的服务将是"基于全面感知的一站式服务、基于用户多元化的分众服务和基于信息移动的主动推荐服务"。[②] 罗琳娜指出,智慧档案馆可通过"泛在智能为主导的利用服务模式、个性共享为重点的利用服务模式、知识创新为目的的利用服务模式"等三种利用服务模式实现可持续发展。[③] 归吉官、刘扬认为,未来的智慧档案馆将会向高级档案范式即智慧档案范式迈进。[④] 刘建峰认为:"互联网+智慧档案馆"应将实现档案数据自动化整合、推动档案服务进入"后检索时代"、提高档案部门循数管理、增强档案网站安全性作为突破方向。[⑤] 杨靖、朋礼青指出智慧档案馆的发展要避免唯技术主义倾向,提倡以人为本。[⑥] 蒋建峰和金怿认为在智慧档案馆的发展过程中,在人们思想接受程度、建设资金、前沿技术、档案人员技能方面还存在困难和阻力。[⑦] 许桂清、陈静、罗琳娜的表述各异,可以互相补充。但是也不乏相似之处,如服务的全面、主动等。相较而言,陈静等的研究更为细致和明确。归吉官、刘建峰等对智慧档案馆的发展前景持乐观态度,认为智慧档案馆未来会向更高级进化;杨靖、蒋建峰等则认为智慧档案馆在建设发展过程中还将面临诸多困难和挑战。

关于智慧档案馆组成部分的研究主要包括两个方面:

第一,智慧档案研究。

———————————

① 许桂清.对智慧档案馆的认识与探析[J].中国档案,2014(6):70-71.

② 陈静,韩海涛,田伟.大数据时代智慧档案馆构建探析[J].北京档案,2015(1):25-27.

③ 罗琳娜.智慧档案馆利用服务模式探析[J].北京档案,2017(5):23.

④ 归吉官,刘扬.智慧档案兴起的背景、研究现状与趋势[J].中国档案,2018(2):76-78.

⑤ 刘建峰."互联网+"背景下智慧档案馆的可持续发展[J].黑龙江档案,2018(4):30-31.

⑥ 杨靖,朋礼青.人工智能对智慧档案馆的驱动作用研究[J].北京档案,2019(1):9-13.

⑦ 蒋建峰,金怿.智慧档案馆建设的实践与探索[J].档案与建设,2019(2):46-50.

关于智慧档案的内涵。对于智慧档案,目前学者们尚未给出明确的定义。杨安荣认为,智慧档案应包含"全面透彻的感知、互动协同的互联、智能融合的应用、以人为本的创新"等四个方面的特征。① 许德斌认为,智慧档案的内涵应该包括"硬件设施上智慧化;资源管理上智能化;沟通感知上亲情化,随时随地感知沟通,最大可能信息共享"等三个方面。② 刘茂诚则指出,智慧档案"重要的是档案,其次才是智慧"。③ 杨安荣的认识较为宏观,但是其表述无法将智慧档案与智慧档案馆严格区别开来。许德斌的认识较为具体,但从其论述来看,他实质上是将智慧档案和智慧档案馆混为一谈。刘茂诚的认识较为模糊,而且从其文章中自始至终均未发现其对智慧档案较为明确的表述,但是他的这种认识对我们的启发意义无疑是巨大的。

关于智慧档案的建设。陈慧瑛通过总结绍兴市档案信息化建设转型升级的探索实践经验,提出了智慧档案建设的可资借鉴的新路。④ 韩李敏认为,面对智慧档案建设,我们要"转变思想观念,实实在在地做几件事,积极提供多层次、多方位、多渠道的信息资源共享服务,努力将新一代技术运用到实体档案管理中去"。⑤ 刘茂诚认为,智慧档案"要走'三大'之路,即大格局、大系统、大协作"。⑥ 朱悦华、王正媛则介绍了浙江省丽水市开展智慧档案建设的实践和经验,同样具有极大的启发意义。⑦ 吴加琪从智慧档案建设的原则、智慧档案的顶层设计、智慧档案建设的推进路径、智慧档案建设的保障机制等四个方面全面、具体探讨了智慧档案的建设问题。⑧ 陈慧瑛、朱悦华、王正媛等作者虽然是在梳理和介绍本地区智慧档案建设的探索和实践,但是其经验对其他地区智慧档案的建设是有很大的借鉴和启示意义的,

---

① 鲁冰莹.聚焦:"智慧档案"建设的前瞻构想[J].浙江档案,2014(3):15.

② 许德斌.智慧城市新环境下的智慧档案[J].山西档案,2014(5):72-74.

③ 刘茂诚.对智慧档案的一点认识[J].山东档案,2014(5):21-22.

④ 陈慧瑛.智慧档案数字先行:绍兴市档案信息化建设转型升级的探索实践[J].浙江档案,2013(12):14-15.

⑤ 鲁冰莹.聚焦:"智慧档案"建设的前瞻构想[J].浙江档案,2014(3):15.

⑥ 刘茂诚.对智慧档案的一点认识[J].山东档案,2014(5):21-22.

⑦ 朱悦华,王正媛.服务至上:科技撑起智慧档案[J].中国档案,2014(9):27-28.

⑧ 吴加琪.智慧城市背景下智慧档案建设原则、顶层设计及推进路径研究[J].档案与建设,2015(1):30-33.

而且由于其经验是从实际工作中得来的,因此具有很强的可复制性和可操作性。韩李敏和刘茂诚则站在较为宏观的角度看待智慧档案的建设问题,具有较大的启示意义,但可操作性不强。吴加琪的研究最为全面和深入,虽也存在可操作性差的问题,但对智慧档案建设的深入发展具有极大的理论指导意义。

第二,档案部门职责研究。

一些作者从不同层面探讨了档案工作、档案管理、档案部门等在智慧城市建设过程中的应对问题,由于智慧档案馆的建设和研究本就是伴随着智慧城市的兴起而产生的,档案工作、档案管理、档案部门等在应对智慧城市建设过程中的完善和改进本质上就是智慧档案馆建设的一部分。因此,这一部分内容可概括为档案部门职责研究。侯佳指出,档案工作参与智慧城市建设应从四个方面着手,即加快将"死档案"变成"活信息"的步伐、加强档案信息的互联互通、加强档案信息资源的深度开发、增强服务大局的意识。① 檀竹茂认为,智慧城市背景下档案管理范式需要由政府范式转换为社会范式。② 张珺认为,档案部门在智慧城市建设中存在很多问题,需通过技术层面、人员方面的改进不断完善。③ 李妍认为,智慧城市的建设要求档案馆档案信息化管理、档案资源信息化转换与记录、档案信息资源互联互通。④ 相较而言,侯佳的研究较有针对性和可操作性,檀竹茂的研究理论性较强、抽象性较高,张珺和李妍的研究较为宏观、可操作性较差。

关于智慧档案的思辨性研究成果主要是相关研究综述和述评。薛四新、卫化昱、杨艳指出,智慧档案馆的研究在理论和实践方面均具有重大意义和价值,未来对智慧档案馆的研究视角可从制度、资源、业务的体系结构、技术、馆员、服务六个维度全面拓展和延伸。⑤ 此外,许德斌在文章中也部分

---

① 侯佳.档案工作参与智慧城市建设的探讨[J].中国档案,2013(5):42-43.

② 檀竹茂.智慧城市背景下档案管理范式的转换:以青岛市智慧档案馆为例[J].档案,2014(3):15-17.

③ 张珺.档案部门在智慧城市建设中的角色定位与措施[J].档案管理,2014(5):31-32.

④ 李妍.智慧城市对档案馆档案信息化的影响与创新[J].农业图书情报学刊,2015(4):82-85.

⑤ 薛四新,卫化昱,杨艳.智慧档案馆研究思考[J].北京档案,2014(5):28-30.

涉及关于智慧档案馆研究的思考和展望,并提出要尽快开展智慧档案馆建设的现实意义、必然趋势、典型个案、整体架构、涉及的理念及规范等五个方面的研究。① 薛四新等人站在较为宏观的角度,高瞻远瞩地对智慧档案馆的研究做了整体性的规划,抽象性较强,导向意义较为明显。许德斌的研究相对较接地气,对于智慧档案馆研究的具体开展指导意义较强。

由以上梳理和评述可以看出,我国关于智慧档案管理的研究成果是档案学者们紧扣时代脉搏思考和探索档案事业的智慧结晶,也为档案学开辟了一个新的学术生长点。但是就目前的研究成果来看,仍然存在不少问题:

一是研究不够深入。从文献计量的角度看:一方面,从事专职科研任务的档案学专业教师参与度较低,与此相应的是相关研究成果的理论抽象度不够。另一方面,除核心作者外其余作者人均发表的研究成果不到 1 篇,说明智慧档案管理研究的系统性较差。从内容分析的角度看:一方面,经验总结和介绍性的文章较多。由相关研究成果的主要内容可知,其主要集中在智慧档案馆方面,而智慧档案馆是档案馆发展的高级阶段,与当前的实际工作相比存在较大跨度。换句话说,即便是目前较为先进的地区档案部门,其实际工作仍然处于智慧档案馆建设的初级阶段。先进经验的总结和推介固然可以产生很大的示范效应,但在一定程度上挤压了理论研究的空间,理论抽象由于受实际工作情况的限制反而无法深入。另一方面,许多文章所探讨的内容有较大的重复性,如关于智慧档案馆建设的研究,这是研究的重心所在,也是最终的落脚点,但是分析其研究内容可以发现,作者们所提的措施似曾相识,而且由于所处的角度较为宏观,没有深入研究各种措施的具体实施和可操作性,难免使人产生一种印象——各地的智慧档案馆建设似乎是一种模式,无非是技术应用、资源建设和人才储备等,而具体如何建设则需要读者自己去琢磨。

二是研究逻辑较为混乱。一方面是对智慧档案馆建设的目标导向不明确。与数字档案馆等其他类型的档案馆形态相比,智慧档案馆最大的区别和优势在于"智慧"二字,也就是说,智慧档案馆建设的最终目标是档案利用者能力的提高,其目标导向应该是档案利用者。而目前的研究成果中,基本

---

① 许德斌.智慧城市新环境下的智慧档案[J].山西档案,2014(5):72-74.

倾向有两种：一种是过于重视技术手段的应用，一种是纯粹从档案部门的角度出发设计建设规划。智慧档案馆的核心是档案，技术说到底只是提升档案"智慧"含量的一种工具和手段，而档案的智慧价值只有通过提供利用才能得以发挥。因此，这两种研究倾向的存在极易导致智慧档案馆建设主攻方向的涣散和档案部门一厢情愿的情况。另一方面是将智慧档案馆和智慧档案混为一谈。档案是智慧档案馆建设的核心资源和主要管理对象，智慧档案是智慧档案馆建设的重要组成部分而不是全部，二者不应是同一层次的概念。从目前的研究成果看，部分学者在论述过程中将智慧档案等同于智慧档案馆，部分学者形式上将二者区分开了，但是在探讨二者建设策略和措施的时候，所提的意见却又重归一致了，给读者的感觉似乎二者还是一回事。

三是对未来发展没有清晰的思路。目前，较为普遍的看法是，智慧档案馆是档案馆的高级形态，是比数字档案馆层次更高的档案馆形态，而目前数字档案馆仍存在不少问题，仍有待发展和完善。从逻辑上来讲，只有当数字档案馆发展到相当成熟的阶段时，智慧档案馆才有可能出现。在笔者2014年6月21日参加的博士学位论文开题会上，一名专家针对一位同学关于智慧档案馆建设的论文选题明确表示：目前数字档案馆的建设尚处于初级阶段，智慧档案馆的选题显得太过于超前了，而且这位专家的意见也得到了其他四位专家的认同。从已有的研究成果来看，学者们似乎将智慧档案馆当作数字档案馆的"加强版"，对智慧档案馆的未来展望只是数字档案馆的简单升级，只不过加入了智慧城市的物联、感知等元素，对智慧档案馆本身的远景规划显得不够清晰。

由以上分析可知，已有的实践和研究，由于主要是基于智慧城市理念展开的，故过于强调技术因素的作用。如由广东生健实业有限公司设计的智慧档案馆系统主要包括四个子系统：智能档案密集架管理子系统、RFID实体档案智能化管理子系统、智能环境控制管理子系统、档案库房安全管理子系统，这四个子系统均是实现智能化管理的一种技术手段，而不能从根本上解决档案利用者智慧能力的提升问题。故笔者认为，基于DIKW模式的角度而言，当前的实践和研究尚不是真正的智慧档案管理，显得较为超前。

笔者认为，在未来的档案学术活动中，应重点从如下四个方面着手，以使研究成果真正符合智慧档案管理的内涵:一是激发高校档案学师生群体、尤其是档案学专业教师的研究热情,吸引他们加入到智慧档案管理的研究中来,从而可以极大地弥补一线工作者理论素养的欠缺,提升智慧档案管理研究的理论深度。二是坚持以目标为导向,紧紧围绕提高档案利用者的智慧能力展开规划和布局,同时应多一些换位思考,考虑从档案利用者的角度提出相应的措施和意见,防止自说自话和一厢情愿。三是加强对智慧档案的研究。智慧档案虽然属于智慧档案馆的一部分,但是馆的建设毕竟与资源建设有本质的不同。馆的建设需要顶层设计、全面布局,资源建设则需要以内容为重心,重在资源价值的挖掘和传播。因此,对智慧档案的研究应从以技术为重转变为以内容为重。四是在明确智慧档案馆定位的前提下,厘清智慧档案馆的研究思路,不能将其与数字档案馆的研究混为一谈。

5 档案学科与档案职业之发展模式协同

科学动态发展模型虽然从形式上来讲摹绘的是科学从前科学时期到常规科学时期、科学革命时期、新的常规科学时期、新的科学革命时期等的阶段性发展过程,但是从内涵上来讲,其可分为两种模式,即常规式发展模式和革命式发展模式,因为根据库恩的观点,前科学时期的科学发展态势与科学革命时期的特征非常相似,故笔者将其归入革命式发展模式中。两种发展模式在范例/范式、学派/科学共同体的形态和内涵方面均有不同。

根据范式理论,档案学科与档案职业的发展在形态上表现为常规式发展—革命式发展—新的常规式发展—新的革命式发展的无限循环模式,但在本质上却是其科学化和专业化不断强化的过程,因此是一种单向的无限上升的发展过程。其中,常规式发展过程从时间上来看是主要方面,表现为一种渐进式累积过程;革命式发展持续时间虽短但是必然会发生,且其会给档案学科与档案职业带来根本性变化。常规式发展向革命式发展的转变是量变到质变的过程,促成质变的因素包括科技革命、社会变革等。

5.1 常规式发展模式

依据范式理论,档案学术活动和档案管理活动的常规式发展是其整个发展过程的主要组成部分。首先从发展内涵来说,常规式发展是量变阶段,而革命式发展是质变阶段,量变的过程是一个缓慢积累的过程,而质变由于是在量变基础上发生的,故其进展要快得多;其次从持续时间来说,每一次常规式发展阶段均需持续数十年,甚至上百年时间,而革命式发展则来得快、去得也快;最后从发生频率来说,常规式发展是常态化过程,而革命式发展的偶然性较大。

5.1.1 常规式发展模式的应然形态

按照库恩的观点,常规式发展模式下档案学术共同体和档案管理共同体应是在范例/范式的规范与指导下从事扫尾工作,即澄清和解决范例/范式提供的档案现象及其本质和规律。因此,通过常规式发展,档案学术活动和档案管理活动将在范例/范式的框架内实现统一。

其一,从本质层面来说,常规式发展模式下的扫尾工作应是一种超大规模的专题性活动。一方面,参与扫尾工作的是档案学术共同体和档案管理共同体的几乎全部成员,因此可以有充足的力量澄清和解决问题。另一方面,由于范例/范式具有规范和指导作用,档案学术活动和管理活动的目标是唯一的,即档案学科和档案职业几乎所有的人财物等资源均投入到一个问题的解答或解决中,如此一来,其所得成果的深入性、精细化将会达到前所未有的程度。

其二,从主体层面来说,常规式发展模式下的扫尾工作应是精英团体的集体活动。一方面,档案学术共同体和档案管理共同体具有较高的准入门槛,成员基本上是精英,故其学术活动和管理活动因为集合了学界和业界最优秀的大脑和思想、最高超的技能和水平而显得非常高效和科学。另一方面,由于档案学术共同体和档案管理共同体成员之间的交流非常充分,故各成员之间非常了解彼此的能力水平和专长领域,由此可产生两方面的效应:一是展开合作非常便利,二是在某一具体问题的澄清和解决过程中不会重复投入。

在常规式发展过程中,档案学术共同体和档案管理共同体也会经历一个不断发展的过程,主要表现在两个方面:

一是个体成员的专家化。档案学术共同体和档案管理共同体虽然强调的是群体性理念,但其首先是由一个个个体成员所组成的。根据库恩的观点,在常规式发展过程中,档案学术共同体和档案管理共同体成员的学术思维和管理思维都将会体现出明显的收敛式特征,即他们所关注的领域会更加集中和细化,如此一来,其在相应领域所取得的成果会更加深入和系统。而由于马太效应的作用,部分共同体成员较易在某一具体领域成为专家式人物。

二是团队研究的协同化。在常规式发展过程中,由于档案学术共同体和档案管理共同体受同一个范例/范式的规范和指导,即其在活动中所遵循的同一套规范、活动对象均为相同的主题,因此就需要在活动过程中协同工作。而且共同体内部的交流非常充分,如此一来就会发生自组织的现象,即个体成员均会在自己专长的具体领域投入工作,从而可避免重复投入的现象。

其三,从客体层面来说,在常规式发展过程中,档案学术活动和档案管理活动的范例/范式也会得到充分发展,具体表现在三个方面:

一是通过扫尾工作不断精细化发展。在库恩看来,范例/范式在形成之初必然是不完备的、粗略的,但是随着扫尾工作的开展,范例/范式会逐渐变得清晰、完备。因此随着范例/范式的发展,其规范和指导作用也会得到增强。就档案学术活动和档案管理活动的范例/范式而言,其必然经历一个孕育、形成、完善、衰落、被取代或吞并的过程。而在形成到完善的过程中,范例/范式又会经历三个方面的变化:①档案学术共同体和档案管理共同体在以范例/范式提供的标准选择和衡量档案理论现象和档案管理现象,尤其是在那些具有重大理论价值和实践意义的档案现象的过程中,对范例/范式本身的认识也会更加深刻、准确,即其内核会逐渐收缩;②大部分档案现象都可以纳入范例/范式规定的范畴,因此档案学术共同体和档案管理共同体在范例/范式的规范下解释和解决不断产生的档案现象的过程中,即其边界会逐渐扩大;③档案学术共同体和档案管理共同体应用范例/范式所提供的理论、方法论、工具等解释和解决这些档案现象,在此过程中形成的经验和理论会反过来融合进范例/范式,从而可不断增强其作用范围的精确性。

二是在解决反常现象的过程中不断扩展化发展。在常规式发展过程中,有一些反常的档案现象不能用范例/范式所提供的术语、理论、工具或方法论予以解释和解决。"反常只在范式提供的背景下显现出来。范式越精确,涵盖面越广,那么它作为对反常的一个指示器就越灵敏。"①因此,随着范例/范式的不断发展,反常现象会越来越多。对于反常的档案现象,档案学

---

① 托马斯·库恩.科学革命的结构[M].金吾伦,胡新和,译.北京:北京大学出版社,2012:55.

术共同体和档案管理共同体会通过调整当前范例/范式的范畴、标准甚至模式展开扩展性探索,直至其能够应用范例/范式所提供的模式予以解释和解决。而在此过程中,范例/范式本身的内涵和外延也会得到扩展。且随着反常现象的不断增多,这种扩展化发展也将愈加频繁。

三是在常规式研究中中国化、专业化的发展。不管是扫尾工作,还是解决反常现象的工作,档案学术共同体和档案管理共同体均是在范例/范式的规范和指导之下开展工作的,且其工作的主要对象是中国的档案理论现象和管理现象,因此,其工作成果将会体现出明显的中国化、专业化特色。如此一来就会形成一个良性循环,促使中国的档案学科和档案职业在科学化、专业化的道路上不断前进。

5.1.2 常规式发展模式的实然形态

5.1.2.1 档案实体管理范式阶段

以档案学科的建设和发展态势为依据,档案实体管理范式阶段又可分为三个时期:

(1)自 20 世纪二三十年代至 50 年代的初步发展时期,其标志性事件即 20 世纪二三十年代我国早期档案学术成果的产出和 1953 年陆晋蘐的《档案管理法》出版。需要说明的是,陆晋蘐的《档案管理法》虽然出版于新中国成立后,但是从文本文风、章节安排以及主要内容看,其风格与"民国十三经"中相关著作更为相似。正如刘文杰所言:"这本书的可贵之处就在于它没有抛弃 20 世纪 20 至 40 年代的中国档案学,而是将其中合理的东西加以吸取、继承和发展。"①故笔者将其归入这一时期。

从理论形态层面讲:第一,在近 30 年的发展中,学者们产出了我国早期的档案学术成果。较为典型的为发表于《行政效率》杂志上的 60 多篇文章和陆续出版的 10 余部学术著作。第二,这些成果从整体上看是对档案管理活动的梳理阐释和经验总结。如何鲁成在为《档案管理与整理》一书写的自序中即言明:"我所以写这本书的动机,也就是应各方需要的迫切。不敢说

---

① 刘文杰.中国档案学文书学要籍评述[M].成都:四川大学出版社,1987:147.

是很完善的一本书,但现行办法和各方意见,大都搜集在这儿。所有办法,也多经实验,自信颇可供各方参考之地方。"①虽然部分成果中出现了理论性探讨和升华,但所占比重较小。第三,这些研究成果在其时的传播效果不佳。以《县政府文书处理法》和《县政府档案处理法》为例。这两本书编写完成后,甘乃光下令用武昌行营第五处的名义出版和分送各机关,当时许多机关尤其是县政府机关也确实采用了这两本书介绍的办法和经验,但是由于受行政效率运动的短暂命运、动荡不安的时局形势,以及部分人员的阳奉阴违等综合因素的影响,这两本书传播的时间较短、传播范围较为有限,采用机关的实际成效也是大打折扣。此外,《行政效率》杂志的命运也是几经波折且运转时间短暂,对刊发文章的传播效果甚微。

从研究主体层面讲:一是总体规模较小。从研究产出数量可粗略估算,其时的作者规模大致在50人。二是高产作者较少。根据笔者目力所及的资料再加上学术著作的因素即"民国十三经",估计其时的高产作者大致在15人。三是特征鲜明。胡鸿杰教授将这一时期的档案学者称为"启蒙者",他们的共同特点有两个:"早年受过正规的高等教育、都是行政界的知名人士。"②由于具有这两个特点,因此这些学者一方面站位较高,即将档案管理改革作为提高政府行政效率的重要举措来看待;另一方面是落到实处,即利用自己的行政身份,把自己的档案管理理念和办法尽快应用于实践。四是学术交流不太充分。一方面是学术产出数量较少,而且学术出版机构不太稳定;另一方面是当时的社会环境和经济环境也产生了较大的阻碍作用。

(2)自20世纪60年代至90年代初的成长壮大时期,其标志性事件为陈兆祦主编的《档案管理学》于20世纪60年代初问世,并以20世纪90年代初期电子文件/档案的研究为分界点。陈兆祦主编的《档案管理学》正式以"档案管理六环节论"为依据编排教材体系,后演变为"八环节论"并一直沿用至今。电子文件/档案产生并进入学界视野之前,"八环节论"发展成纸质档案单套制时代的管理和研究范式,故笔者将这一时期独立分出。

---

① 《档案学通讯》杂志社.档案学经典著作:第2卷[M].上海:上海世界图书出版公司,2013:115-116.

② 胡鸿杰.化腐朽为神奇:中国档案学评析[M].上海:上海世界图书出版公司,2010:70.

从理论形态层面讲:第一,在这 30 年的发展中,我国学者产出了大量的期刊论文、学术专著、专业教材等相关研究成果,成果数量大幅增长。第二,这些成果在管理实践的基础上进行了理论升华,系统性和深入性程度得到了显著提升,我国的档案管理理论体系得以建立和逐步完善。第三,相关分支学科体系得以形成和完善,如"科技档案管理学""专门档案管理"等。第四,这些研究成果的传播效果较好。一方面得益于专业期刊、专业出版社和专业会议的普遍设立和召开,另一方面也得益于档案学高等教育的建立和普及。

从研究主体层面讲:第一,总体规模得以扩大。一方面,各级档案局、档案学会、部分高校等均设置了专职的研究岗位,从而建立起了一支规模较大且稳定的档案学术研究队伍。另一方面,档案高等教育的发展培养出了一批从事档案学术研究的生力军。第二,出现了一批高产者和学术精英。这部分人的主体是高校档案学专业教师,如吴宝康先生、陈兆祦先生、和宝荣先生、邓绍兴先生等,无不是成果丰硕的知名学者。一方面,教学的需要促使他们不断进行钻研以提高教学水平和教学效果;另一方面,作为主要任务之一的科研工作对他们的职业发展具有至关重要的作用。第三,学术交流较为充分。较前一时期相比,这一时期的学术成果数量更多,学者们开展学术交流有了丰富的对象。同时,期刊杂志社、出版社、学术会议等也为他们提供了稳定的交流平台。

(3)自 20 世纪 90 年代中期至今的蓬勃发展时期,这一时期的主要态势是纸质档案和电子文件/档案双套制管理模式的建立和发展,在这一态势之下对档案实体管理的研究也有了进一步发展。

从理论形态层面讲:第一,在这 20 多年的发展中,我国学者针对档案管理及其各环节展开了深入研究,产出了大量的学术研究成果。2019 年 6 月 22 日,笔者在中国知网文献数据库中以篇名为检索项、以"档案管理"为检索词、发表时间设定为从"1995-01-01"到"2019-07-01",进行精确检索后共获得中文文献 55 435 篇。而用同样的检索方式,从"1979-01-01"到"1994-12-31"仅检索到 2059 篇文献。窥一斑而知全豹,从一定程度上可以看出,该时期的相关研究成果较上一时期有了突飞猛进地增长。第二,这一时期的研究成果不仅包括宏观层面的管理体制、管理流程等的探讨,也包括中观层面对某一具体种类档案管理的研究,更包括微观层面对各个环节的深入分析,可以说,无论从研究广度来说还是从研究深度来说都有了一个飞跃式发展。第三,在这一时期的研究工作中,许多学者顺应时代发展的趋势,将新技术、新手段融入到档案管理的研究中,取得了较大成绩,如数据库技术、区块链技术、人工智能技术等。其中,很多研究成果非常具有前瞻性,可给我们以很大启发。如张淑霞探讨了非关系型数据库在档案界的应用问题①,邢变变和杨晗探讨了现阶段区块链技术在档案管理中应用的可行性问题②,王啸峰分析了档案库房智能管理机器人的可行性问题③等。第四,这些研究成果的传播效果很好。其一,这一时期虽然受改制的影响,部分档案学专业期刊转为内刊发行,中国档案出版社亦被停办,但是重要的档案学专业期刊几乎都得以保留并得到了不同程度的发展,而且我国档案学术著作的出版机构更加多元化。其二,我国的各类档案会议数量大幅增加、参会人数也有较大规模的增长。其三,档案网站、档案网络社区、档案博客、档案微博、档案微信等新技术平台不断应用于档案学术传播,极大地扩大了传播范围。

从研究主体层面讲:第一,总体规模得到明显扩大,并且形成了具有一定规模的学术精英群体。仅就上文提及的一组数据而言,该时期关于档案管理的研究成果数量是上一时期的近30倍,以此为依据推算其作者人数的增长也应以数十倍计。此外,陈兆祦先生在2000年做过一个大致统计,结果显示,其时我国的档案学专兼职研究人员当在5000人以上④。同时,笔者在2017年亦做过一个测算,认为中国档案学学术共同体的规模约为500人⑤。而根据库恩的科学共同体理念,中国档案学学术共同体从本质上讲就是由档案学术精英组成的一个群体,其中高校档案学专业教师是主力军。第二,学历层次和专业技术职务得到大幅度提升。仅从档案学专业师资队伍的角

① 张淑霞.非关系型数据库在档案界的应用探讨[J].中国档案,2018(9):68-69.

② 邢变变,杨晗.现阶段区块链技术在档案管理中可行性应用的哲学透视:兼与李高峰、马国胜、胡国强商榷[J].档案管理,2019(2):13-15.

③ 王啸峰.档案库房智能管理机器人可行性研究[J].档案与建设,2019(3):55-56,59.

④ 陈兆祦.我国档案学研究概况:规模、条件和成就[J].兰台世界,2000(8):4-6.

⑤ 孙大东.中国档案学学术共同体研究:基于范式理论的分析[J].兰台世界,2017(5):14-18.

度看,根据冯惠玲教授的统计,1978 年全国档案学专业教师仅有 60 余人,无一人具有硕士和博士学位;即便是在 1985 年,全国所有高校档案学专业教师中教授仅为 2 人、副教授 12 人。而截至 2018 年底,全国高校档案学专业教师达到了 366 人,是 1978 年的 6 倍。其中,具有博士学历的 238 人、硕士学历的 97 人,合计占教师队伍的 91.5%;同时,其中教授 116 人、副教授 144 人,占总数的 71%。① 第三,学术交流更为充分。这一时期,不仅国内的档案学术交流在稳定的出版发行平台、多元的专业会议平台以及新媒体传播平台等的支撑下蓬勃发展,而且融入国际档案学术的进程也不断加快。根据冯惠玲教授的统计,截至 2018 年底,我国档案学者共有 200 余人次参与了国际学术会议,90 余人次受邀在国际会议上发言,业已主办了多次国际学术会议,档案学专业教师中有 69 人次以访问学者的身份到国外知名大学进修 3 个月以上,其中 51 人次进修了一年以上。②

5.1.2.2 档案信息管理范式阶段

就发展程度而言,我国的档案信息管理范式阶段可分为两个时期:

第一个是自 20 世纪 80 年代至 90 年代中期的初步发展时期。20 世纪 80 年代初,我国关于档案信息的研究成果陆续发表,也标志着档案信息管理范式的萌芽开始出现。经过十余年的积累,业已产出 500 余篇学术论文和数十本学术著作,并建立起了一支研究队伍,我国的档案信息管理范式正式形成。

第二个是自 20 世纪 90 年代中后期至今的蓬勃发展时期。1997 年 5 月,中国档案学的首届博士研究生冯惠玲教授顺利通过答辩,其博士学位论文《拥有新记忆——电子文件管理研究》也备受其时档案学界的重视并在 1998 年的《档案学通讯》杂志上连续刊登。毫不夸张地说,冯惠玲教授为我国档案学开创了一个至关重要的新领域,对我国档案学科的发展有巨大影响。同时,在电子文件研究的影响与带动下,我国的档案信息管理范式得到

---

① 冯惠玲.改革开放 40 年中国档案高等教育的历史性跨越[J].档案学通讯,2018 (6):4-9.

② 冯惠玲.改革开放 40 年中国档案高等教育的历史性跨越[J].档案学通讯,2018 (6):4-9.

了快速发展,并成为当前的主流范式。

2019 年 6 月 23 日,在中国知网文献数据库中,笔者以篇名为检索项、以"档案信息""电子文件""电子档案""数字档案"等为检索词,发表时间设定为"1979-01-10"到"1996-12-21"、"1997-01-10"到"2019-07-01"。经过精确检索后,两个阶段所获得文献数分别为 759 篇和 19 013 篇,二者相差 25 倍之多。

整体来看,我国档案信息管理范式阶段的发展呈现出如下态势:

从理论形态层面讲:第一,业已积累起了一批数量可观的学术研究成果。经过 30 多年的发展,据不完全统计,我国关于档案信息管理的论文有 2 万篇左右、学术著作和教材百余部,这些成果的产出是档案信息管理范式形成和发展的基础。第二,业已建立起了相关分支学科。以中国人民大学信息资源管理学院档案学专业为例,其在本科生的培养方案中就将电子文件管理、档案信息化建设定为档案学专业的专业必修课程。在硕士研究生的培养中,更是将电子文件管理作为一个重要的研究方向,在专业必修课中直接相关的课程就有数字档案馆的理论与实践、电子文件管理前沿、数字文件管理国际前沿、现代办公环境中的文件管理、档案信息化前沿、数字资源长期保存研究、数字资产管理等 7 门。此外,现代档案管理的原理与方法、国外档案管理理论与方法前沿、现代企业档案管理、文件与档案管理制度建设、人事档案管理的规范与创新等 5 门课程中则不同程度地涉及相关内容,二者合计可占到专业必修课总数的 52.17%。在博士研究生的培养方案中,除了将电子文件管理设为一个重要的研究方向之外,还将电子文件管理专题研究列为专业选修课之一。此外,间接相关的课程有语义出版与数字人文的理论与实践、档案利用服务理论与方法前沿、文献遗产保护理论与方法等 3 门,二者合计占专业必修课总数的一半。同时,为了适应时代的发展,在大部分高校档案学专业的培养方案中均将具备较高的信息素养,掌握现代管理知识、信息技术和档案管理专业技能作为培养目标的重要组成部分。分支学科的建立除了要求具备一定数量的专业教师之外,还要求建立系统的学科理论体系,从这一程度上讲,我国档案信息管理范式的发展业已达到了较高的水平。第三,研究内容的精细化。以电子文件/档案管理研究为例:早期的研究显得较为宏观,旨在建立电子文件/档案管理的国家战略和研究体系,这也是学科发展的内在要求。随着研究的深入,学者们的研究对象愈加具体,如近些年以研究热点面貌出现的电子文件的可信性问题、电子文件的归档与鉴定问题、现代化技术在电子文件管理中的应用问题、专业电子文件的管理问题、电子档案的单套制管理问题等。研究对象的具体化有助于研究的精细化发展,同时这一发展趋势也非常符合范例/范式的理论发展形态。第四,学术交流的常规化。这一时期相关的各级各类会议举办频率较高,而且部分会议如中国电子文件管理论坛、海峡两岸档案暨缩微学术交流会等业已发展成学术年会,此类会议的召开对相关档案学术共同体和档案管理共同体的内部交流和新陈代谢具有至关重要的作用。此外,仅从历年海峡两岸档案暨缩微学术交流会的基本情况也可以看出,当前相关领域非常重视学界与业界、境内与境外的学术交流(见表5.1)。

表5.1　历年海峡两岸档案暨缩微学术交流会基本情况一览

序号	召开时间	召开地点	主题
1	1992 年 4 月	北京	未查到
2	1993 年 5 月 24 日至 25 日	北京	未查到
3	1994 年 9 月 1 日至 9 月 6 日	台北	未查到
4	1995 年 8 月 15 日至 22 日	昆明	未查到
5	1996 年 11 月 3 日至 11 日	台北	未查到
6	1997 年 9 月 1 日至 4 日	沈阳	信息时代的档案工作与历史研究
7	1998 年 5 月 17 至 25 日	台北	档案的管理与应用
8	1999 年 8 月 18 日至 20 日	上海	档案管理与信息资源的开发
9	2000 年 10 月 1 日至 11 日	台北	迈向 21 世纪的档案工作
10	2001 年 4 月 19 日至 23 日	郑州	迎接新世纪的挑战:档案工作与知识经济
11	2002 年 8 月	台北	未查到
12	2003 年 9 月 1 日至 11 日	成都	知识经济与档案管理
13	2004 年 10 月 19 至 27 日	台北	档案科技与社会文化
14	2005 年 8 月 3 日至 9 日	贵阳	档案与社会
15	2006 年 10 月 20 日至 28 日	台北	档案与社会
16	2007 年 8 月 21 日至 26 日	福州	档案与社会

续表5.1

序号	召开时间	召开地点	主题
17	2008 年 10 月 13 日至 21 日	台北	档案数字化建设与资源共享
18	2009 年 7 月 25 日至 8 月 1 日	北京	档案数字化与资源共享
19	2010 年 11 月 1 日至 10 日	台北	档案文献的保护与利用
20	2011 年 7 月 22 日至 23 日	北京	档案文献的保护与利用
21	2012 年 5 月 9 日至 18 日	台北	档案文献的数字化与应用
22	2013 年 7 月 8 日至 9 日	哈尔滨	超越传统:档案文献收集与应用
23	2014 年 5 月 24 至 31 日	台北	档案文献的信息化经验、发展与趋势
24	2015 年 7 月 4 日至 5 日	青岛	档案、文献的信息化:经验、问题与方向
25	2016 年 6 月 12 日至 18 日	台北	数字资源的保存治理与应用
26	2017 年 7 月 6 日至 7 日	敦煌	互联网时代的社会记忆
27	2018 年 5 月	台北	新技术下的档案记忆

从研究主体层面讲:第一,业已形成了档案学派。经过 40 多年的积累和发展,尤其是近 20 年来的快速发展,我国业已形成了符合范式理论要求的档案学派——中国人民大学的电子文件管理研究团队。这个团队以冯惠玲教授为核心,成员包括刘越男教授、安小米教授、王健教授、谢丽特别研究员、钱毅副教授、张宁副教授等一批电子文件管理研究领域的学术精英。该团队研究成果丰硕,业已产出了大量的学术论文、学术著作,还出版了一批专业教材,这对学派本身的发展而言是至关重要的。同时,该研究团队不仅在国内外产生了很大的影响力,而且团队成员在人才培养方面的卓越工作,使得其在国内档案领域有非常强的辐射力。此外,由该研究团队主办的学术年会——中国电子文件管理论坛对于加强学派成员之间的学术交流、增强学派的影响力具有非常重要的作用。第二,很多学者的研究业已呈现出了明显的收敛性特征,如冯惠玲教授对电子文件管理国家战略的研究、金波教授对数字档案馆的研究、刘越男教授对电子文件管理流程的研究、安小米教授对电子文件集成管理的研究等。根据库恩的科学观,收敛性特征是常规式研究的重要表征之一。第三,合作交流充分。档案信息管理范式阶段学者们之间的合作交流方式更加多元化,除了通过学术成果、学术会议展开充

分交流外,师生之间的合作交流、科研项目的合作交流显得非常突出。以冯惠玲教授及中国人民大学电子文件管理研究团队为例。邢变变于 2015 年 9月 20 日至 27 日,以中国人民大学信息资源管理学院 20 位档案学专业教师被中国知网收录的所有档案学学术论文为统计分析对象,利用 Cite Space Ⅱ的相关功能制作了 20 位教师的合作网络图。结果显示,"冯惠玲、张斌、王健、周晓英、安小米、刘越男、侯卫真、徐拥军、黄霄羽、钱毅等 10 位老师两两之间均有直接或间接的联系,构成了一个较大的合作网络。其中,与冯惠玲教授有直接联系的有王健、周晓英、安小米、刘越男、侯卫真、黄霄羽、钱毅"。① 上述大部分老师均是冯惠玲教授的学生且为中国人民大学电子文件管理研究团队的骨干成员。通过搜集分析相关老师的个人简介可知,上述几位老师均不同程度地参与了由冯惠玲教授主持的科研项目。由此亦可知,师生之间的合作交流和科研项目的合作交流对于档案学派的维系和运转具有十分重要作用。而且在库恩看来,充分的合作交流是科学共同体的重要特征之一。

5.1.2.3　档案知识管理范式阶段

我国的档案知识管理范式阶段开始于 2005 年。由于前期具有扎实的实践基础,故研究工作的起点较高,主要表现就是学术专著和专门性研究机构的产生时间较早。

整体来看,我国档案知识管理范式阶段的发展呈现出如下态势:

从理论形态层面讲:第一,业已积累起了一定数量的研究成果,但亦存在一些问题。2019 年 6 月 26 日,笔者在中国知网文献数据库中,以"篇名"为检索项、以"档案"并含"知识管理"为检索词进行精确检索,即获得 454 篇文献,但其中高水平的论文较少,如发表于 CSSCI 级别期刊的论文仅占 5.07%。此外,笔者在前文中亦列举了数本相关研究专著,但尚无专门教材。第二,从主要研究内容看,已有研究成果主要集中于企业档案知识管理研究,研究视野还显得较为狭窄。此外,该领域的学术专著、博士学位论文、硕士学位论文数量较少,仅占总数的 5.87%,这在一定程度上也说明研究的系

---

①　邢变变.中国档案学共同体研究[D].北京:中国人民大学,2016:96.

统性和深入性有待提高。而且在检索到的 454 篇文献中,有 10% 的文献是在"知识管理背景下"的档案管理研究,研究内容的专指度不高。第三,学术交流尚不充分。一方面在我国的档案学专业期刊中设置专门性档案知识管理栏目的期刊较少,另一方面我国尚无专门的档案知识管理学术会议。

从研究主体层面讲:第一,经过近 15 年的发展,在档案知识管理领域业已出现了一批高产作者,如中国人民大学的张斌教授、王英玮教授、徐拥军教授、牛力副教授、魏扣博士,以及湖北大学的覃兆刿教授等。高产作者群的出现是档案知识管理学派形成的基础。第二,档案知识管理理论学派形成的核心要素业已具备。笔者曾指出,档案学派较为可能实现的路径是"由导师和理论融合的组织形式转化而来"①,就目前的态势而言,张斌教授从学术成就、学术地位和声望、组织权威、个人魅力和气质方面均符合导师和理论融合的要求,而且其培养的学生亦在档案知识管理领域取得了较大成绩。在今后的发展中,随着其理论体系的不断完善和深化、理论影响力的不断扩大和深入,以及高产作者的不断培养和产生,档案知识管理理论学派形成指日可待。

5.1.2.4 档案智慧管理范式阶段

我国的档案智慧管理范式阶段开始于 2011 年。虽然发展时间不长,但是由于智慧档案管理和智慧档案馆建设实践的推动,再加上其代表了我国档案管理及馆(室)建设的未来发展方向,故对学术研究而言是一个有着巨大发展潜力的领域。

从理论形态层面讲:第一,业已积累起了一定数量的研究成果。根据检索,当前已有 187 篇研究成果,其中有 1 部学术专著。相关研究成果的产出不仅为档案智慧管理的进一步研究积累了资料,也为学术交流的展开提供了对象。第二,从主要研究内容看,已有的研究成果紧密结合当前智慧档案馆建设的需求和实践展开了针对性探索,为智慧档案的管理和智慧档案馆的建设提供了大量可资借鉴的理论模式、方法措施等。第三,部分学者业已

---

① 孙大东.基于范式论批判的中国档案学发展研究[M].北京:科学出版社,2017:145.

认识到智慧档案馆是档案馆建设的高级阶段而不是数字档案馆的简单升级，而且智慧档案管理的目标对象是服务社会公众，而不是单纯地应用相关技术和手段，尤其是杨来青研究员、刘越男教授等。这些认识较为符合DIKW模式的内涵，再加上这些学者本身的学术地位和影响力，其会对我国档案智慧管理范式的形成和发展产生积极的引导作用。

从研究主体层面讲：第一，业已形成了一定规模的作者群，且产生了一批核心作者。根据笔者统计，当前已产出智慧档案管理研究成果的作者共有144人，其中核心作者8人。而且在作者群中，来自实践领域的作者占比较大，这在一定程度上也表明，在该领域的研究中理论与实践的结合有较好的发展前景。第二，部分核心作者的影响力持续扩大。如自2011年以来，杨来青研究员在档案学术会议、档案工作会议、档案学术讲座等多种平台上分享青岛市智慧档案馆建设的经验、介绍自己的相关研究成果和心得，引起了较大反响，不仅促进了档案智慧管理理论的传播，也扩大了自己的学术影响力。值得注意的是，自2017年开始，我国连续召开了三届"信息化与智慧档案（馆）论坛"。相关主题年会的召开不仅有利于提升核心作者的影响力以及档案智慧管理研究和实践的辐射力，更有助于该领域学派的形成。

5.1.3 常规式发展中的不足与应对

对比常规式发展模式的应然形态与实然形态，我国档案学的常规式发展虽然取得了较大成就，但是亦存在一些不足，较为突出的有两点：一是原创性理论较少，二是共同体规模较小。这两个不足中，第一个与范例/范式的发展直接相关，第二个与共同体的发展直接相关。而在范式理论中，范式和科学共同体是科学动态发展模式的核心要素，因此这两个问题的存在对我国档案学的发展具有很大影响，如何予以解决更是重中之重。

5.1.3.1 原创性理论较少

从发展历程和理论体系来看，学习和借鉴国外档案学的理论与实践进行本土化研究，以及其他学科的理论与方法展开跨学科研究等对我国档案学的发展具有重大影响。

从学习和借鉴国外档案学的理论与实践进行本土化研究来说，依据学

习和借鉴对象的不同可将这一过程划分为三个阶段:

一是 19 世纪二三十年代到新中国成立以前,这一阶段主要是学习和借鉴欧美发达国家的档案管理实践经验。民国时期的部分档案学者具有欧美游学的经历,而且在"行政效率运动"中,甘乃光也有意识地选派部分人员到欧美国家取经,如蒋廷黻先生、殷钟麒先生等。殷钟麒先生在所著的《中国档案管理新论》中专设"各国档案管理之情形"①一节,对法国、英国、美国、苏联等国的档案管理办法做了介绍和总结,并将部分先进做法融入了我国的档案管理中。

二是新中国成立后至 20 世纪 80 年代初,这一阶段主要是学习、借鉴和反思苏联的档案学理论和管理实践经验。新中国成立初期,各项事业百废待兴,中央政府特邀请部分苏联的档案专家来到中国帮助和指导档案学的建设。我国的档案学科在学习和借鉴苏联档案工作理论与实践的基础上获得了快速发展。"但由于在学习苏联经验过程中,脱离中国国情、档情、照抄照搬其经验和做法,盲目崇拜苏联档案学理论,将其视为权威,也给之后数十年的档案学发展留下了隐患。"②由此我国档案学界亦进行了反思,展开了较有成效的研究,如形成了符合我国国情的"八环节论"、发展和完善了全宗理论等。

三是 20 世纪 80 年代中期至今,这一阶段主要是学习和借鉴欧美发达国家的档案学理论和档案管理实践经验。随着改革开放的深入,欧美发达国家大量的档案学理论和理念传入我国,同时我国也有越来越多的档案人走出国门,到美国、英国、澳大利亚、法国等留学或访学。在这种背景下,我国档案学界大量学习和借鉴欧美发达国家的档案学理论和档案管理实践经验,并结合国情展开了研究,较为典型的是文件生命周期理论、后现代档案保管理论、档案鉴定理论等。

从学习和借鉴其他学科的理论与方法展开跨学科研究来说,随着学科间的交叉与融合趋势的加强,以及跨学科研究对档案学产生的积极影响的

---

① 《档案学通讯》杂志社.档案学经典著作:第 2 卷[M].上海:上海世界图书出版公司,2013:701.

② 滕春娥.回顾历史 守望家园:论苏联档案学对中国档案学发展的影响[J].档案管理,2015(2):70-72.

凸显,当前档案学跨学科研究业已成为我国档案学发展的重要推动因素。邢变变对我国高校档案学专业教师进行了问卷调查,在其所回收的 120 份有效问卷中,有 102 位教师在档案学研究中运用了跨学科视角,占总数的85% ;仅有 18 位教师填写了否定答案,占15%。① 同时,根据其统计分析,中国人民大学档案学博士学位论文中主要应用的跨学科研究视角有 15 种——管理学、信息技术、历史学、社会学、哲学、法律学、传播学、科学学、生物学、政治学、计算机科学、教育学、新闻学、灾害学、语言学。② 由于高校档案学专业教师是中国档案学共同体的主力军,档案学博士是主要的后备军,且我国产出的档案学学术著作中有很大一部分是在档案学博士学位论文的基础上修改而成的,故其调查和统计分析结果较有代表性。

学习和借鉴国外档案学的理论与实践进行本土化研究,以及其他学科的理论与方法展开跨学科研究,有助于我国档案学科的快速发展和学术成果的迅速积累。但是,根据唯物辩证法,任何事物都需要一分为二地看待。不能否认,在学习和借鉴过程中部分学者存在盲目的心态,较为严重的有两种:一是盲目崇拜,即无视我国档案文化的优秀传统、档案学科所取得的成就和档案学者的辛勤努力,盲目地崇拜国外档案学的理论与实践及其他学科的理论与方法,如此一来极易导致脱离我国档案学科和档案管理实际而照抄照搬的做法,甚至会将部分糟粕也引入进来,从而产生严重的后果。二是盲目追随,即无视自身的专业水平、素养、兴趣和爱好等情况,看到别人学习和借鉴某一理论取得了一些成果就一拥而上,盲目地投入相关研究,如此则极易产生低水平重复的成果。由于上述两种心态的作祟,再加上我国档案学理论根基本身较为薄弱,因此部分学者极容易在学习和借鉴中迷失自我,甚至丧失独立性。

特别注意的是,在学习和借鉴国外档案学的理论与实践及其他学科的理论与方法给我们带来的积极影响和消极影响的双重夹击之下,产生了一个重要的后果,即我国档案学的原创性理论较少。从目前的情况来看,属于我国档案学者原创的档案学理论有档案本质属性的相关论点、档案学逻辑

---

① 邢变变.中国档案学共同体研究[D].北京:中国人民大学,2016:115.
② 邢变变.中国档案学共同体研究[D].北京:中国人民大学,2016:120.

起点的相关论点、主客体全宗理论、档案双元价值论、中国电子文件管理理论等,其中部分理论论点较为分散、体系性较弱,难以产生全面性、广泛性影响。根据范式理论,范例/范式的核心组成要素是理论且主要指的就是原创性理论。因为只有原创性理论才能既容易引发科学争论又容易获得其他学者的认同和支持。更为重要的是,由于档案学的原创性理论一般是依据我国档案学科和档案管理的发展实践和社会需求满足情况所产生的,符合档案学科和档案职业发展的规律和需要,因此更容易在不断完善和发展中产生概念、工具和方法论等其他成分,最终形成完备的理论体系并被越来越多的档案学者接受,中国电子文件管理理论就是一个成功的案例。

英国科学家弗朗西斯·克里克曾说:"交流是科学的本质。"①学科之间的交叉、融合已经成为不可避免的发展趋势。笔者认为,我们不能否认跨学科研究在推动档案学理论创新、方法创新等方面的作用,但是随意、盲目地进行跨学科研究只会让档案学跨学科研究活动走向混乱、无序。档案学跨学科研究既要牢牢掌握本学科的理论、方法以及档案管理实际,又要掌握其他学科的理论与方法。笔者建议,档案学术共同体成员在开展档案学跨学科研究活动中应把握如下原则和方法:

1. 勿追本溯源

其一,应抓住源头,即从创立者着眼,直接读"原著",而不是盲目迷信其他学者的相关解读、演绎,更不能浅尝辄止于网页资料。一方面,"原著"最能反映作者的真实想法,因而要想掌握其他学科的理论方法,必须立足"原著"。另一方面,抓住源头不仅要抓住作者的"原著",而且要紧跟作者的学术发展轨迹。随着实践的发展,作者的理论方法等会得到不断的补充完善,如果只阅读作者的少数著作就难以全面地了解某一学科的理论方法。唯有不断地追踪作者的学术发展轨迹才能及时获知作者真实的想法。也唯有如此,才能更好地认识与把握其他学科的理论方法,更好地运用到档案学跨学科研究中。

其二,应把握精髓,即要充分认识到跨学科理论、方法的优势和生命力所在,唯有如此方能发挥其科学张力,为档案学注入新的发展动力。进行跨

① 徐丽芳.数字科学信息交流研究[M].武汉:武汉大学出版社,2008:2.

学科研究时,某一学科的理论方法可能不止一个,但是我们在借鉴的时候要充分考虑每一个学科理论与方法的优势,找出其中与档案学最为适用的理论与方法。只有将最能代表某一学科的理论与方法应用到档案学中,才能最大限度地开拓档案学的研究领域,最大化档案学跨学科研究成果。

2. 坚持独立自主

保持档案学的学科独特性和学科独立性是进行档案学跨学科研究的根本。如果档案学术共同体成员在档案学跨学科研究中不能清醒地认识到档案学的学科独特性,混淆档案学的主体地位,那么不仅档案学跨学科研究活动面临失败,档案学也可能面临丧失学科独立性的危险。

首先,应准确把握理论适用性问题。任何跨学科研究活动都不是盲目进行的,必须考虑学科理论的适用性。学科理论的适用性是保持档案学人头脑清醒,顺利进行档案学跨学科研究的基础。看到其他学科的研究热点、研究方法就盲目跟风、直接套用的做法是不可取的。不考虑学科适用性、生搬硬套的后果只能是"四不像""两张皮"。20世纪90年代前后,在全国社会主义市场经济的冲击下,有人违背档案工作实际状况,不考虑"商品论"在档案领域的适用性,盲目地将档案与商品结合在一起,产生了"档案商品论"。在时间的验证下,"档案商品论"既不符合档案工作实际,也不符合档案的本质属性,逐渐走向灭亡。

其次,应准确把握跨与被跨的问题。知识管理的流行一度让档案学人感受到跨学科研究带来的泛化危机,智慧档案馆的红火讨论和对现代技术的盲目推崇也给档案学人带来"被跨"的危机感等。因此,我们必须始终坚持以档案事业为中心,应清醒地认识到,档案事业是本和根,其他学科的理论和方法只是帮助我们进行档案事业的工具,我们进行的所有档案学跨学科研究都要服务于档案事业这个中心。如果做不到一切跨学科研究活动围绕档案和档案工作进行,档案学将面临"泛化"现象和学术迷失。

最后,应摆正心态。在进行档案学跨学科研究中,摆正心态,辩证地看待档案学跨学科研究是非常重要的。摆正心态有两个方面的含义:其一,不能因噎废食。学科之间的交流、碰撞、相互借鉴越来越频繁,闭门造车只会带来落后。从微观来说,跨学科研究为档案学注入新的发展动力,开拓了档案学研究领域,促进档案学理论更新;从宏观来说,档案学跨学科研究催生档案学交叉学科,促进档案学学科体系的完善。若只因害怕出现档案泛化现象就对档案学跨学科研究的好处视而不见,档案学的发展难免陷入滞涩。其二,警惕盲目输入。档案学跨学科研究固然有诸多好处,但是由于研究对象的不同,学科之间存在较大差异,生搬硬套其他学科的研究热点从事档案学的研究必定会产生不良后果。这也告诫我们,进行档案学跨学科研究必须摒弃浮躁、盲目的心态,从实际出发,切实考虑其他学科理论与档案学理论的适用性问题。唯有如此,才能反映真实的档案现象,解决实际问题,促进档案学事业的发展。

3. 践行拿来主义

"拿来主义"原本出自鲁迅的《且介亭杂文》,其核心可以简单地理解为借鉴。自 20 世纪三四十年代档案学诞生开始,除去战乱及"文革"时期,档案学仅有短短四十余年的稳定发展期,因而档案学根基较弱,发展也比较落后。面对如此状况,要想追赶其他学科与档案实践的发展,借鉴其他学科成熟的理论与方法研究档案领域是可取且非常必要的。

首先,应以我为主。任何跨学科研究必须在以我为主的前提下进行,档案学跨学科研究也不例外。尤其是,档案学是一个相对不太成熟的学科,如果不能在档案学跨学科研究中始终坚持档案学的本源,那么档案学跨学科研究必然走向灭亡和失败。这就决定了,我们在进行档案学跨学科研究之前必须弄清档案学的本源,牢记档案学之所以成为一门独立学科的理论基础。档案学是以档案和档案现象为研究对象,以揭示档案现象的本质和规律为目标的一门综合性学科。档案现象作为社会活动中独特的存在是档案学之所以成为一门区别于其他学科的根本所在。档案学的理论基础是来源原则、文件生命周期理论、档案双重价值理论等。在进行档案学跨学科研究过程中必须时刻谨记研究活动要围绕档案和档案现象开展,否则就会迷失方向,偏离档案学的轨道。

其次,应化客为我。由于研究对象的不同,各学科的理论与方法具有差异,因此即便其他学科的理论方法较为先进,也难以原原本本地应用于档案学研究。为保证其他学科的理论方法为我所用、档案学跨学科研究顺利进行,须将其他学科的理论方法加工改造成具有档案特色、适用于档案实践的理论方法。唯有如此,其他学科的理论方法才不会因"水土不服"产生恶果。

再次,需消化吸收。对其他学科理论与方法的融合有两种情形,简单的融合是指吸收其他学科的理论方法并将之转化为具有档案特色的理论,如我们对苏联的全宗原则进行消化吸收之后,产生了具有中国特色的全宗理论。高级的融合是档案学与其他学科的理论方法发生碰撞,在相互交叉融合中产生新的既具有档案特色也具有其他学科特色的交叉学科,比如档案学与史学相互碰撞、交叉、融合之后产生了档案史学。

最后,应融会贯通。融会贯通有两层含义:第一层含义是指在吸收融合其他学科先进的理论与方法之后,灵活地将其运用于解决档案学遇到的问题当中。比如,丁海斌老师灵活运用哲学的理论方法研究档案学,解决档案学的逻辑起点问题。第二层含义是指摆正档案学与其他学科产生的交叉学科在档案学中的位置,构建更加完善的档案学学科体系。这也是档案学跨学科研究的最终目的,即利用其他学科的理论和方法研究档案现象,解决档案问题,完善档案学学科体系,促进档案学事业的发展。

5.1.3.2　共同体规模较小

胡鸿杰教授指出:"中国档案学人及其文化素质、知识结构、人生经历等主体特征,决定了中国档案学的基本理念与模式。一部档案学的历史,也可以看作档案学人(者)的成长史和生活史。"①根据范式理论,成熟科学的发展是由科学家团体即科学共同体主导的。而科学社会学的研究不仅注重科学共同体的作用和功能,更强调个体成员的主观能动性。

首先,就个体成员而言,档案学者的主体特征和主观能动性是其从事学术活动的内因,对其学术产出有着根本性的影响。其次,就档案学科而言,没有一定规模的档案学者很难支撑起档案学的发展。最后,一个结构合理的档案学术共同体所能迸发出的能量远超于相应数量个体成员的能力之和,尤其是在大科学时代,更需要档案学者之间的充分合作与交流,这也是档案学科走向成熟的重要动力源泉。

根据库恩对科学共同体的分类方式,在档案学科的层面,最高一级的是

---

① 胡鸿杰.化腐朽为神奇:中国档案学评析[M].上海:上海世界图书出版公司,2010:67.

档案学术共同体,在此之下又可依据档案学者们具体的专业或研究领域划分出次一级的团体,如有必要还可进一步划分出子群体。

经过 90 多年的发展和积淀,中国档案学业已形成了自己的研究对象、研究规范、学术交流圈等,在此过程中档案学的"启蒙者""开拓者"和"继承者"不仅产生了各自的共同点,也沉淀出了中国档案学者的特质——"独立的人格和主体意识、合理的知识结构、对实践有充分的感悟"。① 在此基础上,中国档案学术共同体业已形成。

就目前的态势而言,我国档案领域具备学术研究能力并有学术产出的学者规模并不小。2019 年 7 月 1 日,笔者在中国知网文献数据库中,以"中图分类号"为检索项、以"G270"为检索词,发表时间设定为"2014-01-01"至"2019-01-01",经精确检索共获得 14 227 篇文献。考虑到档案学专业本科生和硕士研究生的就读年限以及参加工作后的过渡期,因此笔者在检索中设置了 5 年的时间段进行统计。除去一稿多发、抄袭以及同一作者发表多篇的因素,再结合陈兆祦先生的估算方式,估计规模应在 5000 至 10 000 人。

但是,库恩的科学共同体有严格的准入条件,仅从研究成果的角度来看,其应是档案学者之中的高产作者。而且根据普赖斯、科尔兄弟、朱克兰等人的研究,高产作者及由其组成的无形学院是科学发展的中流砥柱,其在学术产出中所做的贡献远高于低产者。中国档案学术共同体应至少是由档案学者中的中高产者组成,其不仅要有一定数量和质量的学术成果的产出,也需要有一定的从事学术活动的持续性和稳定性保障。唯有如此,其才能对档案学科的发展真正产生有益的贡献。因此从这一角度来看,较为符合条件的就是高校档案学专业教师、档案学博士研究生、各级档案局馆科研机构的工作人员以及档案职业人员中对学术研究有较高热情者。需要说明的是,当前我国部分档案学专业的本科生、硕士研究生在就读期间也会有一定学术成果的产出,但其主要是为了获得奖励、荣誉、保研资格,以及达到学业要求等,而且如其毕业之后没有成为上述四类人员,很少再会有稳定的学术产出,故未将其纳入档案学术共同体的范畴。而档案学的博士研究生在就

---

① 胡鸿杰.化腐朽为神奇:中国档案学评析[M].上海:上海世界图书出版公司,2010:76-79.

读期间为了达到学业要求即需要发表一定数量和质量的期刊论文和撰写出较高要求的学位论文,而且在毕业之后大部分会进入高校从事教学科研工作,因此将其纳入档案学术共同体的范畴。

根据冯惠玲教授的统计,截至 2018 年底,我国档案学专业教师共有 366 名,已培养的档案学博士研究生约 300 人[1],二者之间有大面积交叉,故此处以教师人数计。另外,徐拥军教授和张斌教授在 2011 年做过一个统计,发现"档案学科 31 名核心作者(高产作者)中 29 人来自高校,仅有 2 人来自档案实践部门"[2]。由此可大致估计,我国档案学术共同体的规模应在 400 至 500 人。此外,2018 年我国档案学博士研究生的招生人数为 30 人,而由于档案实践部门的岗位数量相对较为稳定,故暂不考虑其增长因素。

由上述分析可知,我国档案学术共同体的现有规模较小,而且增长速度较为缓慢,每年约为 7%。按照目前的状况,在如此之小的基数上仅仅依靠档案学专业的博士研究生教育是远远不够的。库恩在论述科学共同体的分层问题时曾列举过一个生物学的例子,他指出仅噬菌体研究领域即"会产生典型的百人左右的共同体,有时人数更少,也更重要"[3]。这在一定程度上也说明,根据范式理论,小到某一具体的研究领域、大到一个学科范畴必须具备一个一定规模的科学共同体才能够支撑起它们发展的重任,而若要使其快速、繁荣发展,则科学共同体的规模需更大才行。对于档案学科乃至其具体的研究领域而言也是如此。邢变变和笔者主张按照分支学科划分中国档案学共同体的中观层次[4],依据这种划分方法再结合库恩对科学共同体的认识及相关案例论证,笔者估算,要想保证我国档案学的繁荣和均衡发展需建设一个 1500 人左右规模的档案学术共同体。若依现有的基数,按照档案学博士研究生的招人规模和增长速度并将共同体成员的老化因素考虑在内,要达到这一要求需 40 年左右。

① 冯惠玲.改革开放 40 年中国档案高等教育的历史性跨越[J].档案学通讯,2018(6):5.

② 徐拥军,张斌.中国大陆档案高等教育发展研究[C]//2011 年海峡两岸档案暨缩微学术交流会论文集.北京:中国档案学会,2011:111.

③ 库恩.科学革命的结构[M].金吾伦,胡新和,译.北京:北京大学出版社,2012:149.

④ 邢变变,孙大东.对中国档案学共同体的思考[J].档案学通讯,2014(4):27-31.

胡鸿杰教授指出:"在中国档案学的发展过程中,也只有那些具有实践背景和对实践有真正感悟的学者,才能够对中国档案学有实实在在的贡献。"①就这一角度而言,培养和挖掘档案实践工作者中的学术研究人才,使其充实到档案学术共同体队伍是较为可行的方案。胡鸿杰教授也曾说:"建立以档案管理实践领域为依托、以档案管理人员为主体的档案学研究模式,也许才是从根本上避免档案学科出现濒危的方法。"②

在我国档案馆工作人员实行参照公务员管理模式的较长一段时间内,档案实践工作者由于缺乏从事档案学术研究的动力和积极性,再加其他诸多主客观因素的影响,尤其是学术水平和素养整体相对较低,导致中高产作者较少。笔者所结识的其中的几位佼佼者,如严永官、郭东升、刘东斌、管先海、吴雁平、程训芳、晋平等,他们从事学术研究主要是出于对档案事业的热爱和责任,其中很多学者的学术产出与档案学教授相比都毫不逊色,部分学者在退休之后仍然笔耕不辍,令人心生敬佩。当然,对于大部分档案实践工作者而言,这些学者从事学术研究的动力和精神较难复制,但是不可否认的是,除了好奇心、专业情怀和责任感等动力因素外,合理的功利心动机也可促进其学术产出的提升。令人较为欣喜的是,在新一轮的机构改革之后,档案局馆一分为二,档案馆真正独立为文化事业单位,在这种大背景下,其工作人员因为评职称的需要而从事学术研究活动的动力和投入势必增大,档案实践工作者的学术产出也将会有一个显著提升。同时,根据冯惠玲教授的统计,改革开放40年来,我国业已培养档案学硕士研究生(含专业硕士)约3700人③,若依78%的比例从事档案工作计算④,则有2886人,这是一个不小的基数。由于硕士研究生本身业已受过一定的学术训练、具备一定的学术水平和素质,因此可将其作为重点挖掘和培养对象。此外,笔者还发现

---

① 胡鸿杰.化腐朽为神奇:中国档案学评析[M].上海:上海世界图书出版公司,2010:70.

② 胡鸿杰.化腐朽为神奇:中国档案学评析[M].上海:上海世界图书出版公司,2010:135.

③ 冯惠玲.改革开放40年中国档案高等教育的历史性跨越[J].档案学通讯,2018(6):5.

④ 海薇,韩伟.中国人民大学2012届档案学专业毕业生就业状况分析[J].档案学通讯,2013(2):71.

了另外一个让人欣慰的现象,即当前国内档案领域影响力较大的会议如中国档案学会档案学基础理论学术委员会学术年会、中国档案职业发展论坛等均采取了征文评奖的方式,吸引了大量档案实践工作者参与,并涌现出了大量优秀论文,部分论文修改之后已被档案学专业核心期刊发表。因此,征文评奖的方式也可作为调动档案实践工作者开展学术研究的一个突破口。

最后,提高学术研究在档案机构绩效考核中的比重也是调动档案实践工作者积极性的一个重要方面。据笔者了解,当前在河南省各级档案局和综合性档案馆的绩效考核指标体系中学术研究仅占2%。由于其所占比重太小,不但起不到应有的激励作用,还常常被领导和工作人员忽视,甚至很多单位的领导抱着放弃的态度对待档案学术研究工作。基于此,笔者建议应大幅度增加学术研究在绩效考核中的比重,如可增加到20%,以引起领导和工作人员的足够重视,甚至能够发挥出较大的激励作用。

5.2　革命式发展模式

依据范式理论,档案学术活动和档案管理活动的革命式发展是其发展过程中的质变阶段,表现为一种非累积性的过程,亦是必然发生的。但是其发生时间上的不确定性较大,持续时间也相对较短。而且,革命式发展是针对特定学术共同体的革命,对于没有亲身经历过一次革命的学者或者学生而言,他们只能从经典文献或教材中零散地触及最近一次革命的结果。

5.2.1　革命式发展模式的应然形态

根据库恩对科学革命必然发生的原因的论述,结合我国学者对档案学科学革命动力因素的探讨,笔者认为中国档案学社会需求层次和研究对象知识层次的提升是范例/范式转换的内在推动力量,而后者带来的影响更加深远。根据DIKW模式,档案学社会需求层次和研究对象知识层次的发展轨迹本质上是一致的,因此任何一个因素的层次提升都会带来联动反应,从这一程度上说,档案学科和档案职业的协同发展在革命式发展过程中将会得到很好的体现。同时,档案学术共同体对范例/范式的信念的变化以及共同体成员的能动性抉择是范例/范式转换的直接决定性因素。在革命式发展过程中,档案学术共同体将会经历一个从逐渐分化到重新组合的过程,但其主导地位不会动摇。

在革命式发展过程中,新旧范例/范式之间的不可通约性是一个重要表征,具体表现为档案术语间的不可通约性,如旧范例/范式支配下的部分档案术语内涵发生变化、旧范例/范式支配下的部分档案术语被淘汰、新范例/范式支配下的档案术语种类和词汇量增加以及外延扩大等;档案学理论间的不可通约性,如旧的档案学理论本身发生了变化、旧的档案学理论被抛弃、新的档案学理论产生等;档案学工具间的不可通约性,如工具的改进、工具的淘汰、新工具的产生等;档案学方法论间的不可通约性,如旧档案学方法论的发展、部分旧方法论的抛弃和新方法论的建立等。

根据库恩的研究,对不可通约性的处理主要通过翻译来解决,即将在旧范例/范式支配下的档案术语、档案学理论、档案学工具和档案学方法论之中有意义的部分翻译成由新范例/范式支配的语言,目的在于重构和解释旧范例/范式中的有益成分并为新的档案学术共同体所用。而且,翻译之后的等价文本无须是原文本的复制,而是要在忠于原文、不改变原文意思和意义的基础上用新范例/范式的语言进行转换。具体的翻译过程中应将旧范例/范式中需要翻译的语词或语词串系统地替换成新范式中的语词或语词串,即主要是一个替代的过程而不是解释的过程。同时,必须要站在历史主义的立场上,充分考虑旧范例/范式存在的历史条件,不能随意改变旧范例/范式中概念、理论、工具和方法论的内涵和外延,以及其功能和意义。

库恩的科学动态发展模式是一个从原始开端出发的演化过程,这个过程类似于生物的演化,是一个单向性的不可逆的过程。因此,中国档案学的进步不会在一次革命式发展后就停下脚步,只要中国档案学不消亡,革命式发展就不会终止。但是,这种进化过程并不是简单的循环,伴随其中的是中国档案学新理论比先前的理论更好地表现或接近档案现象及其本质和规律的真相,是其解释档案现象和解决专业问题能力的不断提高,是中国档案学的不断专业化发展。

5.2.2 革命式发展模式的实然形态

根据库恩对科学革命的相关阐释,结合历史和现实状况,我国档案学发展过程中出现的最接近革命式发展特征的为档案实体管理范式与档案信息管理范式之间的转换,其中又以电子文件管理这一分支学科的产生和发展最为突出。

首先,电子文件的出现对档案学科理论体系产生了重大影响。其一是来源原则的重新发现。20世纪初,来源原则被国际档案界普遍接受,被视为档案整理的至善原则并被作为档案学的支柱理论之一。其后半个多世纪中,档案界对来源原则的评价大多是肯定性的。而从20世纪六七十年代开始,由于信息技术革命的巨大影响,尤其是电子文件/档案的产生对来源原则产生了较大冲击,部分档案学者开始质疑来源原则是否适用于电子文件/档案的管理。经过一段时间的反思之后,学者们逐渐达成共识:来源原则在电子文件时代仍然具有强大的生命力,其思想精髓经过重新发现后对电子文件/档案的管理亦具有指导意义,重新发现的实质即是新来源观的产生。新来源观的产生并未动摇来源原则的地位,反而使其在电子文件时代得到了进一步的发展和完善,进而增强了其生命力。与旧来源观相比,新来源观最重要的发展就是对"来源"概念的扩展,从而使其应用范围、管理理念等产生了新的变化。其二是文件生命周期理论的修正。与来源原则类似,作为档案学支柱理论之二的文件生命周期理论在电子文件时代也面临着巨大挑战,也需要进行修正之后才能适应电子文件管理的需要。在此背景下,文件生命周期理论经过补充和发展之后形成了一个新的文件运行基础理论——文件连续体理论。关于文件生命周期理论与文件连续体理论的关系,我国学者颇有争议,可总结为五种论点——"补充论""兼容论""互补论""共处论"和"中间道路论"。连志英教授甚至认为:"这两种理论其实代表的是两种不同的范式。"①争议的内容暂且搁置不说,诸多争议的存在本身就在一定程度上反映了电子文件产生的深远影响。其三是电子文件时代相关理论的再创新。如"面对传统全宗理论在电子文件时代的诸多挑战,我国档案学者提出'虚拟全宗'或'概念全宗'来解释虚拟形态存在的电子文件全宗"②;王

---

① 连志英.一种新范式:文件连续体理论的发展及应用[J].档案学研究,2018(1):14-15.

② 徐拥军,蔡美波.中国对苏联全宗理论的借鉴、修正与创新[J].档案学通讯,2016(1):29.

英玮教授根据时代发展趋势和档案事业的专业性发展需求适时提出了档案生命周期理论和档案连续体理论等。作为档案学的两大理论支柱，来源原则和文件生命周期理论的发展和完善对档案学科理论和档案管理活动带来的是全面的、深刻的影响。从这一层面来说，它符合范例/范式的部分规定。

其次，我国学者在电子文件管理理论体系的建设方面做出了卓有成效的工作。从宏观层面讲，以冯惠玲教授为核心的研究团队围绕我国电子文件管理的国家战略、我国电子文件的管理机制等展开了深入系统的研究，并提出了前端控制和全程管理的理念；从中观层面讲，我国部分精英学者对文档一体化管理、电子文件的流程管理、文档集成管理等开展了深入研究，并产出了一批高质量的学术成果；从微观层面讲，我国学者对电子文件的归档、鉴定、安全、利用、管理系统、元数据等各方面展开了广泛研究，极大地拓展了电子文件管理理论的纵深。通过上述研究工作，我国业已建立起了电子文件管理的理论体系。

再次，产出了一批经典文献和教科书。我国的电子文件管理研究发展至今，业已产出了一批极有影响力的文献，包括期刊论文、学术著作等。H指数（H-index）是由美国乔治·希尔施提出的、通过学者所发表的达到一定引用次数的文献数量来衡量该学者学术成就的一个指标，它可以较为科学地衡量科学家长期积累的研究成果的影响力，业已被广泛应用于多个学科领域。以冯惠玲教授为例。冯惠玲教授是我国档案学领域H指数最高的学者，其H指数为17[①]，高出排名第二的学者3个点。2019年7月7日，在中国知网引文数据库中，笔者以"被引作者"为检索项、以"冯惠玲"为检索词进行精确检索，根据题名进行删选后，发现与电子文件管理直接相关的文献有23篇，其总被引数为1048次、总下载数为26 675次、篇均被引数达到了45.57次、篇均下载数达1159.78次。其被引率较高的成果《电子文件时代新思维〈拥有新记忆——电子文件管理研究〉摘要之六》《电子文件管理国家战略刍议》《电子文件与纸质文件管理的共存与互动》《电子文件管理国家战略》《论电子文件的风险管理》等均是该领域的经典文献，获得了我国档案学

---

① 李静娴.1980年以来我国档案学理论研究进展评析：基于对关键学者发表文献的分析［D］.天津：天津师范大学，2016：16.

者的极大关注。此外,根据笔者不完全统计,截至 2019 年 6 月,我国出版的电子文件/档案管理教材共计有 20 本。根据范式理论,经典文献和教科书是范例/范式的集中体现,学生和学者通过阅读经典文献和教科书学习和认识范例/范式,它们更是范例/范式延续科学生命力最重要的载体。

最后,业已形成了学派。根据笔者的考察,中国人民大学的电子文件管理研究团队业已基本具备了库恩对学派的规定,现正在向档案学共同体的方向发展。而且胡鸿杰教授指出:电子文件管理"是中国档案学中与现代信息技术联系最密切的学科,也是档案学中最具发展潜力的学科……以至于'坊间'有人戏称,如果不研究电子文件就要在我国档案学界落伍了"。① 此在一定程度上也表明,我国的电子文件管理学术共同体已初步具备了自我新陈代谢的能力,即在新旧范例/范例转换的过程中固守于旧范例/范例的个体成员会被淘汰。

5.2.3 革命式发展中的不足与应对

5.2.3.1 学术争论显得不充分

依据范式理论,激烈的学术争论是革命式发展的重要表征之一。在前科学时期的多范例阶段,主要呈现一种学派林立、百家争鸣的态势,此时的学术争论虽然异彩纷呈,但往往欠缺深入力度,因为一方面各范例的发展还不够完善,其学术解释能力和规范能力还显得较弱,另一方面是学派成员对其所秉持范例的信念还不够深入。在科学革命阶段,学术争论主要是科学共同体围绕新旧两个范式而展开,整体而言,其争论的规模较大、争论的问题更加深入、争论的氛围也更加激烈。原因有三:其一,此阶段的学术争论是在新旧两个科学共同体之间的展开,双方力量更为集中、参与人数也更多;其二,科学共同体成员对所秉持范式的信念更为坚定,甚至有部分固守旧范式的共同体成员;其三,新旧范式的转换是科学共同体成员世界观的转变,即其看待学术问题的方式会产生全方位的、根本性的变化。

---

① 胡鸿杰.化腐朽为神奇:中国档案学评析[M].上海:上海世界图书出版公司,2010:123.

同时,学术争论对科学发展亦有重要的作用。根据库恩的科学观,前科学时期多范例阶段的学术争论主要的作用在于确定学派,即通过学术争论分辨出某一学者可归属于哪个学派,而不是为了在争论问题上达成一致。在科学革命阶段,学术争论的主要目的是完成科学共同体的新陈代谢,即将认同旧范式的成员淘汰出新的科学共同体之外。就学术理论的价值而言,学术争论亦是重要的评判标准。"学术争论是科学,特别是社会科学得以发展的重要动力和途径;争论既体现了对学界既有成果的尊重,又能彰显创新性的成果;缺少争论的论文不能算作真正意义上的学术论文。"①

在我国的革命式发展中,学术争论不充分的主要表现有二:

一是数量较少。2019 年 7 月 8 日,笔者在中国知网文献数据库中,以"篇名"为检索项、以"档案"并含"商榷"为检索词进行精确检索,即获得 220 篇文献。其中与档案信息管理、电子文件/档案管理相关的有 14 篇,仅占 6.36%,且其中大部分文章又只是间接涉及相关主题。同时,笔者又以"电子文件"并含"商榷"为检索词进行精确检索,仅获得 3 篇文章,加上第一次检索获得的 2 篇关于电子档案的争论性文章,总共也只有 5 篇。

二是质量较低。此处所指的质量较低主要表现为大部分争论只有商榷没有回应,即相应作者的商榷文章发表之后,很少有原文作者给予答复或再商榷,如此一来造成的局面就是,学术争论尚未真正开始就结束了,或者只进行了一个回合就草草收场了,这种形式的学术争论无法取得持续性、深入性效果。

纵观我国新千年以来的档案学术争论,较大规模的有 3 次:一是关于档案本质属性的纷争。关于档案本质属性的争论自 20 世纪 80 年代即已开始,迄今为止相关论点已近 20 种。② 自 1981 年原始记录性说提出之后,其迅速得到了大多数档案人的认同,争论暂时沉寂了下去。但是随着信息社会对档案事业的冲击不断增强,档案的信息属性亦得到了越来越广泛的关注,学者们对档案本质属性的认识也发生了变化,许多学者提出了自己的观点,论

① 段忠桥,张文喜.坚持学术争论 注重分析方法:段忠桥教授访谈[J].学术月刊,2011,43(5):156.

② 邹吉辉.档案本质属性研究的困惑与出路[J].档案管理,2011(6):4.

证较为充分且影响较大的如 1992 年伍振华教授提出的备以查考性①,2001 年郭东升先生提出的直接历史记录事后有用性②,邹吉辉教授提出的历史再现性③,2009 年黄夏基教授提出的原始性、历史性和记录性的统一④,2016 年刘新安、伍振华、崔杰提出的档案历史联系与历史的同构性⑤等。部分学者在佐证自己论点的同时也对其他观点展开了辩驳,学术争论较为激烈。二是 2007 年至 2009 年姜龙飞与孙观清围绕新时代背景下(即信息时代)档案工作者的社会责任展开的持续三年之久的"姜孙之辩"。三是自 2015 年开始至 2017 年结束的关于电子文件/档案时代档案鉴定是否可以弱化的争论。

上述三次争论之所以取得了显著成效,其共同的影响因素主要包括:其一,参与争论的人多。第一次争论自不待言,第二次争论除姜龙飞和孙观清两位核心作者外,周生玉、黄新荣、严永官、"丹桂飘香"(网名)等学者也参与了进来;第三次争论的核心作者为周林兴教授,与之商榷的作者包括徐欣云、谢诗艺、孙大东、王增强等。其二,持续时间长。持续时间长一方面是争论回合多的一个表现,另一方面也可将争论不断引向深入,从而取得较多成果。其三,争论双方的强力回应。如姜龙飞和孙观清的你来我往、周林兴教授连续发文的强力回击等。此外,除了在档案学专业期刊上发文争论外,第一、二次争论还在《档案界》论坛和《档案知网》上展开了激烈辩论,不仅引来了大量"围观群众",极大地拓展了争论的影响范围,甚至有部分人士也参与了网络讨论,如李振华先生引发的学术效应不亚于以学术成果为载体的争论。

而在当前已有的档案学术争论中,不争论甚至怕争论的现象大量存在,如部分学者在论文发表之后即不再考虑其产生的学术影响和他人的学术评论,部分学者囿于自己的学术地位和身份不屑于与他人争论,而与之相对,部分学者、尤其是学术新人畏于他人的身份和地位不敢争论等。即便发生

---

① 伍振华.档案的本质属性是什么[J].四川档案,1992(6):13-14.

② 郭东升.档案本质属性诤议[J].中国档案,2001(5):41-42.

③ 邹吉辉.档案本质属性研究[J].四川档案,2001(3):1-5.

④ 黄夏基.档案的本质属性是原始性、历史性和记录性的统一[J].档案学通讯,2009(5):84-86.

⑤ 刘新安,伍振华,崔杰.档案历史联系与历史的同构性:一个新的档案本质观点[J].档案学通讯,2016(6):4-6.

了学术争论,也往往伴随着肢解文意、以偏概全、相互攻击等不良风气。

造成上述现象存在的重要原因之一在于对学术争论的认识不准确、不全面。依据范式理论,在范例/范式的转换过程中,参与档案学术争论的双方是从不同的角度、用不同的方法探讨同一问题,在此过程中,一方面,由于各自所秉持的范例/范式可能会存在发展不完善之处,故均既有合理的一面也会存在诸多不足;另一方面,由于双方均坚信各自所秉持的范例/范式能够解决问题,故往往会产生各不相让、一时谁也无法说服对方的情况。这些现象在已有的档案学术争论中可谓常态。而正如库恩所认为的那样,在科学的动态发展中,科学争论的主要功能并不在于就争论问题达成一致,而是为了推动科学共同体的形成和发展。学术争论越普遍、越激烈,对科学发展就越有利。

基于此,笔者认为,我们应端正心态、准确全面地看待档案学术争论:

其一,就任何一位档案学者而言,创新性越高的学术成果才越容易引发学术争论。此外,默顿认为:"科学王国的基本通货是承认。"①加斯顿认为:"(科学)承认由两部分构成,前半部分是贡献,后半部分是在利用他的知识贡献过程中其他科学家对其表示的赏识。"②根据科学社会学家的研究,赏识的表达方式通常是在公证评价基础上的认可和应用,而认可和应用又主要是通过学术引用来实现的。结合这一规定,学术争论是较为有效的获得科学承认的方式之一。一方面,在学术争论中双方先需对对方的学术成果进行全面、准确地把握和了解,这是展开学术争论的前提。另一方面,学术争论势必多次引用对方的学术成果,而且由于争论往往是以对方学术成果的主要观点为标靶的,所以就整体而言,在引用的时候也是较全面的引用。基于此,笔者认为,学术争论不仅是档案学术成果创新性的体现和对档案学者的尊重,更是彰显其成果价值的重要方式。因此,学者们对学术争论不应该产生畏惧和不屑的心理,反而应该持开放和欢迎的态度。

---

① MERTON R K. The sociology of science:an episodic memoir[M]∥MERTON R K, GASTON J. The sociology of science in europe. Carbondale:Southern Illinois University Press,1977:48.

② GASTON J. The reward system in British and American science[M]. New York:A Wiley-inter-science Publication,1978:10.

其二,学术争论的根本目的不是要说服对方,让对方接受和认同某一观点并进而达成一致。虽然在范式理论中,共识性认识越多,范例/范式就越容易产生,但是要知道,范式的产生和确立需要经历数十年甚至上百年时间,而且你甚至根本无法说服对方。学术争论的主要目的是表达自己的看法和观点,尽力对自己看待某一问题的角度和所用的方法进行阐释和论证,并在争论过程中充分吸收对方所用角度和方法的长处、接受对方合理的意见和建议,修正和发展自己的理论、方法等,增强其揭示和解释相关问题甚至档案学科问题的能力,如此一来才能不断把学术争论引向深入,自己的理论和方法等才有可能被其他人认同和接受并最终发展成范例/范式。

其三,学术争论主要是发现对方观点或方法的漏洞和不足,然后在此基础上批驳、立论,因此在学术争论过程中较易发现自己所持观点存在的问题。同时,借助对方的知识和智慧、再加上在争论过程中对自己学术成果的全面审视,也能对自己所持观点的价值有更深入的认识。在此背景下,档案学者应能客观地对待自己的观点:对于不符合档案学科理论发展趋势和档案职业实践发展状况的理论或学说,应在学术争论的过程中虚心听取对方的批评和意见,及时予以放弃,不应固执己见,甚至胡搅蛮缠;对于符合档案学科理论发展趋势和档案职业实践发展状况的理论或学说,要有坚定的信念,如此才有可能对其展开更加深入的研究。

5.2.3.2 发散性思维稍显欠缺

依据范式理论,在常规式发展阶段,档案学术共同体应以收敛性思维为主但要坚持发散性思维,而在革命式发展阶段则应以发散性思维为主但不可忽视收敛性思维。

与收敛性思维要求档案学术共同体在研究中坚定不移地遵守范例/范式规定的学术边界、学术规范、学术方法等不同,发散式思维则要求思想活跃、思想开放,即不应被旧范例/范式束缚,要敢于破旧立新、大胆创新。

在我国的革命式发展中,发散性思维稍显欠缺主要表现为不敢挑战权威、勇于革新。当前,在我国的档案学术共同体中权威结构业已出现,其可分为两类:一类是来自档案行政部门和档案管理部门的学术权威,这类学术权威往往具有较高的行政领导地位;一类是来自高校档案学专业教育部门的学术权威,这类学术权威往往是博士生或硕士生导师并具有一定的社会地位。在学术研究活动中,档案学术权威凭借自己的专业知识、专业成就、专业水平、专业素质等在某一领域发挥着引领作用,当然其社会地位在这一过程中也起到了重要作用,但这种作用往往是潜移默化的。而就从事该领域研究的其他学者尤其是青年学者而言,往往自觉或不自觉地把学术权威的观点当作自己开展学术研究的纲领或依据,如部分学者在学术论文中经常摘引学术权威的研究成果内容当作直接佐证而不对其进行分析;部分学者则直接将一些学术权威建立的模型或框架作为自己学术研究的立论依据或论证依据,而不对其的科学性、适用性等展开证明。更有甚者,由于师徒式组织和同事式组织等的存在,在某一具体的研究领域,部分学者是学术权威的同事、学生或者下属,在此种情况下,这部分研究者往往将学术权威视为偶像崇拜,就更谈不上挑战权威了。

基于此,笔者认为,我们应以科学的态度看待档案学术权威:

其一,学术权威在具有很高学术成就、学术地位、学术水平、学术素养的同时,往往也具有很高的个人魅力,如关心青年学者的成长、平易近人、站位高远、与时俱进、敢于创新,他们往往放眼于中国乃至全世界档案学和档案教育的发展,对学术研究也持一种开放的态度。

其二,对于学术权威所提出的理论和观点而言,其他学者若敢于挑战、勇于创新,恰恰有利于其进一步发展,其主要机理同笔者上文对学术争论的分析,在此不再赘述。

其三,根据库恩的论述,在部分自然科学的发展历程中,固执于旧范式的往往是科学权威,此时他们将会成为科学革命完成的阻碍力量,因此秉持新范式的科学家必须要对其发起挑战。

基于以上分析,笔者认为,档案学者尤其是青年学者在从事学术研究的过程中,一方面引用和应用任何人包括学术权威的观点、理论、模型、框架等均要对其进行科学性、适用性分析,不能将其作为直接佐证材料;另一方面应敢于和任何人包括学术权威展开学术争论,不应畏首畏尾。但需要注意的是,在学术争论中应坚持对事不对人原则,不应掺杂情感性和功利性因素。

┌6
结　语

　　自诞生之日起,范式理论就在世人的瞩目中走上了一条不平凡的道路。誉之者称:"在科学史和科学思想史的现代奠基意义上,库恩是将科学史研究的内史和外史结合在一起的第一人。"①《科学革命的结构》一书也被视为现代西方思想史上一部里程碑式的著作。责之者则称其为暴民心理学、相对主义、非理性主义等。当然,范式理论所引起的涟漪并不限于此。

　　"1965年7月,英国科学哲学学会与伦敦经济和政治科学学院在伦敦贝德福德学院联合召开了国际科学哲学讨论会。"②在会上,范式理论受到了波普尔派的猛烈批判,从而拉开了"范式论争"的序幕。这次会议对范式理论的发展产生了深远影响,其不仅开启了库恩对范式理论的澄清、补充和完善之路,也催生了库恩及其支持者关于范式理论更多研究成果的产出。可以说,经受了科学战的洗礼之后,范式理论的科学生命力和影响力强大了很多:一方面,范式、科学共同体、常规科学、不可通约性等的内涵得到了最大限度的澄清和发展;另一方面,科学共同体理念得到了充分发展,成为科学社会学的思想源头之一。

　　范式理论属于科学哲学范畴,本质上是研究和探索科学发展规律的一种理论。从理论形态来看,在范式理论视域之下科学呈现出一幅从前科学时期到常规科学时期、科学革命时期、新的常规科学时期、新的科学革命时期等的单向、无限发展的科学动态图景,而在这种图景背后却是范式和科学共同体相互作用的内在驱动。在二者的相互作用过程中,收敛性思维和发

---

①　李创同.论库恩沉浮:兼论悟与不可通约性[M].上海:上海人民出版社,2006:5.
②　范岱年.《批判与知识的增长》:20年以后:一次纪念伊·拉卡托斯的国际科学哲学会议[J].自然辩证法通讯,1986(6):68.

散性思维、科学共同体对旧范式的固守和对新范式的选择是科学发展的两个必要的张力。因此,范式理论在档案学跨学科研究中的科学功能不在于其为我们供应的那些时髦的术语,而在于其所展示的科学发展模式和揭示的科学规律对探索档案学的学科规律所提供的有益的借鉴和启示。

当前,人们对科学的认知不再局限于自然科学的狭义认识,而是以一种广义的视角来看待科学,即将自然科学、社会科学、人文科学等都纳入科学的范畴。库恩指出:"取得了一个范式,取得了范式所容许的那类更深奥的研究,是任何一个科学领域在发展中达到成熟的标志。"[①]对社会科学诸学科而言,范式理论为其学科规律的探索提供了一条科学、可行的进路,展示了其潜在的发展图景,现在没有形成学科范式并不意味着以后不会形成。尤为重要的是,与其他同类的科学哲学理论相比,范式理论为众多社会科学学科的发展提供了明确的目标,范式、常规科学、科学革命等科学动态发展模式中的界标就像科学发展道路上的一个个阶段性目标,而且依据范式理论,我们还可以看到距离目标的差距以及实现目标的方法。因此,现在要做的不是纠结于学科范式是否形成的问题,而在于充分发挥范式理论的科学功能,取其精华,去其糟粕,努力探索档案学科发展规律,并将学科不断向前推进。

此外,范式理论产生之后,"其影响已远远超出哲学的疆域,在历史学、社会学、社会心理学、语言学、人类学、文化传播学等学术领域和理论批评界、作家、乃至商业巨子之间都有着广泛的影响"。[②] 产生此种盛况的原因:一是范式理论本身具有较强的创新性和较大的科学价值,可以为其他学科开展跨学科研究提供理论依据;二是范式理论提供的视角、理念和方法等具有较大的启示意义,可以为学术研究、文学创作、商业贸易等提供有益的启发与借鉴。而基于后者产生的影响范围更大、也更为深远。

对于档案学科与档案职业协同发展的研究而言,范式理论提供的启示是多方面的。

其一,档案学科与档案职业主体的职业化和社会化发展态势决定了其

---

① 库恩.科学革命的结构[M].金吾伦,胡新和,译,北京:北京大学出版社,2012:9.
② 李创同.论库恩沉浮:兼论悟与不可通约性[M].上海:上海人民出版社,2006:7.

只有通过群体性活动才能推动档案学术活动和档案管理活动不断向前发展。而依据科学共同体理念,档案学术共同体和档案管理共同体除了具有自身的规范条件、发展规律和作用机制外,还会受到社会环境的影响。

其二,根据范式理念,范例/范式在档案学术活动和档案管理活动中发挥着规范与指导作用,其只有与档案学术共同体和档案管理共同体相结合才能发挥作用。

其三,档案学科与档案职业并非是一种简单的累积性发展过程,依据科学动态发展模式理念,其应呈现出一种跳跃式累积性的单向无限上升的发展模式。

档案学是一门实践性很强的学科,主要表现有二:一是其对应了一种职业——档案职业,即其具有明确的出口;二是档案学术理论与档案管理实践有紧密联系的需求和必要。基于此,本课题从主体建构协同、活动范式协同、发展模式协同三方面分别对档案学科和档案职业展开了具体研究,旨在实现档案学理论与实践更好融合的目标。

档案学科与档案职业的发展自身受到相应客观规律的制约,只有准确把握了其发展规律,才能谈得上遵循并利用其促进学科和职业的发展。本课题旨在应用范式理论通过对档案学科和档案职业的协同发展研究为档案学理论和实践的更好融合提供科学的理论框架和可行的实现路径,同时也在一定程度上为探索二者的发展规律及互动机制作出努力。笔者深知,对档案学科和档案职业发展规律的解释和揭示不是一朝一夕的事,也不是哪一个人就能独立完成的,因此本课题的研究也仅仅是一种尝试。

当然,除了范式理论,其他科学哲学、科学社会学、科学知识社会学等学科的知识和理论对探索档案学科和档案职业发展规律也是适用的,当然是在拿来主义原则之下的适用。诚然,任何科学哲学、科学社会学、科学知识社会学等学科的知识和理论都无法一概穷尽科学发展规律,其均是就某一角度、某一方面对科学发展规律的探索和揭示。但只要其对相关规律的探索有价值、有帮助就应该拿来为我所用,哪怕是其中的某些探索工作可能失败。

路就在脚下。前方图景虽美,但道路漫长且满布荆棘。是畏难止步,还是勇往直前? 相信每一个有专业责任感的档案学人心中自有答案。

主要参考文献

(一)图书

[1]殷钟麒. 国民党时期档案管理述要[M]. 北京:中国人民大学档案系,1958.

[2]普赖斯. 小科学·大科学[M]. 宋剑耕,戴振飞,译. 北京:世界知识出版社,1982.

[3]吴宝康. 档案学理论与历史初探[M]. 成都:四川科学技术出版社,1986.

[4]刘文杰. 中国档案学文书学要籍评述[M]. 成都:四川大学出版社,1987.

[5]吴宝康. 档案学与档案事业[M]. 南京:南京大学出版社,1988.

[6]拉卡托斯,马斯格雷夫. 批判与知识的增长:1965年伦敦国际科学哲学会议论文汇编第四卷[C]. 周寄中,译. 北京:华夏出版社,1987.

[7]国家职业分类大典和职业资格工作委员会. 中华人民共和国职业分类大典[M]. 北京:中国劳动社会保障出版社,1999.

[8]博兰尼. 自由的逻辑[M]. 冯银江,李雪茹,译. 长春:吉林人民出版社,2002.

[9]野家启一. 库恩:范式[M]. 毕小辉,译. 石家庄:河北教育出版社,2002.

[10]裴燕生. 历史文书[M]. 北京:中国人民大学出版社,2003.

[11]佟立. 西方后现代主义哲学思潮研究[M]. 天津:天津人民出版社,2003.

[12]程焕文. 信息资源共享[M]. 北京:高等教育出版社,2004.

[13]库恩. 必要的张力:科学的传统和变革论文选[M]. 范岱年,纪树立,等译. 北京:北京大学出版社,2004.

[14]胡鸿杰. 中国档案学的理念与模式[M]. 北京:中国人民大学出版

社,2005.

[15]李财富.中国档案学史论[M].合肥:安徽大学出版社,2005.

[16]李创同.论库恩沉浮:兼论悟与不可通约性[M].上海:上海人民出版
社,2006.

[17]李德昌.信息人社会学:势科学与第六维生存[M].北京:科学出版
社,2007.

[18]徐丽芳.数字科学信息交流研究[M].武汉:武汉大学出版社,2008.

[19]什托姆普卡.默顿学术思想评传[M].林聚任,译.北京:北京大学出版
社,2009.

[20]刘珺珺.科学社会学[M].上海:上海科技教育出版社,2009.

[21]徐拥军.企业档案知识管理模式:基于双向视角的研究[M].北京:中国
档案出版社,2009.

[22]赵彦昌,戴喜梅.中国档案史专题研究[M].哈尔滨:黑龙江人民出版
社,2009.

[23]陈祖芬.档案学范式的历史演进及未来发展[M].上海:上海世界图书
出版公司,2010.

[24]胡鸿杰.化腐朽为神奇:中国档案学评析[M].上海:上海世界图书出版
公司,2010.

[25]丁华东.档案学理论范式研究[J].上海:上海世界图书出版公司,2011.

[26]马费成,宋恩梅.信息管理学基础[M].武汉:武汉大学出版社,2011.

[27]张会超.民国时期明清档案整理研究[M].上海:上海世界图书出版公
司,2011.

[28]华林,苏晓轩,倪丽娟.档案逻辑管理学[M].沈阳:辽宁大学出版
社,2012.

[29]罗嘉昌.从物质实体到关系实在[M].北京:中国人民大学出版
社,2012.

[30]库恩.结构之后的路[M].邱慧,译.北京:北京大学出版社,2012.

[31]库恩.科学革命的结构[M].金吾伦,胡新和,译.北京:北京大学出版
社,2012.

[32]万丹.断裂还是统一:库恩"不可通约性"概念研究[M].北京:中国社会

科学出版社,2012.

[33]赵彦昌.中国档案史研究史[M].上海:世界图书出版公司,2012.

[34]《档案学通讯》杂志社.档案学经典著作:第2卷[M].上海:上海世界图
书出版公司,2013.

[35]国家职业分类大典修订工作委员会.中华人民共和国职业分类大典:
2015年版[M].北京:中国劳动社会保障出版社,中国人事出版
社,2015.

[36]孙大东.基于范式论批判的中国档案学发展研究[M].北京:科学出版
社,2017.

[37] SARTON G. A history of science[M]. Oxford:Oxford University
Press,1953.

[38] MERTON R K. The sociology of science:theoretical and empirical
investigations[M]. Chicago:University of Chicago Press,1973.

[39] MERTON R K, GASTON J. The sociology of science in Europe[M].
Carbondale:Southern Illinois University Press,1977.

[40] GASTON J. The reward system in British and American science[M]. New
York:A Wiley-inter-science Publication,1978.

(二)期刊论文

[1]李士智.试论档案学与史学的合作和联盟[J].档案,1986(1):11-15.

[2]范岱年.《批判与知识的增长》:20年以后:一次纪念伊·拉卡托斯的国
际科学哲学会议[J].自然辩证法通讯,1986(6):68-73.

[3]伊岩.从联合档案室看机关档案工作组织管理形式的改革[J].档案学研
究,1989(2):15-21,65.

[4]王绍忠.档案定义研究述评[J].档案工作,1990(8):29-34.

[5]张绍银,邓衍明.档案事业:走向二十一世纪的思考:学习《全国档案事业
发展十年规划和"八五"计划纲要》的体会[J].档案学研究,1992(2):
4-8.

[6]国家档案局发布《档案法规体系方案》[J].档案工作,1992(5):4.

[7]伍振华.档案的本质属性是什么[J].四川档案,1992(6):13-14.

[8]刘凤坤.从协同论、突变论角度看档案工作[J].山西档案,1994(2):20.

[9]陈永生.论档案学理论联系实际中的"理论"[J].山西档案,1994(4):9-12.

[10]陈永生.共识与分歧:关于档案学独立性与档案学学科属性问题的研究[J].山西档案,1996(1):12-14.

[11]王刚."九五"期间档案事业发展的目标、指导思想和主要任务[J].中国档案,1996(3):11.

[12]冯惠玲.扩大交流与合作 发展档案教育[J].档案学通讯,1996(6):4-6.

[13]徐超,罗艳.试论库恩对"科学革命的结构"的重构[J].华中理工大学学报(社会科学版),1997(3):32-35.

[14]冯惠玲.电子文件时代新思维 《拥有新记忆——电子文件管理研究》摘要之六[J].档案学通讯,1998(6):45-49.

[15]孟建伟.功利主义和理想主义的张力:关于科学的动力、目的和社会价值问题的思考[J].哲学研究,1998(7):16-22.

[16]刘国能,陈智为,姜之茂,等.千年一越话从头:走向新世纪档案工作七人谈[J].上海档案,2000(1):23-26.

[17]柳晓春,涂启建.21世纪图书馆学与情报学的学科定位[J].图书馆,2000(1):9-10.

[18]陈兆祦.我国档案学研究概况:规模、条件和成就[J].兰台世界,2000(8):4-6.

[19]国家档案局,中央档案馆.全国档案事业发展"十五"计划(摘要)[J].中国档案,2001(2):9-11.

[20]胡鸿杰.论档案学的逻辑起点[J].档案学通讯,2001(3):33-36.

[21]邹吉辉.档案本质属性研究[J].四川档案,2001(3):1-5.

[22]郭东升.档案本质属性诤议[J].中国档案,2001(5):41-42.

[23]胡效来.档案宣传中的横向联合[J].山西档案,2001(6):32.

[24]BOWEN W G,樊锦诗.中美合作研制敦煌数字图像档案[J].敦煌研究,2002(4):9-10.

[25]高巍岩,赵冬梅,梁玉兰.开展馆际间横向联合 互通历史档案信息

［J］.黑龙江档案,2002(5):41.

[26]孙爱萍.实施档案信息资源开发合作战略[J].档案学通讯,2002(6):
66-68.

[27]梁战平.情报学若干问题辨析[J].情报理论与实践,2003,26(3):
193-198.

[28]徐拥军.对档案学研究对象、文书学和档案学关系的反思[J].档案学通
讯,2003(4):22-25.

[29]周桂华.协同管理 做好农业科研档案工作[J].四川档案,2003(4):28.

[30]曹芳,崔佳佳,管丽丽,等.组建信息资源管理学院对档案学科的影响
［J］.档案学通讯,2004(1):60-64.

[31]郝红.以联合行文强化档案行政执法力度[J].理论学习,2004(3):62.

[32]段丽波.试析我国档案合作编研的现状和特点[J].档案学通讯,2004
(5):64-67.

[33]吴菊英.论联合开发民国档案检索工具[J].办公室业务,2004(6):
36-37.

[34]冯惠玲,周晓英.信息资源管理研究与教育:一个大有作为的领域
［J］.图书情报工作,2004,48(9):27.

[35]刘永,邓胜利.论信息资源管理的本质:学科定位问题探讨[J].档案管
理,2005(2):54-57.

[36]李醒民.库恩在科学哲学中首次使用了"范式"(paradigm)术语吗?
［J］.自然辩证法通讯,2005,27(4):105-107.

[37]温一东.建立联合档案室是改变农村档案工作现状的有效途径[J].黑
龙江档案,2005(5):17-18.

[38]荆宁宁,程俊瑜.数据、信息、知识与智慧[J].情报科学,2005,23(12):
1786-1790.

[39]胡鸿杰.中国档案职业的形成与确立[J].档案学通讯,2006(1):
15-18.

[40]徐辛酉."行政效率运动"对中国近代档案学产生的影响[J].山西档案,
2006(4):17-20.

[41]徐恩元,徐建华.文献老化理论研究[J].四川图书馆学报,2006(6):

63-67.

[42]国家档案局,中央档案馆.档案事业发展"十一五"规划[J].中国档案,2007(2):13-14.

[43]胡鸿杰.论电子文件的研究视角[J].档案学通讯,2007(2):11-13.

[44]张会超.档案博客学术催化论[J].北京档案,2007(3):27-29.

[45]冯惠玲,张宁.积极推动电子文件管理规范化、法制化进程[J].档案学通讯,2007(4):95.

[46]中国档案编辑部.以建立电子文件中心为突破口 全面建立有中国特色的电子文件管理体系:国家档案局召开"全国电子文件中心建设经验交流会"[J].中国档案,2007(5):6.

[47]尹保华.社会工作职业化概念解读[J].社会工作,2008(4):18-20.

[48]钟其炎,杨丹娟.档案博客的现状调查分析[J].档案管理,2008(5):72-74.

[49]钟其炎.反思档案学研究对象[J].浙江档案,2008(6):16-18.

[50]徐拥军.从档案收集到知识积累[J].山西档案,2009(2):13-17.

[51]赵彦昌.商代档案管理制度研究[J].辽宁大学学报(哲学社会科学版),2009(2):109-114.

[52]惠新宇.砺学砺行自强路 唯实唯新探路人:记中国人民大学副校长冯惠玲教授[J].北京教育(高教),2009(4):60-62.

[53]黄夏基.档案的本质属性是原始性、历史性和记录性的统一[J].档案学通讯,2009(5):84-86.

[54]山西档案编辑部.四家档案期刊联手抵制学术不端行为[J].山西档案,2010(1):9.

[55]邢培华.创新、继承、实用、进取:读两部新版《档案管理学》[J].档案与建设,2010(5):37-38.

[56]段忠桥,张文喜.坚持学术争论 注重分析方法:段忠桥教授访谈[J].学术月刊,2011,43(5):155-160.

[57]金胜勇,李雪叶,王剑宏.图书馆学情报学档案学:研究对象与学科关系[J].中国图书馆学报,2011(6):11-16.

[58]邹吉辉.档案本质属性研究的困惑与出路[J].档案管理,2011(6):

4-8.

[59]徐舒柯.试析档案部门与广播电台的联合传播[J].档案与建设,2011 (8):18-20.

[60]葛新月."城市记忆工程":档案与文物部门应合作推进[J].浙江档案, 2011(12):35-36.

[61]刘东斌.档案法规体系建设研究文献综述[J].档案管理,2012(2): 50-52.

[62]张博.基于 SWOT 分析法的国内档案博客发展对策研究[J].档案时空, 2012(10):17-20.

[63]田丽.辽宁省图书情报档案专业人才联合培养模式研究[J].图书馆学 研究,2012(15):15-17.

[64]海薇,韩伟.中国人民大学 2012 届档案学专业毕业生就业状况分析 [J].档案学通讯,2013(2):70-72.

[65]王巧玲,孙爱萍,谢永宪,吴晓红.建设校外人才培养基地体系创新合作 教育平台:以北京联合大学档案学专业为例[J].档案学通讯,2013(3): 81-85.

[66]杨来青,徐明君,邹杰.档案馆未来发展的新前景:智慧档案馆[J].中国 档案,2013(2):68-70.

[67]王新才,文振兴.我国档案法研究综述[J].档案学研究,2013(3): 21-25.

[68]丁静.论档案与传媒的互惠合作、协调发展[J].山东档案,2013(5): 18-20.

[69]刘凤伟.档案部门与新闻媒体合作共赢的尝试与思考[J].档案与建设, 2013(6):62-63,70.

[70]侯佳.档案工作参与智慧城市建设的探讨[J].中国档案,2013(5): 42-43.

[71]陈慧瑛.智慧档案 数字先行:绍兴市档案信息化建设转型升级的探索 实践[J].浙江档案,2013(12):14-15.

[72]罗夏钻.我国民生档案协同服务机制构建探讨[J].云南档案,2014(2): 57-59.

[73]邵华,方慧惠.学科研究对象及档案学研究对象认识的演变与分析[J].档案学研究,2014(2):13-16.

[74]鲁冰莹.聚焦:"智慧档案"建设的前瞻构想[J].浙江档案,2014(3):14-17.

[75]檀竹茂.智慧城市背景下档案管理范式的转换:以青岛市智慧档案馆为例[J].档案,2014(3):15-17.

[76]邢变变,孙大东.对中国档案学共同体的思考[J].档案学通讯,2014(4):27-31.

[77]杨艳,薛四新,徐华,等.智慧档案馆技术系统特征分析[J].档案学通讯,2014(4):66-69.

[78]刘茂诚.对智慧档案的一点认识[J].山东档案,2014(5):21-22.

[79]许德斌.智慧城市新环境下的智慧档案[J].山西档案,2014(5):72-74.

[80]薛四新,卫化昱,杨艳.智慧档案馆研究思考[J].北京档案,2014(5):28-30.

[81]张长海.协同创新背景下档案本科人才培养模式的构建[J].档案学通讯,2014(5):74-78.

[82]张珺.档案部门在智慧城市建设中的角色定位与措施[J].档案管理,2014(5):31-32.

[83]陶水龙.智慧档案馆建设思路研究[J].中国档案,2014(6):67-69.

[84]许桂清.对智慧档案馆的认识与探析[J].中国档案,2014(6):70-71.

[85]杨来青.智慧档案馆是信息化发展的必然产物[J].中国档案,2014(6):64-66.

[86]朱悦华,王正媛.服务至上:科技撑起智慧档案[J].中国档案,2014(9):27-28.

[87]谭雪.借力"智慧因子"完善智慧档案馆功能[J].湖北档案,2014(12):6-8.

[88]陈静,韩海涛,田伟.大数据时代智慧档案馆构建探析[J].北京档案,2015(1):25-27.

[89]田雷.物联网技术在智慧档案馆建设中的应用研究[J].档案学通讯,

主要参考文献

2015(1):60-64.

[90]王岚.国家治理视角下《档案法》修改的思路与思考[J].档案学研究, 2015(1):41-48.

[91]吴加琪.智慧城市背景下智慧档案建设原则、顶层设计及推进路径研究 [J].档案与建设,2015(1):30-33.

[92]滕春娥.回顾历史　守望家园:论苏联档案学对中国档案学发展的影响 [J].档案管理,2015(2):70-72.

[93]周耀林,张露,黄颖.档案学高等教育改革的发展[J].图书情报知识, 2015(2):4-13.

[94]李妍.智慧城市对档案馆档案信息化的影响与创新[J].农业图书情报 学刊,2015(4):82-85.

[95]徐拥军,蔡美波.中国对苏联全宗理论的借鉴、修正与创新[J].档案学 通讯,2016(1):27-30.

[96]聂勇浩,郭煜晗.在信息时代构建民生档案远程协同服务:以上海市为 例[J].档案学通讯,2016(2):73-77.

[97]孙大东.基于范式论批判的中国档案学发展研究[J].档案学通讯,2016 (2):77-81.

[98]孙大东.中国档案学范式尚未形成:基于批判性视域的考量[J].档案学 研究,2016(2):25-29.

[99]吴加琪.区域档案信息资源共建共享的协同机制研究[J].档案管理, 2016(3):32-34.

[100]丁华东,张夏.城乡档案记忆工程的跨部门合作[J].山西档案,2016 (5):10-14.

[101]王素改.河南方言有声档案建设中语言学与档案学的协同机制[J].档 案管理,2016(5):84-85.

[102]刘新安,伍振华,崔杰.档案历史联系与历史的同构性:一个新的档案 本质观点[J].档案学通讯,2016(6):4-6.

[103]王雪萍.构建服务科技创新的档案协同利用服务平台[J].兰台世界, 2016(23):64-67.

[104]许亮.陈兆祦对我国档案管理学科建设的贡献:以《档案管理学基础》

为中心[J].兰台世界,2016(24):29-32.

[105]周璇.创建协同利用平台 实现民生档案资源共享[J].兰台世界,2016(S2):8-9.

[106]方创琳.京津冀城市群协同发展的理论基础与规律性分析[J].地理科学进展,2017,36(1):15-24.

[107]赵家祥.全面理解理论和实践的关系[J].中国延安干部学院学报,2017,10(2):27-35.

[108]倪丽娟,陈阳."互联网+"环境下档案微信建设的SWOT分析:基于全国档案微信公众号的调查[J].档案学研究,2017(3):41-47.

[109]郑庚.档案在职教育培训主体因素分析及协同机制研究[J].档案学通讯,2017(3):80-83.

[110]罗琳娜.智慧档案馆利用服务模式探析[J].北京档案,2017(5):23.

[111]孙大东.基于范式论视域的档案学理论联系实际问题研究[J].山西档案,2017(5):39-42.

[112]孙大东.中国档案学学术共同体研究:基于范式理论的分析[J].兰台世界,2017(5):14-18.

[113]左亮亮.发文与引文融合视域下《档案管理》1995—2015年核心作者群的科学计量研究[J].档案管理,2017(5):72-75.

[114]蔡敏芳.试论档案联合编研的主体、客体及模式[J].档案天地,2017(6):26-28.

[115]邢变变,冯妍.基于问卷调查的档案微信用户需求满意度研究[J].山西档案,2017(6):17-20.

[116]杜珊珊.馆际合作开发档案信息资源的路径探析[J].北京档案,2017(8):22-23.

[117]李广都,叶毅.智慧档案馆构建中的阶段划分及要点分析[J].中国档案,2017(11):68-69.

[118]王露露,徐拥军.海尔创新平台知识管理模式研究[J].现代情报,2017(12):52-58.

[119]张海玲.我国电子文件管理研究综述[J].兰台世界,2017(14):40-43.

[120]连志英.一种新范式:文件连续体理论的发展及应用[J].档案学研究,

2018(1):14-21.

[121]归吉官,刘扬.智慧档案兴起的背景、研究现状与趋势[J].中国档案,
2018(2):76-78.

[122]金波,周枫.我国档案学专业高等教育的发展、艰辛与责任[J].档案学
通讯,2018(2):4-9.

[123]马仁杰,沙洲.合作·协同·融合:大数据环境下档案信息资源共建机
制的三重境界[J].山西档案,2018(2):9-13.

[124]牛力,裴佳勇.面向服务的我国智慧档案馆建设探析[J].档案学研究,
2018(2):89-96.

[125]邢变变,刘佳敏.基于"把关人"理论的档案微信信息服务质量影响因
素调查研究[J].档案管理,2018(2):44-47.

[126]何夏昀.大数据应用视域下的智慧档案馆建设[J].山西档案,2018
(3):84-86.

[127]黄林,罗祾,李敏,陈雪萍.基于 RFID 技术的电力智慧档案馆建设
[J].电力与能源,2018,39(3):380-382,386.

[128]李月娥,刘淑妮,周晓林等.从数字档案馆到智慧档案馆的发展探要
[J].山东档案,2018(3):21-24.

[129]孙大东.基于范式理论视域的档案学术成果价值生命周期研究[J].档
案学研究,2018(3):10-14.

[130]赵弘.习近平京津冀协同发展思想的内涵和意义[J].前线,2018(3):
13-17.

[131]刘建峰."互联网+"背景下智慧档案馆的可持续发展[J].黑龙江档
案,2018(4):30-31.

[132]周文泓,庞玲玲.档案管理智慧化的构件与策略:基于浙江智慧档案建
设的案例研究[J].浙江档案,2018(4):10-12.

[133]孙大东,于子闪.档案微信"空壳账号"出现的原因及消解之道[J].兰
台世界,2018(5):12-16.

[134]王小云,王运彬.档案部门的协同合作与服务转型研究[J].档案学研
究,2018(5):55-61.

[135]冯惠玲.改革开放40年中国档案高等教育的历史性跨越[J].档案学

通讯,2018(6):4-9.

[136]黄新荣,曾萨.边缘计算对智慧档案馆建设模式的影响研究[J].档案学研究,2018(6):78-84.

[137]刘东斌,吴雁平.对齐心协力打造中国档案学派的理性思考[J].档案,2018(6):6-12.

[138]卫恒.2006—2016年国内档案培训研究综述[J].长江丛刊,2018(9):126-127.

[139]云南省档案局课题组.国家档案局档案科技项目:智慧档案馆构建研究[J].云南档案,2018(9):49-57.

[140]张淑霞.非关系型数据库在档案界的应用探讨[J].中国档案,2018(9):68-69.

[141]杜梅.改革开放以来的档案法规体系建设[J].中国档案,2018(11):25-27.

[142]高海云.档案馆未来发展的新前景:智慧档案馆[J].办公室业务,2018(24):133.

[143]桂美锐.电子档案"单套制"管理的多元主体协同机制[J].档案管理,2019(1):18-21.

[144]关腾飞.1986—2017档案信息管理文献计量学分析[J].档案管理,2019(1):68-69.

[145]杨靖,朋礼青.人工智能对智慧档案馆的驱动作用研究[J].北京档案,2019(1):9-13.

[146]陈忠海,王晓通.我国档案标准化工作现状调查与存在问题分析[J].档案学研究,2019(2):43-49.

[147]蒋建峰,金怿.智慧档案馆建设的实践与探索[J].档案与建设,2019(2):46-50.

[148]邢变变,杨晗.现阶段区块链技术在档案管理中可行性应用的哲学透视:兼与李高峰、马国胜、胡国强商榷[J].档案管理,2019(2):13-15.

[149]孙晓帆,刘俊恒,杨剑云.智慧档案馆运作平台顶层架构研究:基于我国43家档案馆的调查[J].城建档案,2019(3):15-16.

[150]王啸峰.档案库房智能管理机器人可行性研究[J].档案与建设,2019

（3）：55-56，59.

[151]张磊波，刘迁，吴品才.智慧城市视域下企业智慧档案馆的内涵及建设路径：以电力企业为例[J].档案与建设，2019（3）：45-48.

[152]莫家莉，胥刚.智与慧的融合：智慧档案馆发展愿景[J].西南民族大学学报（人文社科版），2019，40（4）：227-231.

[153]MERTON R K. Basic research and potential of relevance[J]. American Behavioral Scientist,1963,6（9）:86-90.

[154]MASTALKA J. Possibilities of cooperation between archives and workplaces of the scientific, technical and economical information system[J]. Ceskoslovenska informatika, teorie a praxe, 1987, 10（29）:273-277.

[155]RABCHUK G. Life after the "Big Bang":business archives in an era of disordor[J]. The Amercican archivists,1997,60（1）:34-43.

[156]CASTELLI D. Open archive solutions to traditional archive/library cooperation[J]. Liber quarterly: the journal of European research libraries, 2003, 1-4（13）:290-298.

[157]Free internet-publication:cooperation between National Library Hamburg-Country archive Schleswig-Holstein[J]. Zeitschrift fur bibliothekswesen und bibliographie, 2007（54）:292.

[158]JEHN V M, HUTH K. From national cooperation to the particular offer. What does the network of expertise nestor offer to archives?[J]. Der Archivar,2007,4（60）:301-306.

[159]PARK S J. Collection status of modern public records and cooperation issue: in the museum, archives, and libraries[J]. Journal of records management & archives society of Korea, 2008, 2（8）: 75-88.

[160]FUKUYAMA E,TAKASHIMIZU N, NAKAI Y,et al. Self-archiving in Shimane University Institutional repository SWAN:cooperation with the university evaluation system and input supporting tools for self-archiving[J]. Journal of information processing and management,2008,4（51）: 260-272.

[161]밧쟈갈. Cooperation between Mongolian and Korean archives[J]. The Korean journal of archival studies, 2013(35):209–216.

[162]CHO H C, CHUNG Y K. A study on the cooperation between the National Diet Library of Japan and the National Archives of Japan[J]. Journal of Korean society of archives and records management, 2017, 2(17): 79–99.

(三)专著中的析出文献

[1]冯惠玲. 拓展职能:"夹缝时代"档案职业的生存之策[C]//21 世纪的社会记忆:中国首届档案学博士论坛论文集. 北京:中国人民大学出版社, 2001:105–112.

[2]徐拥军,张斌. 中国大陆档案高等教育发展研究[C]//2011 年海峡两岸档案暨缩微学术交流会论文集. 北京:中国档案学会,2011:106–123.

[3]范敏. 档案联合编研现状分析[C]//中国档案学会. 档案与文化建设: 2012 年全国档案工作者年会论文集(上). 北京:中国文史出版社,2012: 294–299.

[4]中国档案学会档案学基础理论学术委员会. 档案学专业高等教育发展情况调查报告[C]//中国档案学会. 创新:档案与文化建设强国:2014 年档案事业发展研究报告集. 北京:中国文史出版社,2014:215–232.

[5]中国档案学会档案学基础理论学术委员会. 多学科视角下的档案学理论研究进展[C]//中国档案学会. 创新:档案与文化建设强国:2014 年档案事业发展研究报告集. 北京:中国文史出版社,2014:1–61.

[6]吴稼平,吴稼青. 我们的爸爸吴宝康[C]//北京新四军暨华中抗日根据地研究会. 铁流(28). 北京:解放军出版社,2015:7.

[7]张会超. 档案联合开发论析[C]//赵彦昌. 中国档案研究:第 1 辑. 沈阳: 辽宁大学出版社,2015:132–150.

[8]陈祖芬. 档案机构微信公众号实践反思与难点突破[C]//赵彦昌. 中国档案研究:第 6 辑. 沈阳:辽宁大学出版社,2018:129–141.

(四)报纸

[1]梁琨. "档案专业人员"首次单独列入新版《职业分类大典》小类"档案业

务人员"更名为"档案专业人员"[N].中国档案报,2016-04-14(1).

[2]徐拥军.深化教育教学改革 助力档案事业创新:党的十八大以来我国档案高等教育发展成就喜人[N].中国档案报,2017-09-11(1).

(五)硕博论文

[1]王协舟.基于学术评价视阈的中国档案学阐释与批判[D].北京:中国人民大学,2009.

[2]杨瑞.陈兆祦档案学思想研究[D].昆明:云南大学,2012.

[3]李静娴.1980年以来我国档案学理论研究进展评析:基于对关键学者发表文献的分析[D].天津:天津师范大学,2016.

[4]邢变变.中国档案学共同体研究[D].北京:中国人民大学,2016.

[5]胡佳妮.微博在档案信息传播中的应用现状研究[D].沈阳:辽宁大学,2017.

(六)网络文献

[1]泰一数据.中国即将整体进入信息社会初级阶段,这意味着?[EB/OL].(2018-01-19)[2018-10-17].https://www.sohu.com/a/217607528_99987923.

[2]国家档案局.档案工作行业标准目录[EB/OL](2010-02-08).[2018-10-23].http://www.zgdazxw.com.cn/law/2010-02/08/content_31098.htm.

[3]中国人民大学电子文件管理研究中心.中心概况[EB/OL].[2018-11-12].http://erm.ruc.edu.cn/index.php?a=content&id=322.

[4]中华人民共和国教育部,国家档案局.高等学校档案管理办法[R/OL].(2018-08-20)[2018-11-20].https://www.moe.gov.cn/srcsite/AOZ/s5911/moe_6211200808/t20080820_81841.html.

[5]徐晓津,李金庆.图书馆学、情报学类专业期刊一览表(95种)[EB/OL].[2018-12-11].https://wenku.baidu.com/view/88769b2b4b73f242336c5f0a.html?rec_flag=default&sxts=1544516321894.

[6]国家档案局.全国档案事业发展"十三五"规划纲要[R/OL].(2016-04-

07)［2019－04－02］. http：//www. saac. gov. cn/daj/xxgk/201604/4596bdd
d364641/297d7c878a80dof800. shtml.

［7］国家档案局. 综合动态［EB/OL］.［2019－04－02］. http：//www. saac.
gov. cn/daj/zhdt/lmlist. shtml.

［8］黄玥. 国家档案局：今年启动全国档案查询利用服务平台建设［EB/
OL］.（2019－03－29）［2019－04－25］. http：//finance. sina. com. cn/roll/
2019－03－29/doc－ihtxyzsm1552432. shtml.

［9］罗格. 什么是 DIKW 模型？［EB/OL］.（2015－10－10）［2019－04－30］. ht-
tps：//www. baidu. com/link？url＝nZXeM5IZOQuHzkKSFukDCV－MJu
Fnh1xZ4YdcUPQsF0FphA3XHnt7vLffdYrfjuKUCdHfGz9YrGZyx－BsKARsz_
&wd＝&eqid＝ae39a25b00080e6d000000025cc8473a.

［10］青岛市档案局. 青岛档案历史知识库在金宏政务网开通启用［EB/
OL］.（2010－11－02）［2019－05－29］. https：//www. qingdao. gov. cn/n
172/n24624151/n24631595/n2463/609/n24631637/
120908121147831147. html.

［11］国家档案局. 全国档案事业发展"十二五"规划［R/OL］.（2011－01－14）
［2019－06－07］. http：//www. saac. gov. cn/daj/xxgk/201604/4596bddd
364641/297d7c878a80dof800. shtml.

附 录
档案实践对学术活动影响的调查问卷

尊敬的老师:

　　您好!

　　为了深入了解档案实践对学术研究的影响程度,我们面向全国具有档案实践经验且发表过学术论文的档案学人开展此项调查。本次调查严格按照《中华人民共和国统计法》的要求进行,所有回答只用于统计分析,不涉及个人信息,您只需要根据自己的实际情况回答。恳请您百忙之中,抽出大约8分钟的时间帮忙填写下面的问卷。您的回答对我们非常重要,非常感谢您的支持与参与!

　　填写说明:

　　1.请将√复制到符合您情况的选项前面(如√A 男),或者将符合您情况的选项用加粗、下划线、底纹、彩色等方式标识。所有题目均为必答题,若无特殊说明均为单选。

　　2.凡遇到"_____"时,请您填上真实的数字或情况。

郑州大学信息管理学院档案学专业

孙大东(敬上)

1.请问您的性别

　　A.男　　　　　　　　　　　　　　　　B.女

2.请问您的年龄

　　A.25 岁及以下　　　B.26~35 岁　　　C.36~45 岁

　　D.46~55 岁　　　　E.56 岁及以上

基于范式论视阈的档案学科与档案职业协同发展研究

3. 请问您的受教育程度

    A. 初中及以下   B. 中专   C. 高中

    D. 大专/高职   E. 本科   F. 硕士研究生

    G. 博士研究生   H. 其他

4. 请问您的所学专业

    A. 档案学   B. 非档案学

5. 请问您的工作单位

    A. 党政机关事业单位   B. 国有企业   C. 私企

    D. 外企   E. 军队   F. 个体   G. 学校

6. 请问您发表学术论文(限独著或第一作者)的数量

    A.0 篇   B.1~3 篇   C.4~6 篇

    D.7~9 篇   E.10 篇及以上

7. 请问您出版著作和教材(限独著、主编)的数量

    A.0 本   B.1 本   C.2 本

    D.3 本   E 4 本

8. 请问您以往参与档案实践的类型

    A. 全职   B. 兼职   C. 实习

9. 请问您参加档案实践(包括档案全职、兼职、实习)的时长是 _____
(单位:月或年)

10. 请问您参与档案实践的环节 [多选题]

    A. 档案收集   B 档案整理   C 档案鉴定

    D. 档案保管   E. 档案检索   F 档案统计

    G. 档案编研   H. 档案利用   I. 档案数字化

    J. 档案行政管理

请问档案实践对您研究方向的影响程度 [矩阵量表题]

档案实践对您研究方向的影响程度 （请在选中的框中打"√"）	非常 符合	比较 符合	一般	比较 不符合	非常 不符合
11. 通过直接参与档案实践工作观察到的档案现象帮助我选定研究方向					
12. 通过直接参与档案实践工作获得的感悟或经验帮助我选定研究方向					
13. 通过直接参与档案实践工作搜集的具体档案数据、案例等资料帮助我选定研究方向					
14. 通过直接参与档案实践工作获得的档案理论、知识、技能帮助我选定研究方向					
15. 与他人交流过程中获知的档案工作现象帮助我选定研究方向					
16. 与他人交流过程中获得的档案实践感悟或经验帮助我选定研究方向					
17. 与他人交流过程中搜集的具体档案数据、案例等资料帮助我选定研究方向					
18. 与他人交流过程中获得的档案理论、知识、技能帮助我选定研究方向					

请问档案实践对您学术思想的影响程度［矩阵量表题］

档案实践对您学术思想的影响程度 （请在选中的框中打"√"）	非常 符合	比较 符合	一般	比较 不符合	非常 不符合
19. 通过直接参与档案实践工作观察到的档案现象帮助我形成自己的学术思想					

档案实践对您学术思想的影响程度 （请在选中的框中打"√"）	非常 符合	比较 符合	一般	比较 不符合	非常 不符合
20. 通过直接参与档案实践工作获得的感悟或经验帮助我形成自己的学术思想					
21. 通过直接参与档案实践工作搜集的具体档案数据、案例等资料帮助我形成自己的学术思想					
22. 通过直接参与档案实践工作获得的档案理论、知识、技能帮助我形成自己的学术思想					
23. 与他人交流过程中获知的档案工作现象帮助我形成自己的学术思想					
24. 与他人交流过程中获得的档案实践感悟或经验帮助我形成自己的学术思想					
25. 与他人交流过程中搜集的具体档案数据、案例等资料帮助我形成自己的学术思想					
26. 与他人交流过程中获得的档案理论、知识、技能帮助我形成自己的学术思想					

请问档案实践对您选题的影响程度［矩阵量表题］

档案实践对您选题的影响程度 （请在选中的框中打"√"）	非常 符合	比较 符合	一般	比较 不符合	非常 不符合
27. 通过直接参与档案实践工作观察到的档案现象帮助我选题					
28. 通过直接参与档案实践工作获得的感悟或经验帮助我选题					

档案实践对您选题的影响程度 （请在选中的框中打"√"）	非常 符合	比较 符合	一般	比较 不符合	非常 不符合
29.通过直接参与档案实践工作搜集的 具体档案数据、案例等资料帮助我选题					
30.通过直接参与档案实践工作获得的 档案理论、知识、技能帮助我选题					
31.与他人交流过程中获知的档案工作 现象帮助我选题					
32.与他人交流过程中获得的档案实践 感悟或经验帮助我选题					
33.与他人交流过程中搜集的具体档案 数据、案例等资料帮助我选题					
34.与他人交流过程中获得的档案理 论、知识、技能帮助我选题					

请问档案实践对您学术成果写作的影响程度［矩阵量表题］

档案实践对您学术成果写作的影响程度 （请在选中的框中打"√"）	非常 符合	比较 符合	一般	比较 不符合	非常 不符合
35.通过直接参与档案实践工作观察到 的档案现象帮助我进行论文写作					
36.通过直接参与档案实践工作获得的 感悟或经验帮助我进行论文写作					
37.通过直接参与档案实践工作搜集的 具体档案数据、案例等资料帮助我进行 论文写作					
38.通过直接参与档案实践工作获得的 档案理论、知识、技能帮助我进行论文 写作					
39.与他人交流过程中获知的档案工作 现象帮助我进行论文写作					

基于范式论视阈的档案学科与档案职业协同发展研究

档案实践对您学术成果写作的影响程度 （请在选中的框中打"√"）	非常 符合	比较 符合	一般	比较 不符合	非常 不符合
40. 与他人交流过程中获得的档案实践 感悟或经验帮助我进行论文写作					
41. 与他人交流过程中搜集的具体档案 数据、案例等资料帮助我进行论文写作					
42. 与他人交流过程中获得的档案理 论、知识、技能帮助我进行论文写作					

　　问卷到此结束，非常感谢您的合作！如果您对我的研究结果有兴趣，请留下您的联系方式（电子邮箱），届时我将把研究结果发给您。您的邮箱是_____。